王 柯

近代日中関係の旋回

「民族国家」の軛を超えて

藤原書店

近代日中関係の旋回　目次

近代日中関係の旋回

「民族国家」の軛を超えて

序言

歴史は忘れてはならないが、「歴史」を民族主義《ナショナリズム》の扇動に利用することはさらに許されない。

ここ数年、緊張状態にある日中関係をつねに意識させるかのように、私たちはいくつかの記念すべき歴史の節目の日を続けて迎えている。二〇一一年は辛亥革命百周年の年であり、二〇一四年は日清戦争一二〇周年と孫文が神戸で「大アジア主義」を発表した九十周年の年であり、そして二〇一五年は日中戦争終結七十周年の日を迎える。しかし目を引くのは、このような様々な記念行事のなかで語られる、近代日中関係史上における「日本」のイメージが実に分裂しているように映ることである。つまり「辛亥革命」、「孫文」などで語られる日本は「中国革命の良き友」である一方、「戦争」で語られる日本は「中国を侵略した敵」となり、このような真っ向から対立した二つのイメージで描かれた近代日中関係史上の日本は、あたかも一種の精神分裂を患っているかのように語られたのである。

無論、中国にも、日本にも、このことに矛盾を感じる人々は決して少なくない。そして、この矛盾を解消するために、一部の学者は「二分法」を使って近代の日中関係を解釈しようとしている。つまり、「中国革命の良き友」は中国に対して友好的な感情を持ち続ける日本社会の「民間人」であり、「中国を侵略した敵」はつねに中国侵略を企んでいる日本の「政府と軍部」であるという学説である。しかしそれは果たして事実であろうか。少なくとも孫文と辛亥革命を支援した「日本人」は、全員「国」と対極的に存在し、あるいは日本の国益を無視し、または政治と一線を画するような純粋な「民間人」というふうに解釈するのは大きな無理がある。友好関係にしろ、敵対関係にしろ、明らかに、その内在的相互関連性を見出さない限り、その関係性の本質を見出すことはできず、そして真の歴史の教えを活かすことも当然出来ないのではないか。

以上の認識に基づいて、本書は「中国革命支援」と「中国侵略」という二つの歴史の側面によって分断された歴史観を乗り越え、まず、いくつかのこれまであまり注目されていなかった日中関係の歴史の場面を再現し、その節目節目に、清国の外交官、革命派、日本政府、軍、民間人、大陸浪人などが各々どのような考えに基づいて互いに観察、接近または疎外したのかを検証する。次に、このような検証を通じて、その接近と疎外を貫く共通の理念と思想的関連を見出し、そしてこの共通理念と思想的関連はその後の日中関係にいかなるインパクトを与えたのかを分析する。最後に、戦後の日本人と中国人による相互認識が変容するプロセスを整理し、日中関係が歴史上の接近と疎外を促した共通の理念と思想的連関から脱出したかどうかを分析し、またその原因の究明に務める。

以上のような分析を通じて、本書は次のようなことを立証することを目指す。

一、近代以降の日中関係は決して「戦争」の関係だけではなく、それは実際には多重的であり、そして往々にしてひとつの歴史事実にも同時に複数の要素が混在している関係である。

二、「中国革命支援」と「中国侵略」という二つの歴史の側面以外に、清朝末期から日本が中国の近代国家建設の手本にされたことも事実であり、中国にとって近代日本は事実上「師」、「友」、「敵」という三つの役に扮したのである。

三、末期の清王朝も日本に近代国家建設の経験を学び、そして日本に近代国家建設を支える人材の育成を期待したが、近代日本と「師」と「友」という二つの関係を結んだのは、むしろ清王朝の打倒を目指す孫文および清王朝の推進した日本留学で東京に来た清国留学生を中心とする「革命派」であった。

四、「革命派」から見れば、近代日本の成長を支えたのは、「民族」・「民族国家」の建設を回路とした国民統合の成功である。この「民族国家」の威力は、近代国家を建設する力だけではなく、満洲族の支配から「中華民族」を解放するという彼の「民族革命」の正当性の強力な証明にもなり、これは「革命派」が日本を「師」と「友」とした理由である。

五、革命派による日本認識は実に的中している。しかし日本が「民族国家」であることは、「民族国家」の思想を日本側との共通の理念と思想的関連とし、それに基づいて日本を「師」と「友」とする関係が必然的に敵対関係へと傾斜していくことを意味する。つまり、「民族国家」思想の鼓吹にともない、隣接する二つの民族国家はその民族主義の高揚によって必然的に衝突するという運命にある。

六、中国の近代国家建設のプロセスは、近代中国の革命家たちが認めた日本の近代国家建設の成功を前提とするものであった。そのため、中国における民族主義の成長は評価すべきであるが、日本が民族主義、民族国家の道を歩むことは許されない、というような命題は成り立たない。むしろ、さらに広い歴史的視野のなかで、日本を中国に対する侵略戦争にまで駆り立て、そして革命家によって積極的に中国に導入された「民族国家」思想自身の是非を考え、その上で両国の「民族主義」を冷静に批判することこそ、

「前事を忘れざるは後事の師なり(1)」であろう。

本書の各章は、藤原書店の学芸総合誌『環』をはじめ、既刊の各雑誌に発表した論文に基づいてそれぞれ加筆したものである。その初出は次のとおりである。

第一章「ライバルから手本へ——清国ムスリム公使の対日外交」

「清国ムスリム公使の日中外交」(上)、連載「日中関係の過去・現在・未来」第二回、『環』第三三号(二〇〇八年春)、二五四—二六三頁、「清国ムスリム公使の日中外交」(下)、連載「日中関係の過去・現在・未来」第三回、『環』第三四号(二〇〇八年夏)、二四〇—二五一頁。

第二章「東アジアにおける『民族』と『民族国家』の思想——近代国家思想の誕生と歴史の連鎖」

「東アジアにおける『歴史の和解』と『民族』思想の超越」、連載「日中関係の過去・現在・未来」第一回、『環』第三二号(二〇〇八年冬)、二四八—二五九頁。

第三章「『民族国家』中国を目指して——中国革命と黒龍会」

王柯編『辛亥革命と日本』二〇一一年、藤原書店、八一—一〇八頁。

第四章「『王道』の『アジア』——『人類と自然との契約』に基づく東アジアの『共同知』」

「東アジアの共同知としての『王道』思想——『人類と自然との契約』」、『アステイオン』八二号、二〇一五年、一七三—一八七頁。

第五章「民族国家の壁を乗り越えられなかった『回教圏』——『回教工作』と大陸進出」

「戦争に収斂された『回教徒』への思い——幻の対中『回教工作』」(上)、連載「日中関係の過去・現在・

未来」第四回、『環』第三五号（二〇〇八年秋）、二七四―二八五頁、「戦争に収斂された『回教徒』への思い――幻の対中『回教工作』（下）、連載「日中関係の過去・現在・未来」第五回、『環』第三六号（二〇〇九年冬）、二六一―二七五頁。

第六章「歴史の『記憶』と『忘却』――高碕達之助とLT貿易の時代」

「日中友好と高碕達之助――歴史の『記憶』と『忘却』」、『環』第四二号（二〇一〇年夏）、二六―四八頁。

第七章『周辺』の焦燥とナショナリズムの内面化――二十一世紀の日中関係」

『周辺』の焦燥とナショナリズムの内面化」、『環』第五二号（二〇一三年冬）、一〇四―一一四頁。

終章『師』から『敵』への旋回――『民族国家』の衝突」

「永遠の『藤野先生』」、王柯編『東亜共同体与共同文化認知――中・日・韓三国学者対話』（中国語）、人民出版社、二〇〇七年、三三三―三四四頁、及び「日本は『先んじた』のか――近代日本と中国のナショナリズム」、『世界』第六〇五号、岩波書店、一九九五年、五四―六三頁。

これまで藤原書店には大変お世話になり、今度も優秀な編集者である刈屋琢さんのお世話になり、心から感謝を申し上げる。とくに出版界の良心としての、文化人としての藤原良雄先生との会話は、筆者にとっていつも重要なヒントを得る貴重な機会であり、その後の執筆と研究の原動力と指南ともなっていることを、ここに記す次第である。

歴史上の民族主義をめぐる日中両国間の葛藤を整理することは本書の初心であるが、今日において、歴史は為政者が新たな民族主義、軍国主義を煽り、支配正当性を証明するための道具になってはならない、と心から祈るばかりである。

二〇一五年九月三日

於六甲山不他里

第一章　ライバルから手本へ

——清国ムスリム公使の対日外交

一　知られざる清国ムスリム公使——四回の日本勤務

一九〇三年十月十五日、新しい「大清国出使日本国大臣」（清国の駐日公使）が東京に着任した。[1] その名は楊枢（ようすう、一八四四〜一九一七、字は星垣）という。楊枢は、広州生まれの漢軍八旗の一つである正紅旗の「旗人」であるというふうに履歴に書かれているが、[2] しかし世間に一般的に知られておらず、当然書かれもしないことだが、彼はまたイスラーム教徒、つまりムスリムであった。

一九〇八年十二月に東京で中国から来たムスリム留学生が発行した「留東清真教育会」[3] の会誌『醒回篇』によると、楊枢はムスリム学生に「同教者」と呼ばれていた。[4] 東京でのムスリム学生との接触からみれば、楊枢は自分がムスリムであることを隠していないことがわかる。一九〇六年の秋、一一名の中国人留学生が東京上野の精養軒に集まった。彼らは全員ムスリムであった。日本全国にいる数千名の中国人留学生のなかから、この一一人を一カ所に集めた絆は、ムスリムという「同教意識」のほかはない。一一人が議論した主題はムスリム留学生の組織を作ることであった。彼らを中心に、〇七年七月に「留東清真教育会」が設立された。この「留東清真教育会」に対し、楊枢は資金援助を行い、また設立大会に出席したメンバーを公使館に招き、自分の息子など（「諸公子」）も一緒に、記念撮影を行ったのである。

清国の駐日公使の一人がムスリムであったことは、日中関係史の研究者たちにほとんど知られていない事実である。そもそも当時の清国官僚層において、ムスリムであることは極めて珍しいケースであり、とくに外国に駐在する公使としては例がなかったと思われる。

このようなムスリムの抜擢には、二つのことを見ることができる。大きくは、近代国家への脱皮を図っていた清国政府は、彼のイスラーム信仰をもって彼の国家に対する忠誠心を疑うようなことはなかったということである。小さくは、楊枢も決して自分のイスラーム信仰によって国家に対する忠誠心を損なうようなことはなかったということである。しかしそれでも、なぜ楊枢という人物が抜擢されたのか、そして、楊枢が抜擢されたことによって日清の外交関係及びその後の日中外交に新しい要素がもたらされたのかどうか、また、それがあるとすれば楊枢がムスリムであることと何か関係があったのかどうか、というような問いは残される。

清国時代には全部で一七人の駐日公使が任命された。楊枢はその一四人目に当たる。しかし初代の許鈐身、第六代の李興鋭、第一一代の黄遵憲は、着任せず、第四代と第七代が同一人物（黎庶昌）であったため、事実上第一一代、一〇人目の公使である。[5] 一見すると、楊枢はほかの「清国公使」となんら変わりもなく、従来の日中関係史に関する研究のなかでも楊枢に焦点を当てたものはまったくなかった。

実は、今回の公使着任は、楊枢にとって最初の日本勤務ではなかった。[6] 外務省外交史料館が所蔵する「元在清公使館書記官中島雄」によって著された「随使述作存稿」によれば、楊枢が最初に日本に来たのは、清国が日本に公使館を開いたときであった。初代の清国公使何如璋と一緒に日本に赴任してきた楊枢の肩書は「西翻訳」であった。「西翻訳」とは、西洋の言語と中国語との翻訳に従事する翻訳者を指す言葉である。楊枢は広州同文館（一八六四年六月二十三日開学）の出身で、同文館は「京

楊枢

師同文堂」（北京大学の前身）に次いで中国に開設された近代的国立学校であり、在学中に楊枢はもう一人の学生（長秀）と一緒に各国の政治・経済・文化の状況を集めて翻訳して『各国史略』を編集したこともある。

広州同文館の学習年限は最初三年に定められたが、後に徐々に延ばされ、最終的に八年になった。ここは英語の学習が中心で、一学年の学生定員が二〇名、内一六名が満洲八旗と漢軍八旗（八旗は清代の軍事・社会組織、満洲八旗のほか、蒙古八旗、漢軍八旗がある）の子弟の指定席であり、四人が漢人官僚の子弟であった。一八七九年にはじめてフランス語とドイツ語が加えられたが、日本語とロシア語が加えられるのはさらに後のことであった。(7) つまり楊枢は基本的に日本語が分からなかったと考えられる。しかし日本における外交活動に英語を使える楊枢を含む二人を加えたのは、より大きな外交の展開を期待されてのことであり、実際、この英語力が、後に日本で活躍するチャンスを彼にもたらしたのである。

長崎県立図書館所蔵の『清国領来文』のなかに、「大清駐劄長崎正理事府楊枢」が長崎県知事宛に提出した公文書が残されている。(8) 理事とはつまり領事であり、楊枢が清国の長崎領事に在任した期間は、清光緒一三年十一月から一七年二月、すなわち一八八七（明治二十）年十二月から一八九一年三月であった。しかし楊枢が長崎領事に任命される経緯をさらに調べていくと、着任の一年前に「長崎事件」が発生し、その処理に清国公使館の「参賛官」（参事官）として当たっていたことが分かる。(9)

いわゆる長崎事件とは、一八八六年八月に清国北洋水師の丁汝昌提督が定遠、鎮遠、威遠、済遠の四艦艇を率いて長崎を訪問した際、清国水兵と長崎警察が衝突し、多数の死傷者を出した事件である。北洋水師訪問の名目は艦艇の修理であるが、実力を誇示する意図もあった。十三日、上陸した五名の清国水兵は遊郭で娼婦をめぐり騒ぎ出し、警察官にも怪我を負わせた。そのため水兵一名が拘束され、夜十一時に清国長崎領事に引き渡された。十五日、長崎市内において清国の水兵と現地警察が再び衝突することになるが、そのきっかけは中国側によれば警察による襲撃であり、日下長崎知事が日本の外務省に送った報告書によれば清国水兵による挑発であったという。いずれにせよ、日本側は、死者二名、負傷者二九名、清国側は、死者五名、負傷者四五名というような大惨事となった。(10) 清国水兵側の被害の方が大きいのは、丁汝昌提督によって武器の携帯が禁止されたためとも言われた。

事件発生後、八月十七日に清国の徐承祖公使は楊枢を長崎に派遣し、当時の清国長崎領事蔡軒と一緒に事件の処理に当たらせた。当時、楊枢の肩書は「参賛兼西翻訳」で、公使館のナンバー三であった。その後、楊枢は、長崎委員会の清国側の委員として事件の調査に参加した。長崎委員会は、日本側から三名（長崎県日下知事、外務省鳩山取調局長、司法省イギリス人法律顧問）、清国側から三名（蔡軒、楊枢、イギリス人弁護士）、計六名により構成され、その使命は事件の真相解明にあった。九月六日から十二月六日の解散まで、ほぼ毎日現地において調査尋問を行った。その後、清国政府は、事件の解決を一時本国にいる李鴻章に委ねるが、結局、日本外務省と清国駐日公使の間で双方の努力によって、一八八七年二月八日に議定書が調印された。それぞれ死傷者に対する「撫卹銀」として、日本側は五万二五〇〇円、清国側は一万五五〇〇円を支払うことで解決した。

事件後、日本政府は「警部小野木源次郎以下警部補巡査総テ三一二名ノ功労ヲ三等ニ区別シ」、「賞与」を与えたことから見ても分かるように、(11) 事実上、日本側は、事件の「非」は清国側にあると考えていた。にもかかわらず、事件がこのように友好的な形で解決した主な理由は、「両国政府ハ之カ為メニ両国ノ交誼ニ障碍ヲ生スルコトヲ欲セス是ヲ以テ両国政府ハ倶ニ平和ニ議結センコトヲ望シ」という両国の友好姿勢にあったに違いない。[12] たしかに、日本は一八七一（明治四）年九月に調印された「日清修好条規」の改定という問題を抱えていたが、この事件に対しては寛容な態度を示した。そして清国内においても、事件の解決は高く評価され、近代的な法律体系に則り国益が守られた代表的な案例とみなされた。[13] 注目すべきは、清国と日本の両国ともイギリス人などの外国人弁護士を委員会に入れたことであり、こうした面で楊枢の英語力が大いに活用されたことは容易に推測できる。

楊枢が、長崎事件の解決後まもなく長崎領事に昇進した理由は、何よりも長崎事件の解決における活躍であろう。そして事件後も、楊枢であれば、事件の解決を通じて築いた人脈を生かし、事件の後遺症を迅速に緩和させることができると期待されたのであろう。いずれにせよ、長崎事件の処理を通じて、手腕を発揮し、その能力が買われたことは間違いない。清国の「総理各国事務衙門」の規定では、「出使大臣所帯各員」の任期は「すべて三年を一期」とされていた。[14] この規定を当てはめれば、楊枢は、公使として四度目の日本に勤務する以前に、公使館員、長崎領事として約九年間、日本で勤務し、清日外交の最前線で活躍していたと考えられる。

二　外交と内政——清朝末期の日本への眼差し

清国が楊枢のような対日外交の実力者を派遣したのは、対日本外交重視の証にほかならない。楊枢の着任にともない、駐日の清国外交官も大幅に増員された。楊枢の着任前に、前任公使蔡鈞が日本の外務省に提出した「留差回国各員開具姓氏清単」（名簿）によれば、蔡鈞とともに一三名の外交官が帰国し、日本に残ったのは七名、つまり蔡鈞時代には全員で二〇名であった。しかし楊枢が着任してから外務省に提出した「本大臣奉使貴国所有分派使署及各口領事署供差人員姓名」によれば、清国駐日本の外交官は楊枢を含めて三三人である。つまり一二名の増員となるわけだが、増員分は、日本各地の領事館——横浜総領事署（署員五名）、神戸大阪領事署（署員四名）、長崎領事署（署員四名）——のそれぞれに割り当てられ、中でももっとも多く増員されたのは、東京の本館であった。以前一二名であった公使館員は一九名となり、名簿に列記された一人目の「使署随員」は「楊勲」、すなわち公使楊枢の弟であった。[15]

二十世紀初頭という東アジアをめぐる激動の時期に、清国にとっても日本との外交関係は極めて重要なものであった。楊枢の東京における仕事は、当然まず日本側との調整であった。日本の外交文書を見ると、当時、日本の外交当局の関心事は、義和団事件に対する清国賠償金の支払いにあることが分かる。清国側の遅延が確認されれば、すぐ催促することになっていた。[16]

楊枢が駐日公使に任命された時点で、日露関係はすでに緊迫しており、着任後まもなく日露戦争が勃発した。戦争に対し、清国は中立の立場を表明したが、これは実に難しい選択であった。不測の事態に備え、清国は各省に対し戦争動員令を敷いた。[17]戦時中に、ロシア軍の一部が偽装して清国軍隊の服装を着用していたため、日本は清国軍人がロシア軍に混じって日本軍を攻撃したと清国に抗議した。[18]清国の軍人が日本軍と一緒にロシア軍を攻撃しているとして、ロシア側が清国政府へ抗議することもあった。[19]そして東北地域の民衆は、日本軍とロシア軍の戦闘のため、難民が多数発生し、「哀鴻遍地、凍餒堪憐」、毎日二、三百人の凍死者と餓死者が出るという状況に陥った。これに対し、一九〇四年十一月、清国政府は救済のため「南北清地方ヨリ」食料と衣服を奉天へ運び難民たちに配布することを決めたが、物資輸送のため戦闘地域を通過する必要があり、北京駐在公使を通じて日露両国に許可を求めた。ロシア側からはすぐ返答が来たが、日本側からはなかなか返答がないため、この件についても、駐日公使の楊枢が直接、日本の外務大臣と交渉することになったのである。[20]

日露戦争後、中国の東北地域における日本の権益に関わる「日清交渉会議」が、一九〇五年十一月七日から一九〇六年十一月十七日まで、計二二回に渡って開かれた。[21] 楊枢は直接出席してはいないが、当然、その後方支援を行う役目を負っていた。また戦争後、旅順が日本の占領下に入ったため、戦時中に多くの財産を残して避難した商人たちが現地に戻るための支援も行った。日本外務省を通じて陸軍省に「渡航許可証」を請求したり、あるいは戦争被害に対する賠償を要求する楊枢の文書が、いまも外交史料館と防衛研究所に残されている。[22] 日本占領軍による略奪行為を日本政府に訴えることなども楊枢の仕事であった。[23]

清国政府が対日外交を重視したのは、事実上、これが内政の延長線上にあるものと認識されていたからである。当時中国の清王朝に対する反対勢力は、そのほとんどが日本に集中していた。一八九八年の戊戌維新の失敗後、光緒帝に起用されていた康有為と梁啓超が日本に亡命し、「勤王」の蜂起を企画し、とくに梁啓超は日本に長期間滞在した。横浜では、新聞『清議報』と『新民叢報』を発刊し、一九〇七年には東京で「政聞社」を設立し、清国政府に抵抗する発言を続けた。二十世紀に入ってから清国政府が始めた「新政」、つまり政治体制の改革では、戊戌維新時代に提起された政策のほとんどが採用されたが、清国政府は康有為と梁啓超に対する追及の手を緩めなかった。清国政府がとくに警戒していたのは、東京を根拠地とした孫文を始めとする革命勢力の動きであった。実際、康有為と梁啓超の日本亡命後、孫文はすぐに彼らとの接触を試みたが、この時は康有為に拒否された。康有為がカナダを訪問し、日本を離れた間には、孫文と梁啓超が両派の連合についても協議した。

日本政府は康有為、孫文らの行動を仔細に監視していた。[24] 一九〇〇年の外務省記録には「信憑スベキ者ヨリ内聞スル所ニ拠レバ彼レハ当地ニ於ケル同志ト陰カニ画策ヲ運テシ現清国皇帝ヲ救援スルノ目的ヲ以テ革命軍ヲ起サント企テ居ル」こと、[25] そして宮崎寅蔵（滔天）ら孫文（孫逸仙）を援助する日本人が、康有為と孫文の合流を勧めていることなどが記されている。[26] 一九〇二年八月、日本の外務大臣小村寿太郎は、駐上海総領事小田切万寿之助から次の報告を受けた。「広西巡撫王之春」が西太后から康有為暗殺の秘密指令を受け、小田切を訪れて日本の暗殺者を紹介してくれないかと相談に来たという。[27] この記録自体の信憑性は確認しようもないが、しかし清国政府としては、日本に滞在する康有為と梁啓超、そして革命党を監視・牽制するには、日本の協力が必須であると間違いなく覚悟していたはずである。康有為と孫文だけではなく、梁啓超、章炳麟、張継、劉光漢……など、日本政府による監視対象の範囲はどんどん広がっていった。こうしたことは楊枢の着任後も続き、日本政府に孫文の追放を求めよ、といった清国政府の楊枢に対する指令もあった。[28]

外務省外交史料館、防衛省防衛研究所、そして国立公文書館に所蔵されている文書史料による限り、楊枢在任中の駐日清国公使館による外交活動の特徴は、交渉より調整、調整より協調の性格が強かったことが分かる。在日華僑関係、また康有為、梁啓超、孫文ら革命派に関すること以外には、（1）清国人留学生に関する事項、（2）清国人官僚による日本視察に関する事項、（3）日本人顧問の清国招聘などが主な業務であった。「清朝末期の『新政』は、つまり清朝の最高支配者が日本に学び、『日本を師とする』というトップダウン式の改革運動である」[29] と言われるほど、清国政府には明治維新を通じて近代国家の建設に成功した日本をモデルに近代化を学ぶという気持ちが強かった。そのため日本の政治制度、軍事制度・軍事技術、教育制度、

唐在礼

法律体系などがとくに注目され、学生留学、官僚視察、日本人顧問の招聘などを通じてこれらを学ぼうとした。

一八九九年のはじめ清国は「軍事技術」を学ぶため、留学生三三名（湖広総督張之洞が二〇名、両江総督劉坤一が一三名をそれぞれ選抜）を派遣した[30]。それから軍事学校への留学生は年々増え、官費留学生だけではなく、私費留学生も大量に増えた。たとえば、一九〇三年三月に清国公使は、二〇名の学生を日本の軍隊ならび軍事学校に入学させていたが、このとき官費学生はわずか五名で、広東省から来た官費学生許崇智は、わずか十七歳であり、中には二十七歳の私費学生もいた[31]。

軍事学校に人気が集まったのには、これが乱世における立身出世への近道と見られていたこともあろう。たとえば、唐在礼という人物は、一九〇〇年九月に近衛師団砲兵連隊に入り、十二月に士官学校に入学、翌年に連隊に復帰し少尉となり、一九〇三年にはさらに陸軍砲工学校に入学する。そして一九〇四年一月、彼は清国政府からの召喚で帰国し[32]、二十三歳の若さで「近畿教練処総弁副参賛」に命じられた。つまり、日本にわずか三年半留学しただけで、一気に清国の新建陸軍（新軍）の要職に就き、後には袁世凱に目をかけられることになって、清王朝末期の政治中枢において活躍する。こうした留学生は、日露戦争以降さらに増えた。清国は、日本の先進的軍事技術を摂取するため、自国の陸軍学生を日本の陸軍士官学校に入学させることまでした[33]。

日本側もこうした留学生を積極的に受け入れていた。たとえば、一九〇四年九月、十月に「軍事教育ノ為メ」に入学する清国留学生のため、陸軍が宿舎として借家を増やし、このための費用を政府が「国庫剰余金ヨリ支出」することを決定する。[34] 清国政府も軍事学校による留学生の受け入れに感謝し、駐日公使が「貴国弊国ノ為メニ人才ヲ造就セラルルコトヲ本大臣併汪総監督ノ同シク深ク敬佩スル所貴大臣ハ此感謝ヲ併セテ陸軍大臣ニ御伝達アランコトヲ望ム」という手紙を出している。[35]

日露戦争後、清国政府は、沖商会、高田慎蔵、三井八郎、三井次郎、大倉喜八郎などの貿易商を通じて様々な武器を購入する。[36] また、清国の視察官や高級将校が続々と来日し、陸軍省、[37] 陸軍学校と兵営、[38] 砲兵工場などを視察する。[39] こうして単なる軍事技術だけではなく、指揮系統、士官養成、軍隊生活に至るまで、日本の軍事を全面的に学ぶというような、日本学習の一大ブームを巻き起こした。「新軍」の創設には、あらゆる装備について「外国において調査し模倣せざるをえない」ため、楊枢も「〔日本において〕製造スル大砲及小銃ノ種類」について問い合わせ、「軍服の価格を図に基づいて説明し、北洋に郵送して欲しい」という打診なども受けている。[40]

一九〇五年九月、つまり日露戦争後まもなく、各国の政治制度を調査するため、清国政府は五人の大臣を海外に派遣することを決めた。「それぞれ東西洋各国へ赴き、一切の政治を考察し、以て善い部分を見出してそれを採り入れる」。[41] しかし、二十四日に出発する際、北京の駅で革命派呉樾の自殺攻撃に遭い、負傷者が出たため出発は阻止された。暗殺関係者に日本への留学経験者もいるとの情報を受け、日本政府は日清関係への影響を心配したが、清国政府は同年ふたたび視察団を送り出した。これは、皇族の鎮国公載澤をはじめとする三〇名からなる大きな視察団であった。日本側も皇族である載澤の視察には特別の配慮を見せた。天皇との「御対面御会食」を筆頭に、宿泊先として芝離宮の提供、皇宮警備隊の配備、東京府知事や東京市長など各地の知事による送迎など、極めて高い待遇で迎えた。[42]

載澤

日本陸軍の将校も、清国軍隊の顧問として雇われ、しかも重用された。たとえば、一九〇四年三月、袁世凱は、陸軍技術審査部の砲兵大尉津田時若を雇い、七月の帰国の際には、袁世凱自ら四百両の銀とシルク四反を贈った。[43] 貴陽の「武備学堂」の教習を務める日本陸軍砲兵中尉金子新太郎の参謀総長山縣有朋への報告書によれば、一九〇四年九月、袁世凱らが陸軍学校を設立し、各地の武備学堂が陸軍小学校に改編されたが、そこでも引き続き日本人教官が雇われることになる。「新ニ日本武官ヲ招聘スルノ得策ナルコトヲ勧告セントス」とあり、日本陸軍もこれに積極的に関与する姿勢であったことが察知できる。[44] 日露戦争後、さらに多くの日本軍将校が招聘されるようになるのも自然の成り行きであった。[45] その際の人材の紹介と仲介は、当然、公使館の仕事である。

一九〇七年五月、楊枢は、清国の両広総督の代理として日本政府印刷局長の山中成亮と「清国広東銭局銀票」の印刷に関する契約書を結ぶことになる。日本の印刷技術への信頼の現れ、あるいは偽札の防止のための配慮の現れか、そのいずれかは不明だが、これは日本との強固な協調関係の証といえる出来事であった。[46]

三　諸刃の剣——日本留学に付きまとう二つの民族主義

一九〇三年、留日清国学生のなかに、かなり不穏な空気が漂っていた。六月二日、在上海日本総領事小田切万寿之助が公信第二二〇号を、当時上海の有名な中国語新聞『蘇報』のひとつの記事と一緒に外務大臣小村寿太郎に送り、六月九日、つまり受け取ってからまもなく小村外務大臣はそれを陸軍大臣寺内正毅に転送した。総領事小田切万寿之助が送った新聞記事の内容は、成城学校の清国人留学生の退学についてであった。退学自体は大きな事件ではないが、問題は、その退学の理由であった。四川からの留学生劉が連隊に入ったが、同じ連隊に西郷隆盛の子がいて、陸軍少佐だった。ある夜、彼は劉を自室に呼び、日清戦争で支那人が敗れて、ここまでものにならぬのなら陸軍でなぜ学ぶのかと言葉で侮辱した後、ここにいるあなたたちも吾が輩の弄ぶ対象に過ぎないと猥褻行為を強要し、劉は怒って帰室した。しかし西郷は後を追いかけさらに、性行為を強要しつづけた。劉は抵抗して難を免れたが、それを知った留学生たちが学校当局に抗議すると、面会に出てきた成城学校長は、「あなたたち支那人がたびたび退学を使って脅迫するが、それには屈しないぞ」と強硬な姿勢を見せた(47)。

この事件の報道を知った上海総領事館は、「事実トモ思ハレス恐ラクハ清国留学生中ノ或者カ中傷ノ目的ヲ以テ当地友人ニ報告シ来リタル結果斯ル記事ヲ見ルニ至リタルモノナラント存候得共此ノ如キ事件ニ関シ報館ニ対シ当館ヨリ干預ヲ試ムルハ却テ妙ナラズト存シ候」。しかし、日本総領事館のこの見方は、やはり問題の重要性を見誤ったと思わざるを得ない。この記事が『蘇報』に掲載されたことこそ問題であったのであろう。

その理由は、少なくとも二点あると指摘できる。第一に、最初の経営者の妻が日本人であったため、『蘇報』は日本の上海総領事館に登録された新聞であったこと。第二に、『蘇報』は当時中国国内のもっとも急進的な言論を好んで掲載し、革命的とも言われたが、その革命の対象は「満洲」に対する革命に集中していたこと。この二点を考えれば、『蘇報』で抗日ナショナリズムが高揚することは、通常は考えられないことであり、にもかかわらず掲載されたからこそ、この記事はとくに重視されるべきであった。

『蘇報』は清王朝末期の著名な新聞であり、一八九六（清光緒二十二）年六月二十六日に上海の共同租界内において創刊された。一九〇〇年から社主になった陳範は次第に革命に傾き、一九〇二年の冬から「学会風潮」という紙面を設け、学生、特に留学生による革命を公然と支持しはじめた。一九〇三年五月二十七日から、章士釗が主筆になり、その後の一カ月あまり、「国を持たない哀れな民」、「客民篇」、「革命反論に対する反論」、「『革命軍』を読む」、「『革命軍』序言」など革命を鼓吹する文章を相次いで掲載した。そのため、清国政府は『蘇報』を警戒しはじめ、江南地域を管轄する両江総督を派遣して租界当局に対して圧力をかけ、七月七日に『蘇報』を取り締まり、六人を逮捕した。そして一九〇四年五月二十一日に上海知県と英国副領事の共同で、執筆者章太炎（一九〇二年二月～七月まで日本に滞在、四月に「支那亡国二百四十二年記念会」を企画）に実刑三年、鄒容に実刑二年（一九〇三年四月に日本留学から上海へ帰国、〇五年二月二十九日に獄中にて死亡）を言い渡した。[48] 注意すべきは、前記の「成城学校学生退学」の記事も章士釗が主筆になった初日、五月二十七日に掲載されたことであった。章士釗は、当時まだ日本に行っていないが、章太炎、鄒容と同じ志を持っているため、異姓の義理兄弟の関係にあったという。国内における民族革命への動きだけではなく、日本に留学した学生の間にも抗日的な民族主義がますます強くなっていることを、『蘇報』の記事は示しているのである。

これを清国留学生による単なる「中傷」だと結論づけることは、一種の自己欺瞞に過ぎなかった。まったく同じような事件が、間を置かずに発覚するからである。十二月八日、外務次官珍田捨巳から陸軍次官石本新六宛の連絡（外務省機密送第九一号、陸軍省密受第四九三号）と陸軍次官から第三師団長宛の連絡（陸軍省密発三三一号）によれば、「第三師団ニ在営中ノ清国ヨリ派遣学生六名ハ本月二十二日夜十一時頃中隊長大尉佐藤彌太郎ノ命ニ依リ将校集会所ニ集タリ然ルニ中隊長ハ酒気ヲ帯タル体ニテ右学生中盧金山壱名ヲ残シ他一同ヲ各自居室ニ引取ラシメタル後盧金山に対シ猥褻ノ行為ニ及ハントシタルヲ以テ盧ハ之レヲ肯ンセサリシ上官ノ威ヲ以テ壓セントスル傾アリ盧ハ斯ノ如キ恥辱ヲ被リタルヲ以テ忍耐スル能ハズ翌朝ヲ俟テ事ノ顚末ヲ大隊長ニ密告シテ其処分ヲ請ヒタル」。

しかし大隊長は直接調べず、金子中尉を盧金山の元に派遣して忍耐せよと命令した。盧金山はこれに反発したが、かえって金子中尉に命令に服従しないことで責められた。盧金山はこれをさらに聯隊長に陳情し、中隊長の処分がなければ在営に耐えられないと訴えたが、今度は聯隊長が深見中尉を派遣して盧金山に「退学願書」を提出させた。盧金山はさすがに堪忍袋の緒が切れて、「第八中隊長佐藤大尉が意のままに我が留学生を娼婦のように侮辱し、このような大辱に実に我慢できないため退学を願う」という願書を出した。しかし退学の許可を待っている間、盧金山を含む六名を直ちに東京へ行かせ、十二月一日より士官学校に入学させるという命令が第三師団長から届いた。他五名は入学に応じたが、盧金山はそれを拒んだ。(49) 盧金山はこの措置に満足したわけではなかったが、第三師団長はその非を実質的に認めたわけであった。

しかしこれでも、日本当局は、事件の重大さを見誤っていたように思われる。というのは、これらの事件は、日本人が中国人を「去勢された支那人」とみなし、実際にそう扱っている、との印象を中国人に伝えるものだったからである。つまり、被害者は一個人であったにしても、中国人一般の人格を踏みにじる行為と受け止められたのである。注意すべきこととして、『蘇報』のような革命に傾倒する新聞がこのような事件を取り上げた理由は、単なる抗日的民族主義の鼓舞のためではなかった。むしろ中国人がなぜ「取侮於人」、つまり、なぜわざわざ自ら留学する道を選び、他人に侮辱されるような立場に立たなければならなかったのかを考えさせるためであった。換言すれば、抗日的民族主義も、その究極的狙いは、また清王朝を打倒する革命の鼓吹にあった。

清国政府は、留学生が革命派に傾倒することを非常に危惧していた。一九〇三年からそれまで未整備だった留学生に対する監督体制の整備を強化しはじめた。(50) 楊枢は一九〇三年十月十五日に公使に着任したが、九月八日の時点で「日本遊学生総監督」の兼任を命じられていた。(51)

しかし、前任の蔡鈞時代まで、日本に来た清国留学生を管理する「日本遊学生総監督」は、みな公使以外の人が務める習わしになっていた。清国政府が、日本に「総監督」を最初に派遣したのは一八九九年九月で、このときは工部主事である夏偕復が派遣され、(52) その後、王宗炎、汪大燮の順で交代した。汪大燮が派遣された際、清朝の「欽命全権大臣便宜行事総理外務部事務和碩慶親王」から日本の松井公使への照会において、「日本遊学生総監督」の仕事内容は次のように定められていた。「あらゆる遊学生に対する」「経理督飭、切実講求、以端趨向、而宏造就」、つまり管理監督によって留学生の思想転向を防ぎ、立派な人材になるように勉学に専念させるというものであった。(53)

前任公使であった蔡鈞は、日本の外務大臣に対する通達で、「あらゆる官費私費学生の入学と学費などあらゆる事項は汪〔大燮〕総監督に任せる」としていたが、楊枢の時代になると、これらの事項もすべて公使が自ら処理することになった。公使と総監督の兼任は、留学生の軽視などではなく、むしろその逆であった。楊枢の公使着任後、さらに副総監督として王兆敏が任命され、各地方出身の留学生を管理するため各地方政府の「監督」も次々と着任した。一九〇六年に至って、東京に浙江、南洋（江蘇・安徽・江西）、雲南、四川、山東、陝西、河南、湖北、湖南、直隷の各省および練兵処からの留学生監督が揃った。(54) つまり、楊枢の公使着任を機に、留学生に対する管理は一層重視され、楊枢は留学生問題に関して清国政府の信任を受け、全権が委ねられたのであった。

しかし、日本に留学生を送り出すことは、清王朝と日本の双方にとって、事実上、諸刃の剣であった。一九〇五年十一月、日本の文部省が「清国留学生取締規程」(「清国人ヲ入学セシムル公私立学校ニ関スル規程」)を発布したことに対し、清国人留学生の間に反対運動が起こった。まず授業の集団ボイコットが起こり、続いて中国同盟会の機関紙『民報』の編集である陳天華がこれに抗議するため、大森海岸で投身自殺したことをきっかけに集団帰国が決行され、二千名以上の留学生が帰国した。この事件は、中国留学史上における大事件となり、近代中国の多くの政治家が日本に反感を抱く原点となった。(55)

しかし、日本の文部省が公布した「取締規程」のたたき台となったものは、実は一九〇三年に清国政府の湖広総督張之洞のもとで制定され、日本の文部省を通じて留日清国学生に配布された「約束遊学生章程」であった。この「章程」の日本語訳も「取締規程」であった(本文においては文部省が公布した「取締規程」と区別するために「約束章程」と呼ぶ)(56)。清国政府が日本政府に留日清国学生の行動規制を求めた目的は、革命派の活動を制限することにあった。しかし、当時の史料から、日本政府は、当初清国政府の要求を安易に受け止め、そうした行動規制の必要を感じていなかったことが分かる。(57)

楊枢の着任後、十一月十六日に、日本外務省に「約束章程」と「鼓励遊学畢業生章程」(以下「奨励章程」)、および「自行酌弁立案章程」が各二百部送付され、外務省を通じて、政府の各部門と留学生を受け入れている学校長への送付を要請した。(58) しかし日本側は、「自行酌弁立案章程」が日本駐清国公使内田康哉との協議のもとで作成されたものではなく、「約束章程」の第一〇条の内容も妥当ではないことを理由に送付を拒否した。

翌年の八月六日、楊枢は、再び外務省に、第一〇条は度々問題を起こす留学生のみを対象とし、一般留学生を対象に留学生を安易に帰国させるためのものではないと説明し、「約束章程」と「奨励章程」の送付を再度要請した。[59] そこで、日本文部省は、明治三十七(一九〇四)年十月一日に「官報」の「学事」面に清朝政府が制定した「約束章程」と「奨励章程」を中国語のままに掲載したのである。[60]

結局、清国留学生をめぐる行動規制は、一年以上の交渉でようやく決着をみた。ここから、留学生の問題において清国政府に安易に妥協しない日本政府の態度を窺うことができるが、その理由は明白である。清国人の日本留学は、そもそも明治政府が清国政府に対し、自ら提案・要請したことで始まった。その目的は、中国という「老大帝国」の内部に親日派勢力を育てることにあった。[61] そのため、留学生を敵に回すような措置を簡単に取れない事情があった。一九〇五年にも日本政府は、「文部省所管臨時清国学生養成費支出金一万五千百四十三円」を、首相桂太郎の裁決で出していた。その理由は「畢竟東方政策上清国学生ヲ我国ニ留学セシムルノ必要ヲ認メ之カ勧誘ニ勗メタル結果ニ外ナラサル」というものであった。[62]

一九〇五年十一月二日、日本の文部省は独自に制定した「清国留学生取締規程」を省令で公布した。これを清国政府の「約束章程」と比べると、その主な内容はほとんど変わらないことが分かる。ところが、「取締規程」は留学生から強い非難を受けた。とくに問題とされた第一条(入学と転学には清国公使の紹介状が必要)と第七条(留学生の受け入れ学校は、文部大臣の認定を得ることと清国政府に報告すること)は、清国政府が制定した「約束章程」の第一と第二条に相当し、第九条(留学生が学校の宿舎や学校が監督する民宿に寄宿すること)も、基本的に「約束章程」の範囲を超えず、また楊枢以前の「日本遊学生総監督」汪大燮が留学生に直接示した「訓示」

の域も超えるものではなかった。(63)

「清国留学生取締規程」の公布は、日清両国政府の外交協調の成果とも言える。では、なぜ「取締規程」だけが留学生の反対に遭ったのか。その理由は、様々な側面から検討できるが、おそらく無視できないのは、日露戦争直後というタイミングで日中両国のナショナリズムが膨張したことであろう。

日露戦争以後、日本国内のナショナリズムは急速に膨張する。このとき、中国の青年たちは、「外国の列強が中国を戦場とした」という恥辱感を背負いながらも、日露戦争を通じて日本を学ぶ必要性を感じ、大挙して日本にやって来た。しかし、日露戦争の勝利と留学生の急増を背景に、日本社会の留学生に対する態度は変わり始めた。戦勝に陶酔した日本政府も、かつてのように対清国戦略としての清国留学生を重視しなくなり、「清国留学生＝潜在的犯罪者」という意識を抱き始めた。(64) 他方、留学生の方も、民族的差別に、より敏感に反応するようになる。(65)

四　日本にあすの中国の夢を見る――ムスリム公使の「我が国」認識

「清国留学生取締規程反対運動」は、楊枢の公使在任期間中（一九〇三年十月から〇七年七月）に発生した事件であったが、外交史料館に所蔵されている資料を検証すると、この事件に責を負うべき人物は、むしろ、楊枢の前任者、第一三代清国駐日公使（大清国出使日本国大臣）蔡鈞だったことが分かる（この点に関する詳細は、紙面の都合でここでは割愛する）。

楊枢と事件とのかかわりを証明できる文書は、わずか二点しか見つからなかった。一点は、日本外務省に留学生からの要望を転送する簡単な手紙であり、もう一点は、「出使日本国大臣兼遊学生総監督」の名で留学生に出した通告である。この通告において、楊枢はまず次の点を明らかにした。日本政府の文部省が「取締規程」を出した目的は、学生に対する「取締り」ではなく、学校の整理にこそあったこと。学生らがとくに不満を持つ項目については、すでに全力を尽くして日本の外務省・文部省と交渉し、全文の取り消しはできないが、一部は修正するという約束を取り付けたこと。その上で「諸君が外国に留学する目的は、実学を考証し、帰国してから我が国に貢献する」(考求実学、帰殉我国)ことにあり、自虐行為をやめ、復学して勉強に専念することを望むと強調した。[66] ここから、彼が留学をいかに重視していたかがわかる。

「清国留学生取締規程反対運動」の民族主義的な意義を強調する先行研究は、この事件によっても、日本留学ブームは、決して中断・後退したわけではないことを無視する傾向にあった。ひとつの統計によれば、一九〇五年の冬に二五六〇人だった清国人留学生は、一九〇六年の夏に一万二九〇九人、その年末に一万七八六〇人にも達し、清国人留学生の最も増えた時期であった。[67] その理由は、清国政府が一九〇五年九月に科挙制度を正式に廃止したことにもあるが、楊枢の努力によって日本留学環境の整備、とくに受け入れ先を増加させたことも無視できない。一九〇四年五月に開講した法政大学法政速成科はその一つの実例である。

法政速成科は、法政大学が清国のために最短期間で近代的な法学・政治学・経済学を身に付けた人材を育成するために設置し、清国留学生だけを入学させる特別学科であった。その学生人数は、一九〇四年五月に開講した第一期(第一班と名乗る、以下同)が九四名、一九〇四年十月の第二期が二七三名、一九〇五年五月の第三期が二〇一名、一九〇五年十一月の「清国留学生取締規程反対運動」の渦中の第四期も三八八名で前期を上回り、そして事件以降の一九〇六年十月の第五期は、八四三人にも上り、年々増えている。[68]

法政大学法政速成科の授業プログラムは、ほとんどが近代的社会科学に関する授業であった。一九〇四年五月の設置から一九〇八年四月の第五期生の修了まで、補修科を含め、法政速成科は、合計一一一五名の清国留学生を送り出した。汪兆銘・戴季陶など中華民国期の有名な政治家の一部もその卒業生だった。[69]

法政大学法政速成科は、楊枢と当時の法政大学総長の梅謙次郎の二人の努力と協力でできたものである。[70]たとえ法政速成科の設置に当たり、大学が経済的利益を見込んでいたにしろ、[71]楊枢にはそのような個人的な利害は一切見当たらない。しかし楊枢は、大使在任中に毎年法政速成科の卒業式（第一・二・三・四期）に出席し、卒業生に祝辞を送り、法政大学に感謝の意を表していた。しかし彼の離任後に行われた第五期の卒業式には、後任の清国公使胡惟徳は出席していない。[72]

楊枢が法政速成科に大きな期待をかけたのは、近代的な法学・政治学・経済学に通じた人材こそ、中国近代国家建設に必須であると認識しているからだ。彼は法政速成科の開学式で次のように述べていた。「今日中国が時事多艱で、人材が強く求められている」、「そのため法政速成科を設立し、中国における維新の早期実現に貢献し、中国の人材のますますの増加を願う」。

そして第一期生と第二期生の卒業式で、それぞれ次のように述べた。「国家の基礎は、政法にあり」、「最近国家は学務を振興し、法律を修訂し……有志の氏は相次ぎ東来し、日本の維新以来の政策、及び近世の富強の効果を研究し」、「卒業生諸君が帰国し、学問を同胞に伝授し、もって民智を開く。……〔日本で学んだ学問を〕実行に移し、国の富強はまだ望める」（以上第一期卒業式での祝辞）。「今日の中国では、立憲を言わぬ者なし、改良立法を言わぬ者なし……しかし立憲を準備し法政を改良するには法政人材の養成が欠けてはならず、法政人材の養成には人々が法律の思想を身に付けなければならない。……使者〔楊枢自称〕は諸君のために喜びを申すだけではなく、さらに中国の前途のために喜びを申す」（以上第二期卒業式での祝辞[73]）。

法政速成科の存続期間は、楊枢の駐日清国公使在任期間とほぼ一致していた。そのため、法政大学法政速成科が楊枢の公使退任後に第五期で幕を閉じた原因も、楊枢の公使退任と何らかの関係があったのではないかと推測される。

ただし「速成留学」は、単なる「学歴の安売り」になり得る恐れもあった。そのような反省から、一九〇七年に清国政府は、日本の文部省との相談の上で、「五校特約」、つまり東京高等師範、東京高等工業学校、山口高校、千葉医学専門学校、第一高等学校の五校を指定校とし、翌年から一五年間に国費留学生を入学させることを決めた[74]。時期的に考えると、これも楊枢の公使在職中に交渉が始められたことが分かる。

近代国家建設は、中国を苦難から救う唯一の方法であり、清国政府内の日本留学推進派に共通する考えであった。そのため、「革命」か「反革命」かは、日本留学存続の是非を判断する基準とはされなかったと考えられる。注目すべきは、楊枢も、一連の法政速成科関係の祝賀行事において、「清国」や「朝廷」といった言葉を全く使わず、「中国」という言い方を貫いている。楊枢が留学生に強調している「国家」あるいは「祖国」は、清王朝を超越した「中国」であろう。

こうした楊枢の考えは、長く「洋務」と外交畑を歩む中で培われた国際的視野と歴史の趨勢に対する深い認識に基づくものであろう。楊枢は、広州の同文館を卒業後、清国駐長崎領事館に転勤するまでの一四年間、両広総督府で「西文通事」、つまり欧米に関係する通訳や交渉を担当し、その間に、「広東道兼理洋務」に任命され、「広州機房」（紡績工場）と「造幣局」を設立するなど、清王朝末期の「洋務運動」にも携わっていた[75]。実は、楊枢の影響を受け、一族は楊枢以降七人もの外交官を輩出している。彼らのなかには、清国の外交官だけでなく、中華民国の外交官として活躍した人物もいた。たとえば、楊枢の従兄弟である楊晟は、清国駐オーストリア駐在大臣（一九〇四年六月に着任、一九〇五年九月にドイツ駐在大臣に任命したため離任）、ドイツ駐在大臣（一九〇六年四月に着任、十二月に母親の死去にともなって離任）を歴任し[76]、中華民国時代には、「外交部駐江蘇特派員兼上海道尹」（外務省特派員兼上海最高行政長官）、「国務院華僑事務署総裁」を務めた。楊枢は、八歳から楊晟の父親、楊朝賡によって育てられたため、楊晟と実の兄弟のようなものであった。楊晟も広州の同文館を修了し、その入学は楊枢の勧めによるものであったという[77]。そして、楊枢の娘婿である馬廷亮は、清国駐朝鮮ソウル総領事を務めた最後の人物であった。彼は一九〇六年六月に着任し、総領事在任中に日韓併合や清王朝の崩壊を体験する[78]。

ところで楊枢の思想と行動は、彼がムスリムであったこととどのように関係していたのであろうか。楊枢のイスラームに関する言論は残されていないため、彼のイスラーム思想を理解することは不可能である。しかし楊枢の中国近代国家建設に関する思想が、中国の漢語を話すムスリムによる「新文化運動」に大きな影響を残したことは確かである。その証は、日本に留学し、楊枢と「同教者」として親しく接していた中国人ムスリム学生による「留東清真教育会」の思想的軌跡、とくに教育思想と国家思想を検証すれば、その影響を推し量ることができる。

一九〇七年に東京で設立された「留東清真教育会」は、中国の近代ムスリム新文化運動の先駆となるが、その会則は、会の性格を「同教者の情誼を連絡し、教育の普及と宗教の改良を本旨とする」（第一条）と規定している。教育の重視こそ、「留東清真教育会」の重要な思想であるが、「留東清真教育会」が強調する教育は、一般概念としての識字教育でもなく、伝統的イスラーム教育でもなかった。それは、「二十世紀の国民教育」であった。「二十世紀の国民教育は、一人や一家族のためであってはならない。およそ国家の存亡、種族の強弱、宗教の興亡、みな国民教育の程度によって決まる」[79]。「留東清真教育会」は、伝統的なイスラーム教育を否定した。「わが教の教育は、宗教教育であり国民教育ではなかった。しかし今日において中国国民教育の実施こそわが教の緩めてはならない急務である」[80]。つまり、「留東清真教育会」が提唱した「教育」は、その対象は中国のムスリムでありながらも、「中国」という国家の視点から出発したものであった。

十九世紀後半、雲南省の有名なイスラーム学者馬徳新（一七九四―一八七四年）は、その『朝覲途記』において、巡礼時にアラビア（天方）に入り、「祖国」を見た瞬間の感動・感激を活き活きと記している[81]。二十世紀初頭になっても、清国人ムスリムのほとんどが「何も考えず、天方（アラビア）を祖国・宗国と自ら称する」状況が続いていた[82]。しかし、馬徳新と同じ雲南省出身の「留東清真教育会」会長保廷樑は、「わが同教者も中国国家を形成する分子であり、国家との関係を無視して『自棄自外』する（自らよそ者と決め付ける）ことは許されない」と述べ[83]、ムスリムの国家意識の希薄さを批判している。

さらに、多くの「留東清真教育会」メンバーが、「回」は「民族」ではないと主張する[84]。「回教を信仰する者はもともと同じ民族ではない。しかし塞米的（塞米＝日本語の「狭い」の音読みか？――筆者）民族偏狭主義を取り入れたため、今日各国に伝えられても民族的カテゴリーを持つ。わが中国の回民・回族という呼称の誤りはすなわちここから始まったのである」[85]。「回」が「民族」であるという説を否定する目的は、「中国国民」としての自覚を強め、「回教の同人を喚起し、回教と中国との関係を知り、奮起して力を出して中国国民としての責任を果たしてもらうことにある」[86]。彼らは中国イスラームの歴史から、中国には「回族」が「民族」として存在するのではないことを証明しようと努力した。民族の区別は、中国内部に不調和を引き起こし、国民意識の形成を妨げることにしかならないからである。

ムスリム留学生は、「わが国のいたるところに、排漢排満を唱え、狭い偏見に固執して種族滅亡の憂を忘れている」者がいる、[87]と「民族主義革命」の理論を批判し、「種族」の意識を捨て、「わが国」という大義を持つべきと訴える。これは、ほとんどの日本留学生が傾倒する「革命」の思想に公然と対抗するもので、清王朝支配の正当性を訴えているとも受け止め得る発言である。当時の中国民族革命の中心地である東京においては、きわめて大胆な行動と言えるが、この主張は、楊枢の思想と重なっているように見える。

「留東清真教育会」は、中国史上初のムスリムによる社会団体であり、近代中国の「ムスリム新文化運動」の先駆的存在であるが、中国に対するこのような「祖国意識」が日本において生じることは、実に興味深いことである。「留東清真教育会」の会計役を務めた趙鐘奇は、「その国家を興そうとすれば、まずその家族を興さなければならない。その家族を興そうとすれば、まずその本人を興さなければならない。人間を興すものは教育以外にない。家族、国家を興すものは、国民教育以外にない。……わがムスリムも中国の国民であり、歯車に譬えれば、また歯車の歯である」と訴えている。[88]そして、彼はまた、国家の現状に無関係と無関心であるような「自棄自外の代償」は、中国のムスリムが「自ら固有の国籍を失い、どの国民でもないような窮地[89]」に追い込まれることであると、声高に警告している。このような危機感は、ムスリムという「中国」の周辺にいた人間だからこそ強く感じられたものであり、ムスリムである楊枢が清国の公使として、近代中日外交関係という舞台で努力する原動力ともなった危機感であろう。

おわりに

楊枢は、一九〇七年十月に駐日本公使を離任し、清国外務部左参議（第一次官）に転任した。一九〇九（宣統元）年には清国政府の特使として、光緒帝と西太后の死去に対する各国の弔問に返礼するため、日本、フランス、ベルギー、ノルウェー、オランダを訪れ、また二月から清国の駐ベルギー公使を一年間ほど務め、辛亥革命が起こる一年前、六十六歳の高齢で病気のために外交界から身を退いた。[90] ちなみに、中国とベルギーを往復した際、楊枢はメッカにも寄ったと言われる。[91] 一九一二年に「国内の回民を団結させ、回教の教義を発揚させ、回民の知識水準を高め、回民の福祉を促進すること」（連合国内回民、発揚回教教義、提高回民知識、増進回民福利）を趣旨とする「中国回教倶進会」の広東支部が広州において設立された。そこで、楊枢はその名誉会長に推挙され、その五年後の一九一七年に広州の地でこの世を去った。[92]

いままでの近現代中日関係史研究のなかで、楊枢はほとんど注目されず、または知られていない存在であった。しかし清王朝末期の中日関係を、楊枢を抜きに語れないことは明らかである。前述のように、清国の「総理各国事務衙門」の規定では、「出使大臣所帯各員」の任期は「すべて三年を一期」と決めていた。ところが、楊枢は四年間にわたって公使に在任し、その在職期間は清国の歴代駐日公使のなかでもっとも長かった。日本勤務自体は断続的であるが、しかし四回の日本勤務は計十数年間にわたり、そして初代の清国公使何如璋に付いて日本に赴任してきた一八八七年から一九〇七年の公使退任までの期間は、なんと二〇年間にも及ぶ。注目すべきは、この二〇年間はまさに日清関係が本質的に、また徹底的に変わった時期でもあった。この時期に長崎事件、日清戦争、日露戦争、そして清国留学生取締規程反対運動など近代日中関係史上の重大な事件が起こり、楊枢も身を以てこれらの事件を直接経験したのである。まさにこのような歴史的プロセスにともない、日本人の中国観が中国に文化的郷愁を持つ時代から中国と中国人を軽蔑する時代へと進み、そして楊枢が携わった清国の対日外交の性格もますます変わり、日本の位置づけが単純なライバルから近代国家建設の手本にもなったというふうに変容したのである。この変容に対して、楊枢は疑いなく大きな役割を果たしていた。しかしもう一面では、この時代は日本を手本に発見した「民族国家」の思想が留学生を中心とする日本の中国人社会に広がりつつある時代でもあり、この「民族国家」の思想を巡る動きは「ムスリム」である楊枢の「民族」と「国家」認識とどのように関係したのか、実に深く考えるべき問題であろう。

第二章　東アジアにおける「民族」と「民族国家」の思想

――近代国家思想の誕生と歴史の連鎖――

一　「国家」というフレームから覗く「民族性」

時は二〇〇七年九月十七日の夜、場所は杭州市の黄龍体育館、ここで開催された女子サッカー・ワールドカップの日本対ドイツ戦は、中国人にとって、はからずも自分の民族主義を反省するひとつのきっかけとなった。おそらく翌日が「満洲事変」（中国では九・一八事変）の記念日であることも一因であろう。報道によれば、試合開始前、二つのエリアを覆うような巨大なドイツ国旗が広げられ、「まるでドイツにいるように錯覚を起こしてしまった」。日本チームは終始中国人の観衆に冷遇され、試合開始前から「しーしー」という中国人特有のブーイングを浴びせられた。にもかかわらず、観戦に来た約四万人の中国人サッカー・ファンが自分の目を疑ったことには、〇対二で負けた日本チームは試合終了後、事前に用意した「ARIGATO 謝謝 CHINA」という横断幕を広げ、中国の観衆に対して感謝の礼を示したのだ。その瞬間、はっとした人もいれば、「あー」という声を漏らしてしまう人もいた。疑いなく、中国人の観衆はみんな大きなショックを受けた。その後、彼らの態度は一変し、大きな拍手を日本チームに送った。この場面はテレビ中継を通じて同時に中国全土に発信され、新聞も「中国人のサッカー・ファンがブーイングを出し、日本の女子サッカー・チームは逆に『ありがとう、中国』を以て感謝」という反省を促す口調で報道し、たちまちインターネット・ウェッブ上で大きな討論を引き起こした。

「自分はその場にいた。日本のチームにブーイングもした。今考えると本当に恥ずかしい」、「中国のチームは日本でこんなことができるか。これこそ〔人間としての〕素質だ」、「国民の日本敵視に対し、日本の女子サッカー・チームの対応は本当に驚くべきものであった。以前のことをくり返して持ち出すことはもうやめようか」、「いつも日本を歴史と結びつけ〔て考え〕るのを止めよう。たしかに日本は以前われわれアジアの民衆に悪いことをしたが、しかしずっと過去のことに固執するのは偏狭な民族主義心理にすぎないではないか」、「いま、『礼儀の邦』というすばらしい伝統は日本国民によって実践されている。われわれとしては中国経済の飛躍的発展によってわれわれが何を失ったかを考えるべきではないか。怨念を忘れ、日本に謙虚に学ぶべきではないか(3)」。

杭州の試合後「ありがとう、中国」の横断幕を出して観衆に謝意を示す日本の女子サッカー・チーム
(©J.LEAGUE PHOTOS)

一部の書き込みに常用漢字の誤植が見られたため、書き込みしたのは高等教育を受けた人ばかりではないことが察知できる。当然、日本は何をしても悪いというような議論も見られるが、もっとも多くの人に感じられたのは、むしろ「なぜ日本チームはこういう時にさえこういうことができるのか」というショックと困惑であった。そのような困惑は、近代以来の中国人による対日イメージにおける「人間性」と「民族性」の分裂を典型的に表している。

魯迅の「藤野先生」に代表されるように、中国人には日本人の「人間性」を高く評価している一面もある。一九〇四年に仙台医学専門学校に留学した魯迅は、一九〇六年に同校を離れて、一九〇九年に中国に帰国した。彼は一九二六年、つまり藤野先生と別れて二〇年後に「藤野先生」という文章を執筆し、「私が自分の師と仰ぐ人の中で、彼〔藤野先生〕はもっとも私を感激させ、私を励ましてくれた一人」と記している。魯迅の目に映った藤野先生は、勤勉であり、責任感が強く、誠実かつ親切である。しかし、さらに多くの中国人は個々人の人間性ではなく、「民族性」を日本理解の切り口とする傾向があった。そのなかには、魯迅の「藤野先生」を知っている人々も多数含まれていた。

中国人が記憶した日本人の「民族性」とは、事実上「国家」というフレームを通して伝達されたものである。そこでは個々人の人間性が忘れられ、しかも過去の歴史と容易に結び付けられ、そのため、日本人の「民族性」＝日本の「侵略性」と烙印されている。このような先入観を持っている中国人の観衆にとって、日本チームがこうした感服せざるを得ない行動を取ることは、予想すらできなかった。

疑いなく、この「杭州事件」の背景には、かつての侵略戦争に対してひたすら謝罪してきたドイツと靖国神社の公式参拝まで踏み切った小泉政権時代の日本との対比が投影されている。しかし、ナショナル・チームの行動として、これを当然個々人の人間性と見なすべきではない。ところが、その行動を日本人の「民族性」として評価すれば、日本人の「民族性」＝日本の「侵略性」という思考形態が成り立たなくなる。換言すれば、日本チームの行動に感じられた中国民衆の困惑は、事実上、日本チームに対する評価によって日本の「侵略性」も否定されることに対する危惧であった。「国家」というフレームを通じて日本人の「民族性」を見て取ることになれてきた中国の民衆は、ここでふたたび「国家」というフレームにはめられて迷い込んだのである。

個々人の「人間性」ではなく、「民族性」の視点を持ち、そして「国家」のフレームを通じて日本人の「民族性」を理解することは、近現代の中国によく見られる風景である。「国家」と結び付けられた「民族性」は、近代国家・民族国家のメカニズムによって作られた一種の虚構に過ぎない。このことになかなか気づかない理由は、十九世紀末期以降、日中両国がともに国民が国家のために犠牲を払わなければならないというような民族主義的な思想を徹底的に教え込んでいたことにほかにならない。その犠牲を正当化するため、「国民」（nation）が「民族」にすり替えられ、近代的民族主義の発見において先んじた日本は、「単一民族国家」を主張しながら、領土を拡張する歩みを周辺の隣国を侵略するまで止めることはなかった。こうした日本に対抗するためでもあるが、中国は日本に倣って「中華民族国家」を建設する道を選び、そして今日まで走り続けてきたのである。

しかし、杭州事件が語っているように、相手を正しく理解するためには、東アジア世界における「歴史の和解」を求めなければならない。そして、「歴史の和解」を実現するためには、われわれはまず民族主義の壁を乗り越えなければならない。

二　東アジア世界特有の「民族」と「民族国家」の思想

民族主義の壁を乗り越えるために、まず東アジア世界における民族主義の特色を知る必要がある。東アジア世界における民族主義の最大の特色は、一言で言えば、ナショナリズムの訳語でありながら、同時に「民族」（という漢字でできた用語）に関する独自の理解と考えを持っていることである。

多くの先行研究によって指摘されているように、漢字の「民族」という単語の故郷は中国ではなく、中国と「同文」の国、近代日本であった。(4) 日本における研究によれば、nationという東アジアの人々にとってなじみのない言葉は、日本に紹介されてから、紆余曲折を経てまず「国民」に落ち着いたのである。しかし、「ネイションの翻訳語としては『国民』が常用されるようになるが、それは形成されるべきものであった。一言でいうなら、明治の前半期には現在の日本人が、日常的に使用する『民族』という概念は成立していなかったのである[5]。ところで、注目すべきは、国粋主義運動より以前、加藤弘之はすでに「族民」という単語を使い、日本の自由民権運動（一八七四―一八九〇）早期の政治小説においても、Assemblée Nationale（国民議会）は「民族会議」と訳されていた[6]。「族民」と「民族」のほうにも興味が示されたのは、政治的な視点から捉えられた「国」に比べ、血縁的および文化的な情緒をにおわせる「族」のほうが、東アジア世界の伝統的社会構造により近かったからかもしれない。

一八八八年からの国粋主義運動は、日本人の「民族」の観点から再びnationを発見するきっかけとなった。しかし、国粋主義者の目的は、nationを近代的政治共同体から東アジア世界の伝統的な血縁的・文化的な共同体へと読み替えることではなく、むしろ、日本という国の近代的な「国民」を作るために、「民族」を持ち上げたことであった。

志賀重昂は一八八八年四月、『日本人』の発刊詞の中で、「国粋」とはすなわちnationalityであることを直言している。彼は『日本人』第二期においてさらに次のように解説した。「這般の所謂国粋なるものは、日本国土に存在する万般なる囲外物の感化と、化学的反応とに適応順従し、以て胚胎し生産し、成長し発達したるものにして、且つや大和民族の間に千古万古より遺伝し来り化醇し来り、終に当代に致るまで保在しけるもの[7]」。

志賀重昂は日本国内の国民統合に対する「民族の精神」、すなわち「国粋」の役割を強く意識していた。彼は「日本民族独立の方針」という文章の中で、「日本民族の精神を独立ならしめんとせば、実に国粋旨義に因らざるべからず。然り而して之れと共に亦日本民族個々の勢力を惣併せざるべからず。日本民族個々の勢力惣併とは即ち所謂大同団結なり、暫らく外国語を借用すれば Union なり Pan-Nipponism なり Japanisch Bund なり、即ち一民族の団結なり。是れ亦日本民族の独立を保維する長大策と謂はざるべからず」と述べている。(8)

実は志賀重昂の文章に「民族」と「国民」を区別しない例も散見される。「日本民族独立の方針」の中で、志賀重昂が「一民族の団結」の強調に続いて、「日本民族にして当世に雄飛し他民族と相拮抗」しようとすれば、「国民合一の大同団結」に頼らざるを得ないと述べた。(9) 国粋主義者の視野のなかでは、「民族国家を以て特立自立せざるべからざる境遇に棲息する以上は、鋭意力を極めて民族国家が独立自立を保維するの事業に周施せざるべからず」(10)、つまり「民族国家」こそ「国民合一の大同団結」が実現でき、よって自立できる理想的な近代国家像であった。

つまり、国粋主義者が伝えてきた「民族」とは、実際は政治共同体としての「日本国民」の「民」と文化・血縁共同体としての「大和民族」の「族」の結合なのである。彼らがこのような「民族」を提起した目的は、文化と血縁の側面から、日本「国民」の同一性と一体性をさらに強調することにあった。中国人が「同文」の国である日本から「民族」という和製漢語を受け入れた第一の理由は、まさに「民族」がこうした「国民」の同一性と一体性をさらに強調する役割をもっていたためであった。(11)

孫文曰く、「中国人がいちばん崇拝しているのは、家族主義と宗族主義とである。それで中国には、ただ家族主義と宗族主義があるだけで、国族主義はない」(12)。中国人の政治に対して無関心である性格を変えるために、「民族」の思想の導入が重要な手段と考えられたのである。

梁啓超

実は、中国近代の思想家たちが大挙して来日した時期は、日本で国粋主義が流行している時期であった。とくに強調すべきは、後に民族主義思想家となる人物たちのほとんどが、実際に日本の国粋主義者と接触していたことである。

一八九八年二月三日、当時衆議院議員であった犬養毅は、国粋主義者の代表人物の一人である陸羯南に手紙を出し、自分に代わって、前年八月に来日した孫文の世話をしてくれるように頼んだ。「手紙を持って参る平山周氏は現在孫逸仙〔孫文〕と同寓しており、……余は現在病中にあり、諸事を顧み兼ねる。神鞭君と相談した結果、吾兄が代わりに彼等の面倒を見てくれることを願う[13]」。また、戊戌維新の失敗後、一八九八年十月十七日に日本に亡命した梁啓超は、二十六日、二十七日の二日間、志賀重昂と会い、筆談を通じて日本がいかに「わが皇帝を助けて復権させる」かなどについて交流を重ねた[14]。このような交流を通して、中国の思想家たちは志賀重昂や陸羯南などの国粋主義思想をある程度知っていたと想像できる。

戊戌維新の失敗を経験した梁啓超は、救国の真理を求めて日本に到着するとすぐに各種の新しい社会科学知識を取り入れることに努めた。彼が言うには、「日本文を習い、日本書を読み、昔知らなかった書籍が次から次へと目に入り、昔究明できなかった学理は脳のなかにすべて浮かび上がり、まさに幽室を出て白空を仰ぎ、空腹中に美酒を得たように、喜びを禁じえない[15]」。後に彼は『三十自述』の中で初めて日本に渡ったときの情景を次のように回想している。「九月、日本に到着し十月に横浜商界の同志たちと清議報を作ることを計画した。それから日本の東京に一年住み、東文〔日本語〕が少し読めるようになり、思想は一変した[16]」。

ここに出てくる旧暦九月から十月までの間という時期は、ちょうど彼が日本国粋主義の首領志賀重昂と接触した時期と重なる。国粋主義者たちと直接の思想的交流を持った点は、なぜ中国近代の思想家・革命家たちが中国において「民族国家」を追求するようになったという問題を解釈するうえで、無視できない重要な意味を持っている。

三　排他的な「民族国家」思想の魅力

日本にきている留学生たちも日本の近代民族主義思想に引き付けられた。一九〇二年、日本に留学している清国留学生たちは『訳書彙編』という雑誌を東京で創刊した。「当時の人々がみんな留学生界による雑誌の元祖と認めた」この雑誌は、「東西各国の政治法律の著作を収集し、〔中国語に〕訳して掲載し、文明の思想を〔中国〕国民に伝播することを目指した[17]」。雑誌の発行地や執筆者を考えると、その仕事がほとんど日本語によって書かれた文章の紹介、翻訳と掲載に集中したことは容易に想像できる。一九〇三年の第一〇期の『訳書彙編』に「民族主義の教育——日本のエリートの議論に基づいて増補」という文章も掲載された。このことから、「民族主義」の思想に関する知識も基本的に日本から得ていることがわかる[18]。

ところで、この日本国粋主義によって濾過された「民族」の思想には、実は非常に強い排他主義的な思想が含まれていた。つまり、国粋主義の本質は、疑いなく「民族」概念を通じて、日本が共通の歴史と伝統文化を持ち、共通の歴史文化を基礎として作り上げられた政治共同体であることを強調し、日本国民の愛国主義精神を強化するということであったが[19]、しかしその手法は、基本的にほかの国民との「民族の精神」上における違いを強調するようなものであった。

たとえば、一八八九年に新聞『日本』を創刊した陸羯南は自国民の同一性を強調するために次のように述べている。

同じく人類は人類なれども、既に白人と黒人との差あり、黒人と黄人との差があり。此等黄白黒の中に亦各々各種の邦国各種の民族あり。而して各種の民族と各種の邦国は各々特有の歴史を有し、特有の性格を有し、特有の習慣を有し、特有の利害を有し、特有の風俗、特有の境土を有せり。其関係は容易に混同すべからず。其関係既に容易に混同すべからざるときは、其交際も容易に混同すべからざるや固よりなり。是に於てか国民と国民との関係生ず。国民的観念の依りて成立する所なりとす。(20)

つまり、対外的に「民族」の独自性を明白にした上で、はじめて自国の「国民」の境を定めることができ、そして「国民」のアイデンティティがはじめて成立するという主張であった。言い換えれば、つまり自国民と他国民とは「nationality」が違うため、両者の間に共有できる「性格」も、「利害」も、「民族の精神」も当然存在しないということである。このように、日本の国粋主義は自民族と他民族、すなわち自国民と他国民が本来調和できない排他的関係にあるという意識を「民族」の思想に導入したのである。

清王朝末期の中国革命家が日本に誕生した「民族」の思想に強く引き付けられたもう一つの重要な理由は、こうした「民族」が排他的関係にあると説いていることであった。当時、中国の革命家たちは中国の民衆をその「清王朝支配の打倒」の革命運動に引き込むために、理論的に「排満」(満洲族の排除)の正当性を説明しなければならないという大きな課題を抱えていた。そこで、民族が当然ながら排他的なものと強調する「民族」の思想は、あたかも革命派に「排満」の正当性を証明する理論的根拠を与えるような役割を果たしたのである。

たとえば、楊度は一九〇二年十一月の『遊学訳編』第一期で「民族」の性格を次のように分析し、民族というものは結集力もあれば排他性も持つという結論に至った。「凡そ言語が同じ、歴史が同じ、風俗慣習が同じであれば、その民は当然結合する傾向にあり、強制的に分けることはできない。反対に言語が異なり、歴史が異なり、風俗慣習が異なるのであれば、たとえ時によって何らかの理由で結合しても、最終的に独立する日がやってくる[21]」。

日本に誕生した「民族」の思想のもう一つの特色は、「民族」と「国家」を一体化させていることである。一八九二年、「代表的国体論者」である穂積八束[22]は「国体」と「民族」を結びつけて、日本が国家と社会の団結を実現したのは、天皇の万世一系が変わらなかったためである、と強調した。天皇を万世一系とすることができたのは、天皇が「民族の宗家」であり、すべての日本人は同じ先祖をもつとみなし、同じ「祖先教」を信仰し、同じ「民族」とするからである[23]。穂積八束は、「愛国公同の精神」こそが、国家と憲法の基礎であり、このような精神が「我民族ハ同祖ノ血類[24]」という考え方から生み出されたと主張した。二十世紀初頭に日本に留学していた中国の青年たちのなかで、中国人祖先の「黄帝説」と中国国民の「漢種説」などが流行していたことも、このような「同祖同族」の血統論民族説を受けたものと考えられる。

楊度

孫文の日本人友人への贈り物

一九〇五年、孫文の指導のもと、海外の中国人を主体とする中国同盟会が、近代中国の最初の革命政党として東京において設立された。孫文らによって打ち出された同盟会の「入会宣誓文」は事実上革命の綱領であり、その内容は「駆除韃虜、恢復中華、創立民国、平均地権」（韃虜〔満洲族の清朝〕の駆除、中華の回復、民国の樹立、地権の平等配分）となっている。異民族を中国から追い出して、「漢民族」の境に沿って「中華国家」の樹立を求める意志は、翌年の「同盟会軍政府宣言」からさらにはっきり読み取れる。「中国が開国してから、中国人が中国を治めてきた。異民族に権力を奪われたこともあったが、われわれの祖先は常にそれを排除し、土地を回復、後裔を残しておいたのである。今日に漢人が義兵を引率し、胡虜を滅ぼすことは、祖先の遺業を受け継ぎ、大義を有することである」[25]。

四　「民族国家」思想の連鎖と歴史の連鎖

日本において誕生し、そして近代中国の思想家と留学生たちに積極的に受け入れられた「民族」の思想は、事実上、国民の同一性、民族の排他性、民族と国家の一体性という三つの特徴を併せ持ち、三位一体の「民族国家」の思想であった。「排満」の目的を達成させるため、中国の革命派は次々に講演や執筆を通じて、「満洲人は中国人にあらず」、「いわゆる中国というのは、中国人の中国である。誰が中国人かというと、それはやはり漢人種である。中国の歴史は、漢人の歴史なのである」[26]というような意識を中国の民衆に一生懸命に教え込んだ。

しかし「中華民国」の樹立段階において、「排満」はほとんど実行されなかった。その理由は、中国が古代から多民族国家構造をとり、周辺異民族を排除すれば、「中国」自身も成り立たなくなることにあった。皮肉なことに、この三位一体の「民族国家」の思想が中国において凄まじい勢いで発酵させられたのは、「民族」を発明し、「民族国家」の思想を中国人に伝授した日本人を対象とする「抗日戦争」の時期であった。「中国」は中国人の国であり、「異族」による中国支配は許されない、「胡虜」はかならず中国から追い出さなければならないという「民族」と「民族国家」の思想がここにおいて本格的に実践された理由は、中国人がここにおいて本当の「異族」を発見したことであった。

抗日戦争は中国民衆の民族的自尊心を刺激し、中国の民衆が強い民族主義の持ち主へと変身していくことに決定的な影響を与え、事実上今日まで中国の民衆もなおその影から完全に脱出することができていない。二〇〇七年九月十七日夜、杭州市における女子サッカー・ワールドカップの試合中に発生した一幕は、まさにこのような中国民衆の強い民族主義意識を象徴する事件であった。

「民族」と「民族国家」の思想の連鎖は、事実上東アジア世界における相互嫌悪を引き起こす連鎖でもあった。そういえる理由は、まさに東アジア世界に起こっている「民族」の思想が国民の同一性、民族の排他性、民族と国家の一体性という三つの思想的特徴を併せ持っていることである。前述のように、個々人の「人間性」ではなく、「民族性」の視点を持ち、そして「国家」のフレームを通じて日本人の「民族性」を理解することは、近現代の中国によく見られる風景である。もしかすると、同じような傾向は、日本と韓国にも見られるかもしれない。しかし、こうした東アジア的な特色をもつ「民族」という次元で国際関係を見る際、「国民」の境が文化・人種・地理空間などによって二重三重にブロックされ、自分と「他者」が絶対に相容れないものとなり、そこから、相互対立と相互嫌悪の意識が自然に生産され続けたのである。

複雑な構造をもつ東アジア特有の「民族」と「民族国家」の思想は、東アジア地域において思想的連鎖を引き起こし、現在なお相互嫌悪の情緒を生産しつつある。二〇〇五年の春、中国のいくつかの大都市に「反日デモ」の嵐が吹き荒れた。「愛国無罪」は「反日無罪」と読み替えられ、興奮した若者が「民族」的恨みを晴らすという「口実」で、日本人に対して無差別に攻撃する事件さえ起こした。こうした理性まで失ってしまう事件は、日本国民に衝撃を与えただけではなく、中国の国民にも東アジア世界における「民族主義」の恐ろしさを印象付けた。

デモの中での過激な行為に関して、大多数の中国人は絶対に反対する態度をとっていた。しかし注目すべきは、全国規模の「反日デモ」がこの時期に起こることについては、ほとんどの中国人が理解を示していることである。それは、中国の民族主義が事実上近代以降の日中関係の歴史に付きまといながら成長してきた[27]ことによるものであった。二〇〇四年末から中日関係において、対中ＯＤＡの打ち切りの問題[28]、尖閣諸島の問題[29]、台湾問題[30]、日中戦争をめぐる歴史認識問題[31]、東シナ海の天然ガス田開発の問題[32]をめぐる一連の出来事、及び国連のアナン事務総長（当時）の日本の常任理入り後押し発言[33]と韓国各地で「竹島・独島」問題をめぐって起こった「反日デモ」[34]は、中国人の歴史の記憶を蘇らせ、長い間にくすぶっていた民族主義的な感情をふたたび引き出したのである。

東アジア世界における民族主義思潮は、かならず国際政治と絡まるというより、むしろまず「歴史」に付きまとっていると言えよう。そのため、東アジア世界における「歴史の和解」を阻むもっとも大きな阻害要因として、まず東アジア世界特有の「民族」と「民族国家」の思想が取り上げられる。前記のように、「民族」と「民族国家」の思想が導入されるまで、中国人はもともと「政治」に無関心な「民族」であった。中国人の国際政治に対する高い関心も、近代民族主義思想が導入されてからの産物であり、とくに日中戦争の産物である。日本軍国主義の侵略対象になっていた過去があるゆえに、対日関係における民族主義的感情がとくに強い。こうした歴史的「記憶」がなければ、突如全国規模の「反日デモ」が起こることもとうてい考えられない。

一般的に言えば、王朝時代以来の歴史を記述する伝統によって、中国人の歴史に対する「記憶力」はとくに強い。しかし多くの研究者が指摘しているように、中国の二十世紀は王朝時代の伝統を切り捨てる時代でもあった。にもかかわらず、こうした時代に対する「記憶」がこれほど強固になっているのはなぜか。時間的に比較的近いという大きな要因以外に、また近代国家建設の連続性という考えに基づく教育の結果とも考えられる。中華人民共和国の公式見解では、王朝時代に終止符を打ち、中華民国の樹立を導いた辛亥革命によって中国の新しい時代、「現代」(一九一一年十月～一九四五年八月)が切り開かれたとされている。また、その「現代」において、中国共産党が成長し、とくに対日戦争における「抗日民族統一戦線」の形成と指導において力を発揮し、その「現代」を基礎に中国の「当代」(一九四五年九月～)が始まったという。ここにおいて注目すべきは、こうした時代区分の境とされている「辛亥革命」と「抗日戦争」が、いずれも「民族間の戦い」という性格をもっていることである(前者は「満洲族の清王朝に対する漢族の革命」、後者は「日本帝国主義に対する中華民族の抵抗」)。時間が比較的近く、そして中華人民共和国政府がその支配の正当性を中華民国建国の父である孫文の理想を実現させていることにも求めているため、多くの中国人にとって、二十世紀前半の「歴史」はつねに生きている「民族」と「民族国家」の「記憶」となった。

近代国家の連続性を主張する側面からみれば、日本も大体同じ状況にあると思う。たとえば、靖国神社を日本の近代国家建設の象徴だと一部の日本の政治家は考えている。しかし日本における近代国家建設がアジア諸国に対する侵略をともなう側面をもっているため、ここにおいて双方の近代国家建設にまとわれた「民族」と「民族国家」の思想にいかに対処するかという大きな問題にかならずぶつかる。疑いなく、靖国神社参拝によって戦争も正当化される恐れがある。そのため、他国の歴史教育においては、「戦争日本」の罪悪が批判され、日本を戦争まで導いたA級戦犯を祭ることが許されるべきではないと説かれている。

たしかに、同じ「近代国家の建設」という地平に立てば、東アジア世界の三カ国がそれぞれ自国の民族主義は正当であり他国の民族主義は正当ではない、自国の近代国家建設は正当であり他国の近代国家建設は正当ではない、と主張できる根拠はどこにもない。当然、そのような近代国家建設は、他者を犠牲にするものであれば批判されなければならないが、しかしそれによって近代国家建設の正当性の根拠が完全に崩れたというわけではないことに気付くべきである。つまり、「近代国家」という政治の側面から国と国の関係を見る際、主権・領土といった要素と概念がもっとも重視されることはむしろ当然のことである。

両国関係を近代国家の構成要素の側面から強調すれば、利益をめぐって互いに対立している構図がはっきり浮き彫りになり、歴史の記憶も不断に繰り返され、「歴史の和解」が当然実現できなくなる。ここにおいて容易に忘れられるのは、「近代国家」という言語環境で語られた「国益」が、自国にとって本当に最大の利益であるかどうかという問題である。しかし残念ながら、「国家利益」の前では「思考停止」もつねに起こる現象である。東アジア地域における「歴史の和解」を実現するために、自らの「近代国家」を絶対化する思考を切り捨てなければならない。そのため、近代国家に対する「愛国心」を生み出している東アジア世界特有の「民族」と「民族国家」の思想に対する批判精神も、求めなければならないと思われる。

第三章　「民族国家」中国を目指して
――辛亥革命と黒龍会

孫文をはじめとする多くの近代中国の革命家は、実際に多くの日本人と密接な関係を築いていた。周知のとおり、彼らは、孫文の革命活動を支援し、または辛亥革命に直接参加し、その勝利のために大きく貢献した。そのなかでも、とくに無視できないのは、いわゆる「大陸浪人」による組織的な支援であった。言うまでもなく、こうした組織的支援は革命の勝利に対して、大きな役割を果たしている。しかし、本章の目的は、これらの「大陸浪人」が辛亥革命を支援した功績を振り返るというより、おもにアジア歴史資料センターなどに所蔵されている一次史料を追うことを通じて彼らの活動を詳細に検討した上で、彼らを辛亥革命の支援に駆り立てた動機を究明することにある。その理由は、こうした動機の究明を通じて、辛亥革命と日本との関係をより一層明らかにすることだけではなく、中国の近代革命と日本との関係がその後の中国が歩んだ道のりにいかなる重大な影響を与えたのかについてもより深く認識することができるからである。

一　黒龍会と「革命の揺籃」

一九一六年六月、日本のもっとも代表的な大陸浪人の団体「黒龍会」の代表（ときに「主幹」とも称する）内田良平は個人の名義で日本政府に手書きの「対支私案」を提出したが、そのなかに次のような話があった。「支那本部ヲ共和政体ノ下ニ置キ国民党若クハ国民党系ノ有力者ヲシテ之レガ執政者タラシメ更ニ満蒙及西藏ノ三地域ヲ切離シテ宣統帝ノ統治ニ委スルト共ニ日英露ノ保護国トシテ英露両国ノ部分的保護者権ヲ限定シ而シテ帝国実ニ之レガ統括的保護者タルノ地位ニ立ツコト是即チ私案ノ梗概ナリトス」[1]。「対支私案」の主題は、一九一三年以降内田良平自身あるいは彼が黒龍会の名義で日本の対中国政策について日本政府に提出した報

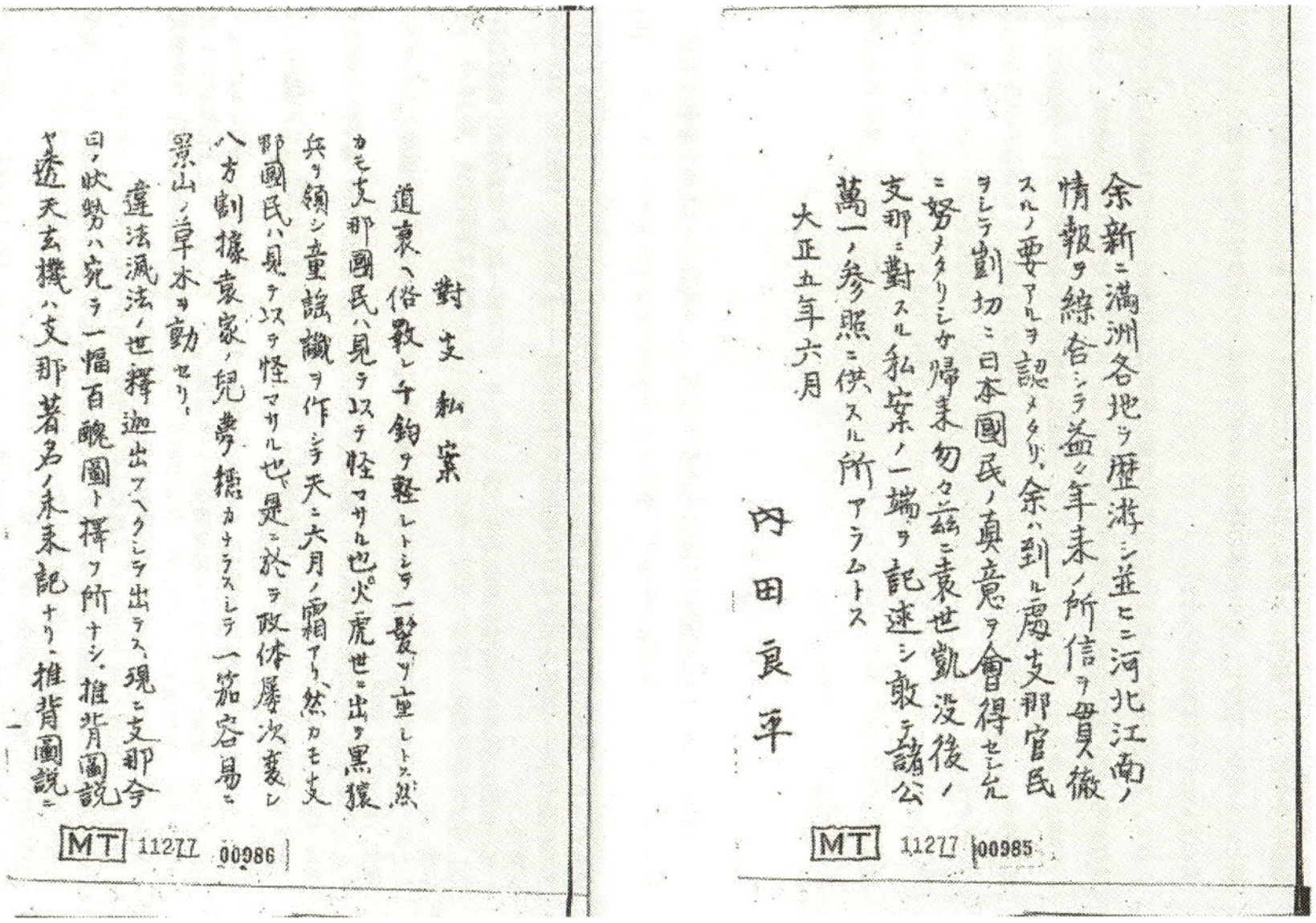

内田良平の「対支私案」冒頭部分

告、または様々な場合において主張してきたのとほぼ同じ内容だった。これまで、内田良平に関しては、彼の「対支問題解決鄙見」が重視されてきた。それは、彼が「鄙見」のなかでまとめた「国防協約私案」が後の「二十一カ条」の青写真となったためであった。(2) しかし、辛亥革命の研究について言えば、「対支問題解決鄙見」より先に提出した「対支私案」のなかに、とくに注目すべきところがあった。

国民党若クハ国民党系ヲシテ政権ヲ掌握セスムヘシト云(3)□ハ主テ親日的一大潮流ヲ形成スルノ要アルヲ感テ旧約法時代ニ議員ノ粗ボ七割ヲ選出セル国民党一流コソ仮リニ親日派トモ看做スヘキ理由アルニ基キ更ニ親日的勢力ヲ将来扶殖セント欲スルヲ以テナリ該党中ノ有徳有力者タル黄興等ヲ新政府ノ主脳人物タラシメハ最モ妙ナラン若シ夫レ満蒙及□西藏ノ処分案ニ就テハ斯クシテ領土分割ノ憂ヲ減シ英露両国ノ利益

ヲ侵サス而シテ帝国ノ勢力ヲ拡充シ且ツ民国指導上ニモ幾多ノ便宜ヲ幾多ノ威力ヲ添加スルノ結果ヲ齎スヘキヲ疑ハス且ツ民国ニ取テモ此ノ一挙ニ由テ前朝優遇費ノ全部ヲ有効ニ転用スルノ便アルニ止ラス此ノ如クニシテ名ト実トヲ弁有スルノ益アラム況ヤ革命ノ一目的タリシ興漢滅満ノ宣言ヲ実ニスルニ於テオヤ余ハ余ノ私案ヲ以テ最モ時宜スル対支策上ノ一鉄案ナルヲ信ス諸公願クハ審ニ之ヲ揆リ下スニ乱麻ヲ断ツノ一断ヲ以テセヨ。(4)

内田良平はなぜこれほどはっきり、しかも具体的に中国の分裂に言及し、しかもそれを堂々と主張することができたのか。その理由は、彼及び黒龍会の勢力が長期にわたって孫文、黄興を始めとする中国の革命派との間に密接な関係を保っていたことにあった。孫文は一八九七年八月に二回目の来日をし、九月の中下旬に宮崎滔天や平山周などの日本の大陸浪人と知り合った。いわゆる「浪人」とは、本来みずからの藩を離れている武士のことを指していたが、幕末期に浪人は自身の地位を変える目的で各種の政治活動に積極的に参加し、この時一部の平民も浪人と自称し始めた。これらの浪人の中、その後自分の政治活動の舞台を主に大陸(もっとも中国と朝鮮半島がほとんど)にしたいと考えたのがいわゆる「大陸浪人」(「支那浪人」とも言う)である。大陸浪人たちは自分の活動を通じて自分の政治理想を日本の外交政策に影響をさせたいと考えたが、その多くは国家主義の思想の持ち主であり、日本の対外進出を支持、支援した。

一八九七年九月二十七日に孫文は平山周の紹介で、大陸浪人たちと密接な関係を有する政治家犬養毅と会った。平山周はまた犬養毅の紹介を通じて、衆議院議員平岡浩太郎から孫文が日本に滞在する費用をもらった。(5)平岡はかつて日本の大陸浪人の重要な母体である福岡の「玄洋社」の初代社長を務め、頭山満、箱田六輔と共に「玄洋社三傑」と言われ、その後玄洋社の対外活動を支えるために鉱山を経営し、さらに議員選挙に立候補し、政界入りを果たした。そして内田良平は平岡の甥であった。

孫文はこのとき日本で一年余暮らした。その間に中国国内では戊戌維新が失敗し、日本の大陸浪人たちが維新派の領袖の救出活動に参加し、宮崎滔天と平山周がそれぞれ康有為と梁啓超を香港から日本に連れてきた。彼らは維新派と革命党の提携を勧めたが、康有為によって拒否された。しかし、孫文はこのときの日本滞在を通じて、中国の政治に興味を持つ多くの日本の政治家や財界人と知り合い、そのなかには、玄洋社の精神指導者である頭山満および内田良平など日本の大陸浪人の指導者も含まれていた。(6)

日清戦争の後、ロシア、フランスとドイツの「三国干渉」によって日本は手に入れた東半島をやむを得ず清国に返還した。このことによって、国権主義思想をもつ日本の大陸浪人が強く刺激され、ロシアを極端に敵視するようになった。内田良平などは一八九五年の「下関条約」のあとロシアに渡り、ウラジオストクを拠点に柔道の道場を開設し、また現地の日本の芸者を利用してロシア軍の将校に接近し、ロシア軍に関する情報を収集し、また参謀本部から派遣されてきた西本願寺ウラジオストク別院の僧に偽装して活動する諜報将校花田仲之助中佐、(7)および参謀本部第一部長田村怡与造らと共にロシアの駐屯軍を直接偵察した。(8)内田良平は一八九八年にロシアから日本に戻ってきてから、まもなく日本がロシアに対して率先して戦争を起こす「対露必戦論」を提唱しはじめた。

そしてまさにこの年の秋に、内田良平は宮崎滔天の紹介で孫文と知り合った。孫文は内田良平に彼の革命活動を支援するよう頼んだが、内田良平は孫文に「支那は革命の必要あるべきも支那を革命するには先決問題あり。先決問題とは日露の開戦にして、日露戦はざれば露国東侵の勢力を挫く能はず。露国東侵の勢力を

孫文（前列右）、**宮崎滔天**（後列中）、**内田良平**（後列左）**ら中国同盟会のメンバー**（1890 年）

挫かざれば革命の変乱に乗じ支那領土を侵略する恐あり」と答えた。しかし孫文は内田良平に、「支那革命にして成功するあらんか露国の侵地を回復するは容易の事にして憂ふるに足らず。況んや日支提携するに於てをや」と中国革命こそ先に成功させるべきということであると力説した。そこで内田良平と孫文に、「支那革命の挙にして日露戦争より先んじて起こることあらんか、僕は対露計画を中止して君を援助することとせん。其の時機到来する迄は各志す所に従事すべし」と約束した。(9)

孫文ら革命派は一九〇〇年に「惠州蜂起」を起こした時、たしかに山田良政、平山周および内田良平など日本人の積極な援助を受けたが、しかし後日の内田良平らの解釈によれば、彼らが当時中国革命に身を投じた理由は、「第一は多年の積弊によって自ら腐爛せんとする大支那を覚醒せしめようとする孫逸仙等を革命主義が、東亜の大局を救うために必要なる手段であることを認めていたのは勿論である。従って支那の革命に参加して兵火の巷に隣邦志士としての義俠の血を流すことは彼等の元より甘んずる所であった。

そして彼等の経綸に照して特に重きを置いていたのは孫逸仙等の革命思想が滅満興漢ということを標識としている点で、漢民族により支那の革命が遂行される場合、満洲民族は劣敗者となって北方の故郷満洲方面に衰残の運命を託し、自然に露西亜によることとなるであろうが、この場合我が国は革命に成功せる新支那と提携して露西亜の南下政策に対抗し、満洲、西伯利を席捲し、これらの地を我が勢力下に置くこととなれば、東亜の形勢は茲に定まり、大陸の地に我が皇徳を光被せしめることが出来る。是れ東亜の危局を救うと共に我が国勢を伸張する所以である。我が東方志士の一団は即ち斯の如き遠大の見地から支那革命に参画し始めたのであって、愛国と義俠との両精神が合致して南清の風雲に心を躍らせた次第であった」[10]。すなわち、日本の大陸浪人たちが孫文の革命を支援したのは、中国の東北地区を最終的に日本帝国主義の勢力範囲に入れるという目的に駆られたものであった。しかし、彼らにこのような可能性を見せたのは、即ち革命派が唱えていた「滅満興漢」という政治的主張であった。

恵州事件の後、内田良平はふたたび日本とロシアとの戦争を唱える活動に没頭した。一九〇一年二月、彼は大陸浪人の組織「黒龍会」を組織した。その趣旨は、「東亜の大局と帝国の天職とに顧み西力東漸の勢を折き東亜興隆の経綸を実行するため、目前の急務として先づ露国と戦い之を東邦より撃退し然る後満洲蒙古西伯利を打って一丸とする大陸経営の基礎を建設すべしというにあった」。「黒龍会」という名前をとった理由は、「西伯利満洲の間を流るる黒龍江を中心として大陸経営の大業に当らんとする抱負を現したのである」[11]。内田良平は黒龍会の主幹になり、黒龍会の本部は、当時の東京市芝区西久保巴町にある内田良平の家に設けられた。黒龍会の主要メンバーには、玄洋社出身者が多く、最初の会員のなかに、内田良平以外、孫文に深く信頼された平山周と黄興に深く信頼された末永節もいた。内田良平はその後ずっと黒龍会の最高指導者と

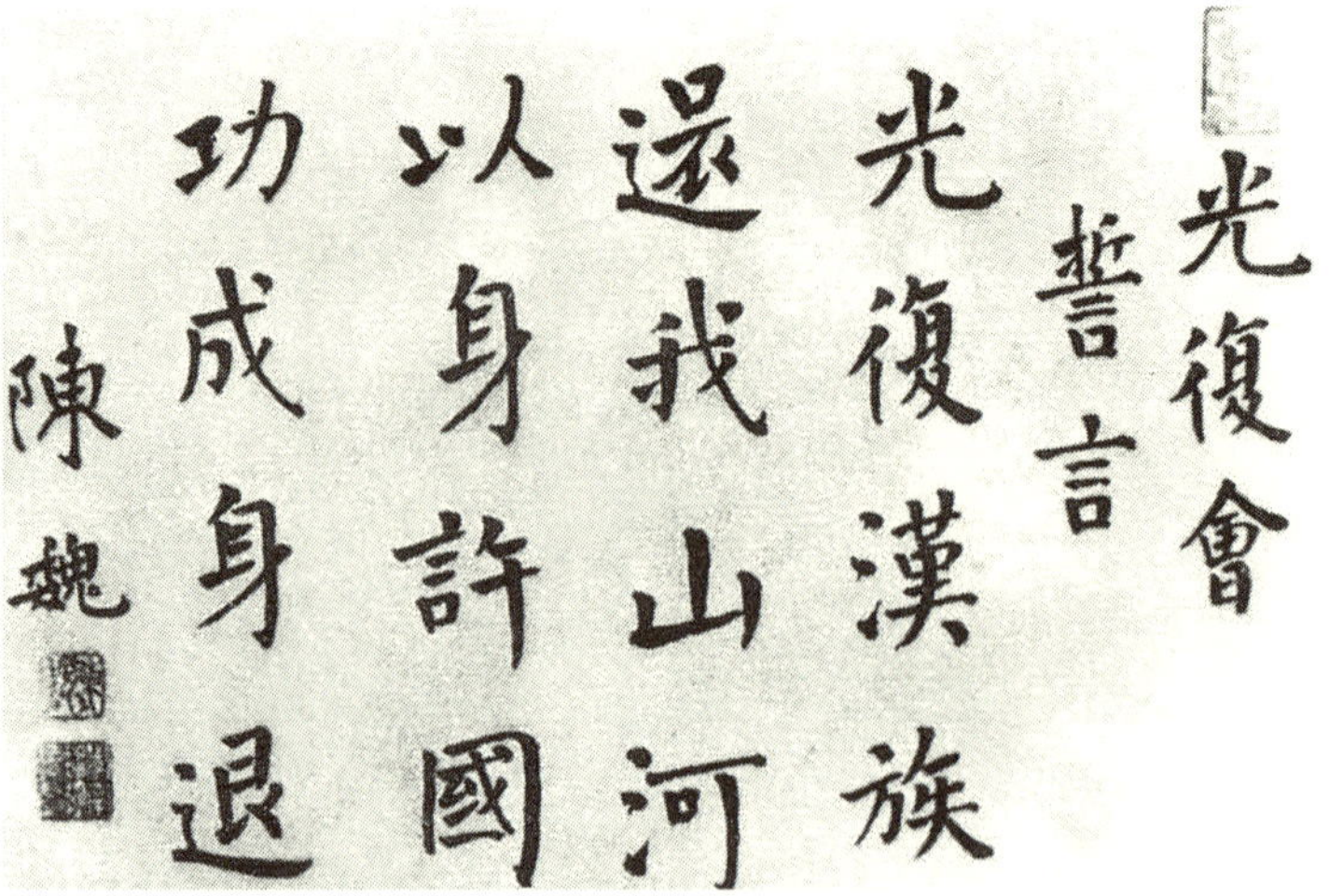
光復會
誓言
光復漢族
還我山河
以身許國
功成身退
陳魏
光復会入会誓文

なった。頭山満が黒龍会の顧問に就任し、黒龍会の政策決定に影響力を持つが、厳密に言うと彼は黒龍会の正式メンバーではなかった[12]。

一九〇五年七月、孫文はフランスからふたたび来日した。この時期は、日本は日露戦争で「奉天会戦」と「日本海海戦」の勝利を収め、全面勝利を迎えている時期であった。宮崎滔天などの紹介で、孫文は東京で「革命」の思想をもつ清国留日学生である黄興、宋教仁などと相次いで知り合い、興中会（孫文、胡漢民、汪兆銘）、光復会（陶成章、章炳麟、蔡元培、秋瑾）と華興会（黄興、宋教仁、陳天華）の合併を決め、七月三十日に中国革命同盟会（のちに日本政府の反対を避けるため「中国同盟会」へと改名）の準備会議を開いた。注目すべきことに、準備会議の会場は黒龍会の指導者内田良平の赤坂区檜町の家だった[13]。準備会議に出席したのは、留学生を中心に七〇名以上の在日中国人以外、宮崎滔天と黒龍会の内田良平、末永節など三人の日本人もいた。さらに重要なのは、この会議において、同盟会の名称、綱領と「駆除韃虜、恢復中華、創立民国、平均地権」という入会宣誓の言葉が決定され、そして孫文が出席者を率いて入会宣誓を行ったのである。当日、参加者があまりにも多かったため、内田良平の家の床は踏み抜かれたという。(14) そのためでもあるが、頭山満の斡旋でほかの会場を探し、八月二十日に中国革命同盟会成立大会は開かれた。その後、頭山満、犬養毅、平岡浩太郎、内田良平、宮崎滔天などが「浪人会」を結成し、財力と人脈などの側面から同盟会を支援した。(15) 以上の関係で、黒龍会はこの時期を「支那革命党の揺籃期」と称しているが、そこに中国の革命は日本で彼ら東亜先覚志士によって育てられたというニュアンスも読み取れる。

二　大陸浪人の辛亥革命支援と「大陸経営」思想

一九一一年、「武昌蜂起」が起こると、宮崎滔天、平山周、末永節、萱野長知、北一輝（本名は北輝次郎、電文では喜多輝次郎となる時が多い）など黒龍会関係、あるいはそれと緊密な関係を有する「大陸浪人」はすぐ中国に渡った。それまで築かれた革命党の中心人物との関係を通じて、宮崎滔天は陳其美（武昌蜂起当時、孫文はアメリカにいた）、末永節と萱野長知は黄興、北一輝は宋教仁に従い、それぞれ辛亥革命の活動に参加した。日本国内にいてこれらの中国革命の中枢に入った大陸浪人の取りまとめ役と連絡役を務めたのは、主に黒龍会の指導者内田良平であった。これについては、宮崎、萱野および北が日本国内に送った電報がいつも内田良平を第一の受取人にしていたことから読み取れる。

内田良平は孫文、黄興、宋教仁と陳其美などの要求に応じ、資金集めと武器購入などに大きく尽力し、革命軍を支援した。当時の西園寺公望内閣は、一旦清王朝への援助方針を決定した。これに対して、内田良平は反対し、日本の政界、財界、軍部における人脈を使い様々な工作を展開し、「首相、外相の反対、内相の賛成で事実上黙認される」という形で革命軍にも武器を供給するようにしたのである。[16]たとえば、内田良平は十一月二十五日に上海に着いて陳其美の陣営に入ったばかりの宮崎滔天に電報を送り、軍服一万五〇〇〇着、毛布四千枚を安価で購入できるが、革命軍に必要かどうか、と質問している。[17]

内田良平が辛亥革命を支援したもう一つの大きな功績は、「三井洋行借款三〇万円」を成立させたことであった。一九一一年十二月十二日一〇時五〇分、内田良平は上海にいる北一輝に次の電報を送った。「昨夜原口ヨリ電報ノ件ハ非常ナル苦心ヨリ成レルモノ故機逸スベカラズ返電直グ頼ム」。[18]その日の午後六時、宋教仁と陳其美は電報を打ち、内田良平を宋教仁、陳其美、伍廷芳と李平書の代理に委嘱し、「年利七分」で三井洋行と三〇万円の借款について相談し、契約と現金を受け取るまであらゆることを彼に一任すると委嘱した。[19]一九一二年一月二十五日午後、内田は北一輝に電報を送り、三〇万円ないし五〇万円の現金を借りられること、利子は「年八分五厘」であること、手数料は一〇%であること、担保は不要あるいは革命軍の軍票で担保し、借款人は孫文、黄興と宋教仁（「成ルベク黄宋二氏ニテ済マスツモリ」）であること、を知らせた。宋教仁はその夜一〇時に電報を送り、内田が借款の成功に対して尽力したことについて感謝の意を表し、その中の一万五〇〇〇円を内田良平に差し出し、「軽少ナガラ外交其他ノ運動費トシテ受取ラレタシ」と伝えた。[20]この金額はさほど大きな額ではないが、外国の商社によって交渉相手とされた意義は大きいものであった。それと同時に、内田良平は日本から革命軍のための武器購入と輸出も行った。たとえば、一九一二年一月二十五日午後、北一輝は内田に電報を送り、三井洋行からの借款を使って三井、高田、大倉などの日本商社から購入した武器の状況をチェックするよう依頼した。これを受けて、内田良平は日本軍の将校に頼んで一緒にチェックした。[21]

一九一二年の元旦に中華民国臨時政府が樹立されると、孫文はただちに数人の日本人を政府顧問に任命した。内田良平も外交顧問に任命された。これは疑いなく彼が長年にわたり中国革命を支援してきた功績に対する褒美でもあった。当時、孫文をはじめとする革命派は、樹立したばかりの中華民国臨時政府に日本政府が率先して国際的承認を与えることを期待していた。そのため、一月の下旬からすでに宋教仁を日本に派遣してロビー活動の計画をはじめた。これについて、日本国内における主な仲介役は、やはり内田良平であった。しかし、中華民国臨時政府のなかには派閥が多く、日本における宋教仁のロビー活動は、成果を得られればその権威強化に繋がり、得られなかった場合は逆に臨時政府における地位が脅かされることになる。日本の大陸浪人と密接な関係を有し、「親日派[22]」の実力者と見られた宋教仁が臨時政府の権力中枢から排除されることは、日本の大陸浪人たちにとって当然見たくないことであった。そこで、北一輝と内田良平などは、宋教仁の日本行きが成果を得られるように、一連の活動をした。[23]一月二十九日に百人以上の国会議員、新聞記者と弁護士が上野の精養軒において集会を開き、日本政府に対してほかの国家より先に迅速に「支那共和政府」を承認するよう求めた。[24]二月三日、北一輝はふたたび内田良平、および日本政界の黒幕ともいわれる杉山茂丸[25]などに電報を送り、宋教仁の日本行きは、「犬養君ニ孫逸仙ヨリノ依頼アリシコトハ事実ナレドモ同君カ政府攻撃ノ態度ニ出デラレシコトハ孫氏モ期待セザル所ナリ」と説明した。[26]つまり、今回は頼りになる人はやはり内田良平らにほかならぬということであった。

二月六日、北一輝はまた長い電報を送り、内田良平などに宋教仁による日本訪問の意義をふたたび強調した。つまり、宋教仁が全権代表として日本に行くことは、一挙に中華民国臨時政府のなかにおける「親日派」

の堅実な地位を固める良いチャンスである。日本の国益のため、最初の国際的承認を取り付けたという功績を宋教仁に与える必要がある。各国が中国における利益を考え、現在「南北」を問わず、競って各方面に援助し、軍隊と武器を提供しているが、しかし日本の軍人と浪人は、武昌蜂起時に革命軍の資金二五万円を着服したため、武昌では至る所に日本人禁止という張り紙が張られた。また、革命軍による南京攻撃の際、日本の商社がまったく使えない武器を革命軍に売ったため、世論と臨時政府のなかの親米派はふたたび日清戦争時の「日本観」を以て親日派と日本本国を非難、攻撃するようになった。以上の理由で、日本政府は今回のチャンスを生かして革命政府を支持する態度を表明すれば、日本の印象を挽回するだけではなく、親日派の新政権内における地位の強化の一助になる、ということであった。(27) しかし、杉山茂丸は二月七日に宋教仁の来日について、臨時政府から付与された日本政府と交渉する全権代表の資格をかならず有すること、日本政府以外のいかなる人をも交渉対象としないこと、「来京ハ一切ノ虚栄的同情ヲ得ントスルノ観念ヲ除キ誠実ニ日華両国ノ提携ヲ機密ニ日本政府ト協定スル精神ノミヲ以テ」、「徒ラニ虚栄的同情歓迎等ノ鋒先ヲ避クル」という三条件を提示した。(28) 要するに、宋教仁が新政権を代表して最終決断を出せば、日本における会談では日本政府がその利益を最大限に獲得できるとしながらも、宋教仁が正式な中国政府の代表として認められなかったときに、清王朝側をも怒らせることがないようにしたいという考えであろう。

しかし、二月十二日に清帝が退位したため、二七六年間にわたる清王朝の歴史に幕が下ろされた。情勢の急激な変化に従って杉山の三条件も消え、二月十三日に内田良平が宋教仁に電報を直接送り、前提条件を言わず、「独リ承認問題ノミナラズ支那永遠安康ノ途ヲ協定スルノ必要アル故時局解決以前ニ至急渡来セヨ」と要請した。(29) この電報の内容は非常に抽象的であるが、清王朝崩壊以降の中国の行方については日本側の意見を聞くべきという意思がそこから読み取れる。杉山茂丸と内田良平のやり方は、孫文らの疑念も引き起こした。孫文は、「承認ヲ得テ領土保全ノ上虞ナケレバ和議ヲ為サズ」と決めた[30]。日本側が「承認」を利用して領土についての要求を出すか否かについてははっきりしないので、宋教仁もその訪日を遅らせることを決めた[31]。こういう事態になったにもかかわらず、内田良平と小川平吉は二月二十日にそれぞれ宋教仁に電報を送り、「満洲独立ハ虚説ナリ当局者ノ証言ヲ得タ安心セヨ」と繰り返して来日を要請したのであった[32]。

実は、十九世紀末期から辛亥革命の勃発まで、日本政府当局の中国政策と「大陸浪人」の活動との間には一定の距離が保たれていた。日本政府は大陸進出の野望は当然持っていたが、一国の政府としては当時の中国政府、つまり清王朝を外交交渉の対象とせざるをえなかった。そのため、日本政府は清国政府の要求に応じて日本における孫文の革命活動を妨害し、辛亥革命が起こってからも中華民国臨時政府をすぐ承認することを躊躇し、後に孫文が「二次革命」を起こした時も袁世凱に見切りを付けて孫文一派を支援する行動をとらなかった。ところが、一部の日本人からみれば、朝鮮の問題をめぐって清国と衝突して以来、「政府当局の外交方針は兎角因循姑息を事とし、東亜全局の為に遠大なる経綸を行はんとする気魄を欠き[33]」、そのため、「在野」の立場から「東亜経綸」を考え、「大陸経営」を展開し、日本の東アジアにおける主導的地位を確立させることによって日本の「国権」を拡大していくことを自らの使命だと考えるような「大陸浪人」が誕生したのである。

大陸浪人による「大陸経営」は、彼らの言い方で言えば、「侵略のための侵略を意味するものではなく」、「若し四海波静かなる時代であって、しかも隣邦の支那や朝鮮が友邦として頼むに足る立派な国家であったならば、之れと握手して欧州諸国に対立し、互いに独立を全うし得るのであるが、四海波荒くして東亜の安危朝に夕を測り難きものあるに、隣邦が友邦としての実を示さざるのみならず、隣邦自身が老朽して将に倒れんとする状態であり、唇歯輔車の関係にある清韓両国が列強の為に侵略さるる暁には、その余波直に我が国に及んで国家の存立を脅かさるることとなるは火を睹るよりも瞭かである」。

このような状況を避けるために、日本が「進んで隣邦を覚醒し、これを指導改善するか、然らずんばそれらの隣邦に我が精力を扶植して我が国防線を拡大し、東亜保全の補強工作を施す外には術がなかった」。言い換えれば、いわゆる「大陸経営」とは、事実上、中国と朝鮮半島を日本の勢力範囲に収めることを通じてヨーロッパ列強の侵略から「東亜の守護に任ずべき使命を荷へる我が国自身を強くしなければならぬ、已むに已まれぬ必要から産まれたものであった」[34]。これはすなわち彼らが考えた「アジア主義」の真髄であり、大陸浪人はまさにこのような「東亜経綸論」に基づいて、自分を「東亜先覚志士」と自画自賛したのであった。しかし面白いことに、孫文を含む多くの革命家も、当時これらの「大陸浪人」を「志士」と称していた。

三 「中華民族国家」における「満蒙」の地位と浪人の「新天地」

大陸浪人は日本において在野の立場を貫くが、しかし中国の政権交代に大きな関心を抱き、また政治の中枢に極力接近しようとした。これは、実に深慮すべき問題であろう。「これらの先覚志士の抱く大陸経営論なるものを考察して見ると、その思想の根柢をなすものは言ふまでもなく熱烈な愛国心と民族的自信とであつた」[35]。黒龍会によるこの自画自賛は、大陸浪人による「大陸経営」の本質についての恰好の説明であるだけではなく、同時に日本の国家利益の主張を通じてこそ、はじめて日本国家を後ろ盾にその個人的な理想を実現できることをよく知っている証である。事実、「大陸浪人」のなかには、大陸で新天地を切り開き、個人的な野望を実現しようと考える者が多かった。これは、まさに彼らが当初の「民権派」から「国権派」へと容易に変身できる理由であった。日本政府の政策に不満を持つことに比べ、大陸浪人と日本軍部との関係はより近かった。大陸浪人の「大陸経営」は軍部の大陸への進出を唱える勢力に歓迎され、結局のところ、その個人的野心によって彼らは日本帝国主義の大陸侵略の先兵となった。

大陸浪人による「大陸経営」の最初の対象は朝鮮半島であった。日本の侵略の口実を作るため、内田良平は玄洋社内に「天佑俠」を作り、朝鮮において動乱を企んでいた。一八八二年の「壬午兵変」の後、大陸浪人は「朝鮮問題を根本的に解決しようとすれば、勢ひどうしても進んで支那に当たる必要があつた」と認識するようになり、「朝鮮が支那に併呑されることは我が国防の破綻を意味し、且つ我が国が大陸に伸びんとする出口を塞がれる結果となり、帝国の不利は実にいふべからざるものがある」[36]。しかし事件後日本の朝鮮における実力がなお清国より弱いということは、「我が先覚の志士はそれらの事態に対しても憂憤を禁ずることが出来なかったのである」。そこで、熊本の宗像政、土佐の中江兆民、奈良の樽井藤吉、愛媛の末広重恭などは「対支方針」について話し合い、その動きはまた福岡玄洋社社長の平岡浩太郎と玄洋社の精神的指導者である頭山満から支持された。頭山満は、「大を取れば小は労せずして合することが出来る。支那を取れば朝鮮は招かずとも来る。小なる朝鮮に向ふよりも大なる支那を料理するがよい」と主張した[37]。朝鮮問題は最終的に日清戦争という結果を招いたが、「下関条約」以後の三国干渉によって日本は屈辱を味わい、ロシアを最大の敵と見なしはじめた。一部の大陸浪人は対ロシア開戦を積極的に主張し、彼らの目標は「三国干渉」によって中国で失った日本の権益を奪還することに他ならなかった。当然ながら、そのなかでまず提起されたのは、遼東半島ないし中国の東北地域および内蒙古東部が含まれる、いわゆる「満蒙」地域であった。

中国同盟会が東京において設立されてから間もなく、孫文は同盟会の機関紙である『民報』の発刊の辞のなかで、同盟会の「駆除韃虜、恢復中華、創立民国、平均地権」という政治綱領を「民族」、「民権」、「民生」という三大主義、すなわち「三民主義」にまとめた。当時は中国国内で「民主」という用語がすでに議論され、また使われていた。しかも孫文の主張する「民権」はまさに「民主」の意味に近いものであった。[38]にもかかわらず、孫文はなぜ「民主」ではなく「民権」を使って彼の民主主義の理想を示したのか。この点については、すでに言語学の側面から検討されているが、日本の近代国家思想の孫文に対する影響、とくに孫文と交流関係のある日本人の「民権」との思想的連関に注目する人はいなかった。

実は、「民権」という用語も近代日本が発明した用語であった。孫文の日本政界におけるもっとも重要な盟友である犬養毅は、つまり明治期の「自由民権運動」の代表的政党、立憲改進党の創始者であり、大陸浪人のもっとも重要な母体、頭山満、平岡浩太郎、杉山茂丸、内田良平、平山周、萱野長知、末永節の出身である福岡の玄洋社は、「民権」を主張するためにできた政治結社であった。[39]大陸浪人のなかには、士族出身者も多く含まれていた。明治維新で士族の特権が剝奪されると、明治政府の専制と腐敗に対する不満から、多くの士族は一八七七年に西郷隆盛が指導する西南戦争に加わった。西南戦争の後、引き続き明治政府に対抗するため、福岡の士族たちは一八七八年に「向陽社」という政治結社を設立した。一八八一年に「向陽社」は「玄洋社」に改名し、「自由民権運動」という大義名分で明治政府を牽制し続けた。[40]

しかし、当時上昇期にあった日本にとって、国内における「民権」を求めることと対外的に日本の国家利益を求める「国権」との二者の間は、本来対立関係があったわけではなかった。これについては、一八八〇年にすでに向陽社が「討清義勇軍」の創設を議論したこと、[41]「玄洋社」に改名した際に「皇室を敬戴す可し」、「本国を愛重す可し」、「人民の権利を固守す可し」という三カ条からなる「憲則」を制定したこと、などの事例から証明できる。[42]明治政府は一八八九年に「大日本帝国憲法」を制定し、一八九〇年に議会選挙を実施した。これによって、「自由民権運動」は運動の目標を失った。そのため、「在野」という立場を貫く玄洋社は目標を「国権」に変え、そこで国権主義思想を持つ「大陸浪人」が大量に誕生した。こうした日本の自由民権運動の歴史、そして民権主義者が国権主義者へと変身したプロセスにおいて日本の民族主義が果たした役割について、孫文は知らないはずがなかった。孫文が後日、提唱した「民権主義」の内容は、日本の明治期の「自由民権運動」の思想と異なるかもしれないが、しかし孫文が中国のために民族国家の道を選んだ際、東京で同時に「民権」という用語も選んだことに対して、周囲の大陸浪人からの思想的影響を受けなかったことを立証できるような資料もない。

孫文を支援したほとんどの大陸浪人は、孫文の革命活動以外の目的も持っていた。そのなか、とくに目立ったのは「満蒙」を日本の勢力範囲に収めることであった。黒龍会の後日の言い方によれば、清王朝の末期から中国を舞台に活動する大陸浪人は、だいたい三つの種類に分けることができる。ひとつは中央政府の綱紀が緩んだため地方では匪賊が横行することをチャンスと捉え、中国に来て匪賊の首領になるのもいとわず新天地を切り開こうとした人である。もうひとつは、中国国内の反乱がおこることを待ち、反乱勢力を支援して清王朝を崩壊させることを通じて「支那の更生」を実現させたい人である。そして最後は「先んずれば人を制すの譬へに則り、早晩欧州虎狼の国に侵略せらるる運命にある支那の国土を、先づ我が手中に収めて、これら虎狼の国の進出を拒ぐことが東亜の安全を保持する最上の策と信じていた」人であった[43]。

黒龍会の内田良平一派が選んだのは、すなわち第二の道であろう。彼らがその道を選んだ理由は、「孫逸仙等が日本に来て頻りに革命の準備に奔走している頃、孫は日本が革命党を援助してくれれば、革命の成功した暁に支那は日本のために満洲を譲るという意味のことを言明していた」ということであった[44]。内田良平の一九二七年の言い方によれば、「吾人が生命を賭して孫の革命を援助する所以のものは日本の利害と一致するを以てなり。孫の大義名分とせる革命の旗幟は滅満興漢にして満人を駆逐し漢人の中国と為すに在り。故を以て漢人を助け満人をして露に頼らしめ、日支提携して露を破り満洲西比利亜を我が有となし、大陸経営の基礎を作らんと欲するなり[45]」。そのため、黒龍会およびその周辺にいる「大陸浪人」たちは「革命の遂行によつて日支の国交の調整と満洲問題の解決を図ることを期待し、革命党の為めに多大の援助を惜まなかった」。当時、彼らは孫文が「縦ひその言葉通りに満洲を抛棄しないとしても、少くとも之を完全に日本の勢力範囲として東亜の不安を除くだけの協調は容易に纏まるものとして予期されたのである[46]」。

このような考えから、辛亥革命が勃発してからおよそ一年半の間、内田良平はずっと日本が中国の「領土保全」を支援すべきと主張した[47]。一九一一年十二月に彼は黒龍会本部が編集した『内外時事月函』という雑誌に「支那改造論」を発表し、日本政府が主導権を握り、日本の指導のもとで「支那帝国を改造し、新政府を建設する」重要性を強調した。内田良平から見れば、革命が勃発した中国の将来については、日本が選べる道は三つしかなかった。ひとつは「満清朝廷を保護し、之をして革命党を鎮圧せしめ、現政府を改革し、清国を保全する」。もうひとつは「支那を両分し、黄河以北を以て、満清政府の領域と為し、黄河以南を以て革命党政府の領域と為し、支那の国性国情に適応すべき政府を建設する」。そして最後は「満洲皇帝の位を廃し、満清政府に代ふるに革命党政府を以てし、新機軸的連邦共和国を建設する」ということであった。[48]しかし、第一案、つまり「清国保全案」は欧州列強が望んでいるところであるが、清王朝の腐敗によってもっとも実現しがたい案である。第二案、つまり「支那両分の案」は「一時の方策にして」、中国には統一と民族融合を追求する歴史的伝統があるため、内乱の根絶という視点から言えばこの案はけっして「東亜永遠の策に非ず」ということであった。[49]第三案、つまり連邦共和を実行する案は、中国の歴史的伝統、儒教の伝統と国民性に合うだけではなく、「人種的傾軋」、「支那歴代に起るが如き革命の禍」を杜絶させ、「泰西の新文明、新制度器械を採用する結果として、支那人文の開発に利益」がある。そのため、日本政府は辛亥革命をチャンスに、「主働的位置と主働的勢力とを活用して、列国をして日本の提案に賛成せしめ、進みて支那問題解決の任務を果さざる可からず」という。[50]

「支那改造論」のなかで、内田良平は日本政府に対して次のような警告も出している。「苟も。我が政府の当局者にして、依然として因循姑息なる手段に出で、列国、就中露独の後塵を趁《お》ひ、老朽的満廷を扶持し、革命党を抑圧するが如き愚策を採るあらば、北方に於ては、満洲に於ける帝国の優越権を失し、南方に於ては、長江一帯に於ける帝国の占むべき利益圏を喪ひ、国家百年の大計を誤るに至るべし」[51]。ところで、内田良平はなぜ「清廷の保全」によって日本が「満洲における優越権」を失うことになると断言できたのか。換言すれば、内田良平はなぜ日本政府が革命党を支援し連邦共和政府を作れば日本の「満洲における優越権」を強化する効果が得られると暗示したのか。これについては、やはり革命党の「満蒙」に関する態度を連想せざるを得ない。

四　孫文の「変節」と内田良平の対中方針の変遷

一九一二年元旦、「中華民族」による「中華民国」が樹立された。しかし辛亥革命の成果は、すぐ袁世凱の手中に移った。これについては、黒龍会や内田良平らから見れば、まさに「支那の第一革命は袁世凱の出現によって、恰も籾を蒔いて稗を収穫したやうな結果となつた」というものであった。その理由は、「老獪なる袁世凱が現はれて逆に満洲問題を利用し、同胞墻に鬩いでいては日本に満洲を奪はれるから、速に内争を止めて日本に当らねばならぬと説き、之を妥協の楔として革命党を押へ、自ら大総統の地位に坐したのであるから、孫が日本の有志に約束したことは忽ち一片の反故と化し去り、満洲問題を円滑に解決することは望み難き形勢となつてしまつた」ということであり[52]、親日の政権を作ることを通じて「満蒙」を収めるという計画は完全に失敗したわけである。朝鮮問題で日本と衝突した経験を持つ袁世凱は、日本に対して強い警戒心と深い反感を持っている。

そのため、辛亥革命以降、日本の大陸浪人は袁世凱をおもな警戒と攻撃の対象とし、「南北媾和」、そして孫文が政権を袁世凱に譲ることに強く反対し、「袁世凱が時局を左右するに至る事は我々の絶対に反対する所なり」（「袁世凱時局ヲ左右セバ万事休スベシ」）と考えていた[53]。大陸浪人たちは、革命派による政権掌握が中国における日本の国権拡張に対して大きな意義を持つと理解していたのである。その原因は、やはり革命派の「民族国家」思想に周辺の異民族地域を切り離すという要素が含まれ、それが中国で活動している日本の大陸浪人に大きなチャンスを与えるということにある。そのために、多くの大陸浪人は辛亥革命以降、相変わらず孫文などの革命党に大きく期待したのである。内田良平は後日、辛亥革命が勃発する前に孫文が彼に「本来われわれの目的は滅満興漢にあり、革命が成功する際、直ちに満蒙シベリアを日本に上げても良い」と直接話していたという[54]。

しかし前述のように、孫文が領土を条件に日本政府の承認を得ることに反対し、宋教仁の渡日を阻止したことから見れば、たとえ当初孫文がこのような発言や約束をしたとしても、清王朝を崩壊させるために支持を得られるよう、一種の便宜をはかるための発言にすぎなかったのは疑いない。一九一一年、孫文は中華民国政府臨時大総統に就任して間もなく行われた記者会見において、「満蒙の現状についてはいかなるお考えであるか」という質問に対して、「中国は現在なおそのような余力がない。蒙古を回復する力はすぐにないが、数年経って中国がすでに強大になり、そのとき当然ながら故土を回復することができる。中国は四億の人口を有し、数年後も失った領土を回復する実力がなければ、この大地に立国する実力がないことに等しい。余は中国がかならず失った領土を回復すると深く信じ、かつ外国の助けも要らない」と答えたのである[55]。

われわれは孫文がなぜここで「満洲」に言及せず蒙古だけ取り上げたのかを推測できないが、それでも辛亥革命の後、とくに中華民国政府の臨時大総統に就任した後に孫文が「満蒙」の問題において強い領土意識を持っていたことが感じられる。黒龍会の首領内田良平が一九一三年の春にその対中方針を見直し始めたのも、おそらくこうした孫文の態度とも関係している。一九一三年七月に内田良平は、一八九〇年からすでに「満蒙独立」を画策し[57]、よって「満洲建国の先駆者」と呼ばれた川島浪速[58]と合流して「対支連合会」を設立して「満蒙」の分離工作に力を入れはじめた[59]。これは、つまり内田良平がその「対支私案」、「対支問題解決鄙見」のなかで中国の分割を懸命に唱えた背景である。とくに注目すべきは、「対支私案」のなかにあった、「更

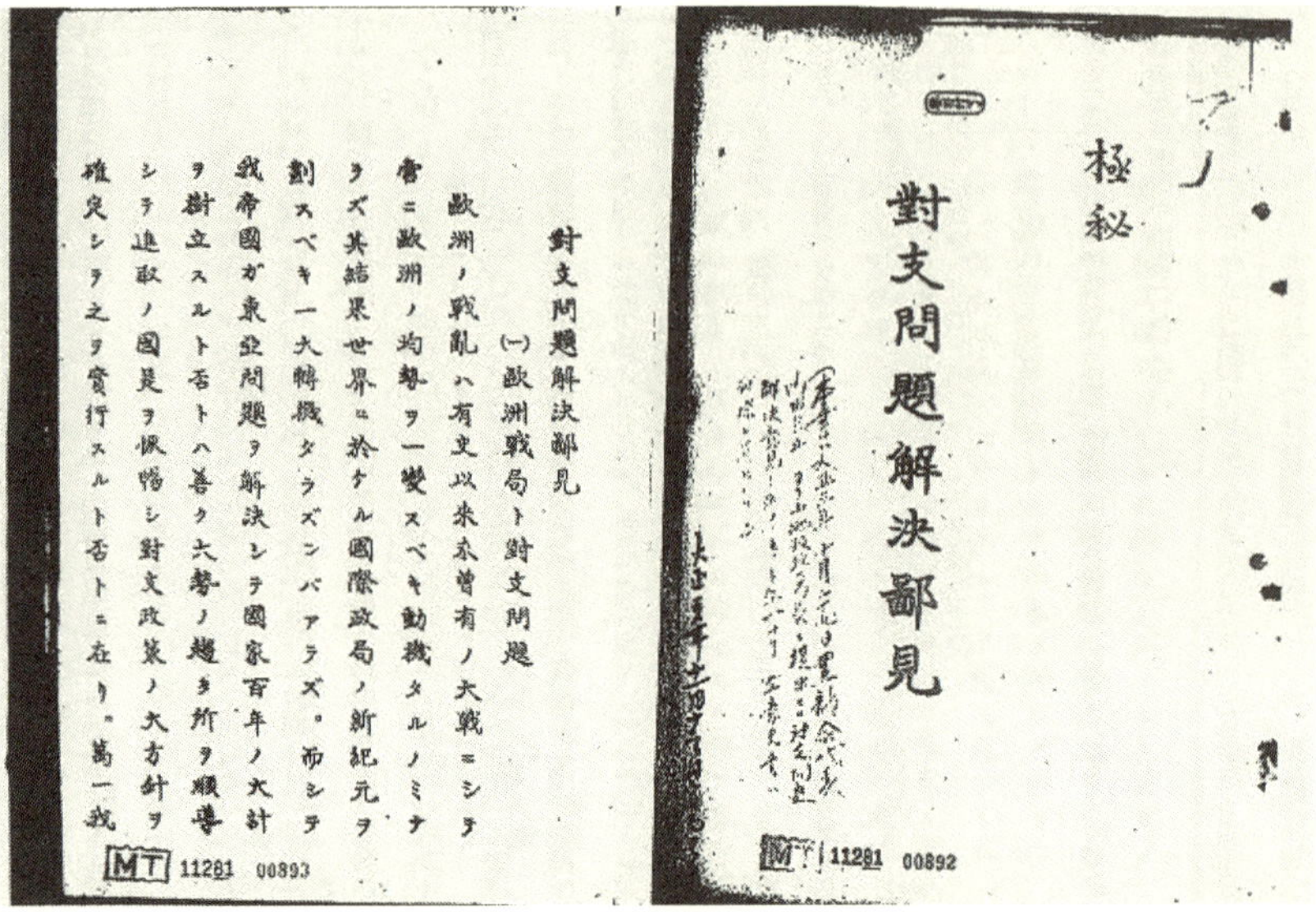
極秘

對支問題解決鄙見

MT 11281 00892

對支問題解決鄙見

(一)歐洲戰局ト對支問題

歐洲ノ戰亂ハ有史以來未曾有ノ大戰ニシテ啻ニ歐洲ノ均勢ヲ一變スベキ動機タルノミナラズ其結果世界ニ於ケル國際政局ノ新紀元ヲ劃スベキ一大轉機タラズンバアラズ。而シテ我帝國ガ東亞問題ヲ解決シテ國家百年ノ大計ヲ樹立スルト否トハ善ク大勢ノ趨ク所ヲ順導シテ進取ノ國是ヲ恢弘シ對支政策ノ大方針ヲ確定シテ之ヲ實行スルト否トニ在リ。萬一我

MT 11281 00893

内田良平の「対支問題解決鄙見」冒頭部分

ニ親日的勢力ヲ将来扶殖セント欲スルヲ以テナリ該党中ノ有徳有力者タル黄興等ヲ新政府ノ主脳人物タラシメハ最モ妙ナラン」という一文である。孫文がいるにもかかわらず、国民党のなかの「有徳有力者」が孫文ではなく、黄興であるという言い方は、孫文に対する内田良平の評価が変わった証である。人格の面から孫文に見切りをつけていることから、内田良平は孫文が「変節者」であると捉えていることが分かる。注目すべきは、すでに孫文を日本の支持支援を得るに値する人物ではないと思うようになった内田良平が、ここから「満蒙」の分離を公然と唱えるようになったことである。言い換えれば、孫文が「満蒙」を日本に委ねなかったことによって、内田良平は孫文に見切りをつけたのである。

内田良平が一九一四年に日本政府に提出した「対支問題解決鄙見」は、一九一一年十二月の「支那改造論」で唱えていた中国領土の保全、中国にて連邦共和を実行すべきといった主張を完全に放棄し、公

然と「支那ノ共和政体ハ将来日支提携ヲ図ルニ於テ一大障碍ト成ルモノアリ」、日本の中国に対する指導権を確保するために、「支那ノ共和政体ヲ変革シ之ヲシテ立憲君主制ト為シ日本ノ立憲君主政治ト粗ボ其ノ形式ヲ同一ナラシメザル可カラズ」と主張している。内田良平はこの「対支問題解決鄙見」のなかで、日中両国が「国防協約」を結ぶべきと唱え、そして自ら「私案」を作ったのである。後の「二十一カ条」の青写真ともいわれるこの「私案」は、中国は「支那ハ日本ノ南満洲及内蒙古ニ於ケル優越権ヲ認メ其ノ統治権ヲ日本ニ委任シ」(第二条)、日本が膠州湾を占領し従来ドイツが占有してきた鉄道鉱山及びその他一切の利権の占有を認めること(第三条)、日本が福建沿海の「要港」を租借して海軍基地とすることを認めること(第四条)、陸軍の改革と海軍の復興などの事務を日本に委任すること(第五、第七条)、日本の兵器を採用すること(第六条)、中国の内乱が発生する際に出兵する権利を認めること、などの内容から構成されている。[60]

中国政府に迫ってこの「協約」を受け入れさせるため、内田良平は日本政府に次のような「帝国ガ支那民衆ノ後援ト為ルニ就テ要訣」をも提案している。「彼ノ革命党宗社党ヲ首トシ其他ノ不平党ヲシテ到処ニ蜂起セシメ一旦其国内ヲシテ混乱ノ状態ニ陥ラシメ袁政府ノ土崩瓦解スルニ及ビ我ハ四億民衆中ヨリ其最トモ信用アリ声望アルモノヲ援助シ擁護シ之ヲシテ政府改造国家統一ノ業ヲ成就セシメ我軍隊ニ由テ安寧秩序ヲ回復シ国民ノ生命財産ヲ保護スルニ至ラバ人民悦服シ政府始メテ我ニ信頼スベク国防条約ノ締結容易ニ其目的ヲ貫徹シ得ベキナリ」。なお、内田良平はその「対支問題解決鄙見」において、中国を混乱状態に陥らせることはけっして難しいことではなく、帝国が革命党をはじめとする不平不満を持つ各党派をこっそり援助すれば、彼らはすぐに問題を起こすに違いない、とも話したのである。[61] これは、まさに内田良平が長年にわたり中国の革命党と付き合ってきた経験から得た結論であろう。

孫文だけではなく、黄興、宋教仁、陳其美など多くの辛亥革命の指導者たちは、みな日本の大陸浪人と種々の関係を持ち、大陸浪人から大きな支援を得ていた。たしかに、今日までの第一次史料から、これらの革命指導者が当初日本側と領土を割譲する正式な約束をしたという直接な証拠を見つけられなかった。[62] しかしながら、なぜ内田良平などの大陸浪人は孫文などの革命党の「滅満興漢」という思想の文脈で「満蒙」を日本の勢力範囲に収める正当性を主張したのか。これは、やはり深く考えるべき問題である。

おわりに

疑いなく、近代中国の革命運動は多くの日本人から支援を得られた。そしてそのなかで、多くの中国人と日本人の間に友情も生まれた。しかし「黒龍会」と中国の近代革命との関係からも分かるように、当時少なからず日本人が支援したのは、新しい中国を造る革命というより、むしろ「民族国家」の樹立を目指す「民族革命」であった。

辛亥革命の勃発以前、革命党は非合法の地位にあったため、中国革命家の活動を支援したのは主に在野の日本人であり、そのなかにとくに自分の政治活動の舞台を中国または朝鮮半島とした「大陸浪人」が多かった。しかし注目すべきは、日本の大陸浪人が革命家を支持した理由は、孫文らによる民族国家を追求する姿勢にもあった。つまり、彼らは異なる視点から、中国の革命家たちが民族国家を追求する意義を見出した。それは、革命党による「滅満興漢」と「駆除韃虜」のなかで、「満蒙」ないしチベット地域を中国から分離させ、よってそれを日本の勢力範囲に入れられるという契機が内包されていたためである。

欧米との関係に比べ、日中関係が近代中国の道のりに、より直接的で、より大きな影響を与えたことは、筆者がいままで主張してきたことである。このような影響のなかでもっとも重要なのは、中国近代の革命家たちが日本から「民族国家」の思想を学んできたことである。これは、単一民族国家を追求する日本以外の国からは習えないことでもあった。日本が単一民族国家を追求した結果、多くの日本国民も「日本民族」がほかの国の国民が持っていない優秀な素質をもっていると強く信じ、東アジア各国を指導し、もって欧州列強の侵略からこの地域を守ることが日本の使命であると堂々と言うようになった。しかし、こうした民族的優越感が内包されている「アジア主義」は、本来日本の国権を守るという考え方から由来するため、次第に日本自身を東アジア諸国に対する侵略にまで導いた。

「民族国家」の思想は「大陸浪人」の発明ではなかった。しかし中国問題についての言動からその民族的優越感が感じられるように、大陸浪人の野望を発酵させた触媒であった。孫文、黄興、宋教仁などの革命指導者の周辺にいる大陸浪人のなかに、たとえ内田良平と違って日本の国益を直接求めていない人がいたとしても、内田良平らと長期に付き合い、そして各種の文献にも示されていたことから、革命指導者たちが黒龍会が中国革命を支援した最終の動機についてまったく察知しなかったとは、とうてい言えなかった。しかし辛亥革命時期に、彼らが黒龍会または大陸浪人に対して公式に批判したことは一度もなかった。支援を得て清王朝を崩壊させ、政権を奪取するためには、「滅満興漢」と「駆除韃虜」に対する解釈はどうでもよかったということであろうか。民権派から国権派へと変身した内田良平、黒龍会、大陸浪人に比べ、中国の革命派は明らかに政権の奪取をより重視していた。受け入れがたい事実であるが、これも「民族国家」の思想によって駆動された辛亥革命の無視できない一面であった。

第四章　「王道」の「アジア」

——「人類と自然との契約」に基づく東アジアの「共同知」——

第二次世界大戦以降確立された平和を尊ぶ国際秩序は、いま大きな挑戦に直面している。テロリズムの脅威が主権国家の国境をいとも簡単に乗り越え、かつて疑問視されていた「文明の衝突」がついに現実味を帯びてきたのではないかと世界各国の人々を彷徨させているなかで、東アジア世界においてはナショナリズムに煽られ、国家間の政治的対立を背景に民衆間の相互憎悪が暗く長いトンネルのなかで出口の見えないままにある。疑いなく、世界は多極化しつつある。しかしこのような多極化世界の多様な対立は、政治的イデオロギーをめぐるものではなく、人類社会の究極的な価値観をめぐる対立であるというように強調され、それを正当化している様相すら呈している。これはかつての冷戦期の東西対立と異なるように見えるが、このような多極化世界の多様な対立を誘発した諸要素のなかに冷戦時代と共通する複数の共通項があることも否定できない。そのひとつは、「力」を通じて民主主義に挑戦し、民主主義の制度を導入した国々と対決する姿勢が鮮明に打ち出されたことである。なぜこのような構図が現れたのか、そして東アジア世界においてはこのような問題にどう対処すべきか、これはいまのうちに考えなければならないことである。

一 「人類と自然との契約」という東アジア的な思想

民主主義は個人の行動や価値観を直接支配するのではなく、人々の価値観を尊重した上で、個々人の自由な意思に基づいた合意を根拠に国家を建設し、運営する思想である。こうした民主主義の思想には、言うまでもなく、人類にとって普遍的な価値が含まれている。民主主義が制度上において欠落している国または共同体では、政策の決定と指導者の選出は透明性を欠き、平等と公平が実現できないどころか、基本的人権さえ保証されない。しかし注目すべきことに、民主主義制度の確立している国の民主主義を享受してきた人々のなかから、みずからそれを放棄するどころか、民主主義を敵視するテロリズムに惚れ込み、命を惜しまずに身を投じる人も現れている。このような現象は、民主主義は普遍的な価値を持ちながらも、そのメカニズムには最終的に自己否定につながる可能性もあるというジレンマが内包されていることを示すものである。

民主主義制度のもとで人々の価値観が尊重されるのは、人間は基本的人権を有するという考え方から来たものである。周知の通り、基本的人権の思想は自然権に基づく概念であり、つまり、人類の普遍的価値である自由と平等を中心とする基本的人権は、政府ができる以前の段階より人間が生まれながらに持つ不可譲の権利である。ただし、基本的人権の由来については往々にして神が個々の人間に付与したものと解釈され、言い換えれば、民主主義は神の存在を前提としていると見られている。そこで「個人と神との契約」という考えのもとで、どの人も自分が(神との契約によって)正しいと判断する価値観に基づいて行動できるという思想が生まれる。つまり、ここから善か悪かの判断は個々人の手に委ねられることになる。しかし、ここで価値観の多様化およびそれにともなう文化的、社会的、経済的多様化が生まれ、利益の多岐化によって対立する社会的グループならびに周辺的存在を多数作り出すという問題も発生する。つまり、民主主義は人々に自分が納得できる価値観に基づいて行動する正当性を付与したため、表面上は多様な価値観が許容されることになるが、事実上社会が多元化し、そこで社会に不公平感をもつ人も増えていることになる。一部の欧米の民主国家の市民が無辜の市民をターゲットとする「ジハード」(聖戦)に走り、宗教の名のもとにテロリズムを正当化する背景には、こうした社会に深刻な不平不満を持つ人間が、自分の納得できる価値観に基づいて行動すべきという思想的回路が見える。

「個人と神との契約」という考えは、キリスト教世界独特の思想ではなかったかもしれない。しかしそれを民主主義にまで発展させたキリスト教世界においても、主権国家が民主主義の基本単位となり、そのため、多様な価値観についての承認は、「世界公民」としてではなく、ひとつの主権国家の構成員としての政治家と市民に委ねられている。このような民主主義の政治的仕組みにおいては、実際には「個人と神との契約」のもとで生まれた価値観の是非または善悪を判断する基準を萎縮させている。民主主義制度が確立されているか否かにかかわらず、ナショナリズムがどの国においても同様に強烈であることは、まさにその好例である。民主主義が確立した国々では、マスコミも政治家と同じ立場に置かれて、その生命力を決める者は自国民である。そのため、西洋社会における「個人と神との契約」という発想は、事実上個人主義、利己主義の下地にもなっており、この発想に基づいて成立した民主主義という枠組みのなかで様々な価値観が完全に尊重されるということは、あくまで一種の言説に過ぎなかったと言える。

二十世紀以降の東アジア世界もナショナリズムの情緒に包まれてきた。しかしそれに先立ち、主権国家の利益を乗り越えるような動きが十九世紀末期からすでにあったことも事実で、「アジア主義」はすなわちその一例である。このような主権国家の構成員ではなく、東アジアの人々が共通して、共有できるような価値を追求する動きが生まれるのは、西洋的な個人と神との契約という発想と異なり、東アジア世界には「人類と自然との契約」とも言うべき思想に基づいて価値観の是非と善悪を判断する文化が存在しているためであろう。この「人類と自然との契約」の思想はあらゆる領域に生きているが、政治と文化が高度に一致するという特徴を持っている東アジア世界では、とくに「人類」と「自然」との義務と権利に関する意識のなかで鮮明に見られる。たとえば、「天無私覆、地无私載、日月無私照」(「天照」の思想、『礼記・孔子閑居』)という考え、または「帝」という漢字、そこに表されている権威の誕生と権力の正統性は、まさに「人類」が「自然」およびその決められた法則（「道」）に絶対に逆らわず、それを実現すれば庇護してもらえるという一種の「契約」（contract）とも言える関係に基づくものである。この思想をもっとも体系的に具現化したのは「王道」の思想である。「自然」と対になっている「人類」とはあらゆる人間のことであり、「人類」全体を対象としている「王道」の思想には主権国家の意識がなく、そして「利他主義」の思想も当然セットされている。たしかに、この「王道」思想は戦時中に日本のアジア侵略に利用されていた。しかしそのためでもあるが、われわれはその利用価値はいったいどこにあったのかを思想の深層から考察するべきであろう。そして、東アジア世界という視野をもってもっと早い時期から「王道」による秩序を唱導したのは孫文であるということも知っておかなければならない。

二　「アジア」を大切にする「大アジア主義」

今から約九〇年前の一九二四年十一月二十八日、孫文は神戸で「大アジア主義」と題する講演を行った。その講演の真意と内容について後世の人々は様々な論評を行っている。日中戦時中の昭和十五（一九四〇）年五月に日本参謀本部が内部資料として刊行した『中支那に於ける教育、思想、宗教、宣伝、外国勢力に関する報告書』（第二篇、思想）も、「孫文の大亜細亜主義」という一節を設け、次のような批評を展開した。

この「大アジア主義」の内容が示唆するものは、それ迄の孫文が発表したものの結論とも見られ、東

神戸にて「大アジア主義」の講演を行う孫文（左）**。隣は通訳する戴季陶。**

西文化の相異を指摘している。しかし講演そのものは日本人の聴衆を相手としたと云う点があるにしても、晩年の思想の表れとして、大して精彩を加えるものではないと思う。……ここに於いて大アジア主義は即ち文化問題であって、「王道」を説くものは仁義道徳を主張し、「覇道」を説くものは功利強権を主張するものとする。そして吾等は吾々の固有の文化を基礎としなければならない。この基礎の上にのみ西欧の科学を学び、工業を振興し、武器を改良しなければならない。そして亜細亜全部の民族が聯合して欧洲人と力を比べたならば必ず勝つことが出来る。……孫文の意中では亜細亜の特色とする王道文化なるものの志向は、当時の日本の対支政策とは凡そ背反しているものと考えられていたと思わなくてはならぬ。(1)

一見して、『報告書』は孫文の大アジア主義を高く評価していないように見えるが、しかしじっくりと咀嚼すれば、『報告書』は孫文による大アジア主義の思想を「王道」思想の視点から簡潔かつバランスよく把握し、説明していることがわかる。孫文の「大アジア主義」講演は、明らかに日本の対中国政策にあった帝国主義的な部分を強く批判するものであり、にもかかわらず、『報告書』は講演を冷静に理解し、その後の日中関係の展開を意識しており、孫文の期待を裏切ったのではないかというような反省の気持ちすら感じさせる。おそらく、『報告書』の著者は孫文の「大アジア主義」が日本人へのリップサービスではなく、そこに日中関係についての熱意と期待も含意され、そして一九二〇年代初期の日本が直面している国際情勢について真摯に考えた上での日本への異議申立てだったことに気付き、そこで孫文の「大アジア主義」思想に共鳴したのではないだろうか。日中戦時中にもかかわらず、孫文の「大アジア主義」の思想が想起されたことは実に意味深いことであろう。

「王」は天地人の三者を貫き、天下万民のための君主でなければならない。そのため、「道に適えば助けが多く、道に背けば助けが少ない」（「得道者多助、失道者寡助」、『孟子・公孫丑下』）、「力」を通じて人を服従させることは「王道」ではない。西洋の近代知識も身に付けた孫文が、日本に対してこの東アジア世界の「王道」の思想を持ち出した理由は、「王道」の思想は東アジアの「共同知」であり、東アジア世界の人々にとって永遠の価値をもっと信じていたからであろう。

東アジア世界の単位で語られた孫文の「王道」思想は、往々にしてその「大アジア主義」と連動して表現された。秦孝儀編『国父全集』（全十二冊）第二冊（近代中国出版社、一九八九年）によれば、一九一三年に孫文はすでに桂太郎との談話のなかではじめて「大アジア主義」を使っていたという。「孫先生が桂太郎へ、『大アジア主義』の精神について言えば、実に正真正銘の平等友善を原則とするものである。日露戦争以前、中国人は日本に同情していたが、日露戦争以後、中国人は逆に同情しなくなった。その原因は、日本が戦勝の勢いに乗じて朝鮮を完全に領有したことにあった、と述べた」という。(2) もう一説は、一九一三年三月十二日の『大阪朝日新聞』（三面）が掲載した「在阪の孫逸仙氏、青年会館演説会」という記事に孫文が「大アジア主義」を使ったとの記述がある。

されど東洋諸国に於て国力の増進完全の域に達せば、欧米の帝国主義恐るるに足らず、日華両国提携して以て東洋の平和を保つべきのみ、かくして欧米の野蛮的文明主義ともいふべき帝国主義も力を加ふるに由なく、其の平和を維持するを得ん、東洋をして進歩せしむるは東洋を防備する最善の方法なり。茲に於て東洋の進歩は世界の進歩となるべくこの点に於て基督教青年会の使命や大なり、亜細亜人をして亜細亜を治めしめよ、吾が大亜細亜主義の達せらるる一に青年会の力に負う処多かるべし。

これまで、孫文の提唱した「大アジア主義」は「アジア主義」(Pan-Asianism)と同じように、アジア諸国が連帯・連携し、以て西洋列強の侵略に抵抗することを提唱する思想で、唇歯輔車という地理上の発想から来たものであると理解されてきた。しかし事実として、孫文は「アジア主義」という用語をほとんど使わなかった。では、孫文はなぜ「アジア主義」を使わず、わざわざ「大アジア主義」を使ったのか。これに関しては「大」の意味に注目すべきであろう。『春秋公羊伝』の「大一統」、つまりひとつにまとめて治めることを重んじるというような重みのある表現からも分かるように、「大」の意味は「大きい」という単純なものだけではなかった。つまり、すべて日本と関係する場において発信された孫文の「大アジア主義」の思想は、「覇道」の欧米列強国に追随することではなく、「王道」を実践して自ら位置する東アジア世界を「大事に」、「大切に」し、そして東アジア世界の「王道」文明に誇りを持つべきである、という深い思想であり、そして孫文から見れば、これこそ当時の日本政府に欠けていた思想であった。

孫文は日本にこのような「大アジア主義」を呼びかけた理由は、日本に対する深い親近感のほかに、東アジア世界をひとつに捉え、そのなかで日本がリーダーシップを発揮し、近代世界の難局を乗り越えてほしいという切望を持っていたからだ。たとえば、「大アジア主義」講演のなかで、孫文は日本を欧米から独立を達成したアジア最初の国家、欧州国家に対峙する力量を持ち、そして打ち勝ったアジア唯一の国家として高く評価している。

アジアは、衰微してこの極点に達したとき、ここに別に一つの転機が生まれた。その転機こそ、アジア復興の起点である。……外国と結んだ不平等条約を、日本が三十年前に廃棄したことである。日本が不平等条約を廃棄したその日は、われわれ全アジア民族復興の日だった。日本は不平等条約廃棄ののち、アジア最初の独立国家になったのである。

同じ考えは、一年前の一九二三年十一月十六日に、孫文が犬養毅が第二次山本権兵衛内閣の逓信大臣として入閣したことを受けて彼に送った手紙にも現れている。そのなかで、孫文は近代日本が西洋列強による中国分割を阻止したと称賛し、「この際、支那の四億の人民とアジア各民族は、みな日本をアジアの救い主だと考えている」とも言った。日本が不平等条約を廃棄し、復興を遂げ、日本が独立国家を実現したことを、東アジア世界の視点から捉えていることは、「大アジア主義」思想の重要な特徴である。まさにこのような日本認識から、孫文は日本がアジアを扶助することを通じて、アジア世界のリーダーシップをとり、「アジアの救い主」になることを期待していたのであった。このような期待を支えているのは、日中が「同利同害」であるという孫文の考え方であった。

三 「覇道」の欧米によって周辺化された東アジア世界

一九一七年に孫文は『中国存亡問題』を刊行し、そのなかで当時中国の一部の人が唱えた第一次世界大戦参戦を通じて「排日親米」を実現しようという考え方を痛烈に批判し、日本こそ信頼すべき国であり、日本と中国の利益が共通し、日本は国際政治において中国に不利益をもたらすはずがないと力説した。

中日の関係は密接であり、決して同文同種だけでは説明できるものではない。国際上の本当の連合は必ず利害が共通することによるものである。中国は日本と同利同害であるため、日本は中国の利害を代表しなければならぬ立場にあり、……それが日本の損になる前に、中国は先に損をしてしまう。日本のためか、中国のためか、両者の出発地点こそ異なるが、その結果は一緒である。

日中が「同利同害」であるという孫文の認識は、「武力を以て人を抑え」る「欧州の文化」・「覇道の文化」(「大アジア主義」講演)が国際社会を牛耳っている現実に対する反感から来たものである。一六四八年以降のウェストファリア体制はヨーロッパが主導したものだが、しかし十九世紀末から二十世紀初頭にかけて、帝国主義とナショナリズムの台頭にともなって、列強諸国が、パワー・ポリティクスという国際政治観のもとで勢力拡大に走った結果、バランス・オブ・パワーが容易に破られた。孫文からみれば、アジアにも拡大してきたこのような力に基づく「覇道」の国際システムのなかで、日本を含む東アジア地域は周辺化されてしまった。

周知のとおり、アジアという概念もヨーロッパ人がもたらしたものだった。マテオ・リッチの『坤輿万国全図』が中国に伝えられてきた際、地図にあったAsiaを翻訳する際に「亜細亜」という漢字が当てられた。実は一五八四年から一六〇二年までの間に、この地図の作成と修正を複数の中国人（王泮、趙可懐、李之藻）が手伝い、地図を説明するためにイエズス会士のアレーニ（Giulio Aleni, 一五八二―一六四九、イタリア人宣教師）によって仕上げられた『職方外紀』も、杭州地方官僚の楊廷筠が加筆したものであった。『職方外紀』の「亜細亜、巻一」は、「亜細亜者、天下一大洲也」と説明しているが、明らかに中国人の好みを加味したものであった。「アジア」という発音はアッシリアの言葉「アス」（asu、「東」「日の出」の意）から来たものであり、Asiaの本来の意味はヨーロッパ人の世界観における「東方」であった。これがそのまま近代的地理学にも継承された背後には、当然西洋の自己中心的な世界観があり、つまり、「アジア」には本来「天下一」という意味はなく、むしろ世界の周辺というニュアンスを持っていた。

問題はこのような周辺化をどのように受け止めることだった。近代的国際システムを結局受け入れざるをえなかったという意味で言えば、アジアの国々も最終的に「脱亜」「入欧」という道を歩まざるを得なかったが、しかし日本の「脱亜」「入欧」の道は特殊であった。「脱亜論」が日本の対外政策に大きな影響を与えていたと主張する広田昌希によれば、日本の「脱亜」意識は二つのレベルからなる。つまり「遅れたアジアから脱出して欧米先進文明国に追いつこうとする意識」と「そのような欧米文明国に追いつこうとすることが欧米列強とともにアジア侵略に加わることを当為とする亜侵的な脱亜意識」の二つに分けることができる(3)。明らかに、日本が「脱亜」を積極的に生かし、ほかのアジアの国を侵略する道具にしたことは、東アジア世界を「大事に」、「大切に」していないだけではなく、東アジアの「王道」文化に対する誇りも完全に放棄したものであった。

一般的に、一八八五年三月十六日の『時事新報』が掲載した社説が、福沢諭吉による日本の脱亜論の始りとされている。筆者から見れば、この『時事新報』の社説の「日本は亜細亜の東辺に在り」という表現は実に注目すべきであろう。ここから、福沢諭吉の「脱亜」の思想が形成された背景には、日本が本来東アジア世界の中心ではなく、その周辺に長くいたということに対する反発があったとも理解できる。しかし日本の侵略は東アジア地域をひとつにとらえる孫文を大いに失望させた。「思いもよらず日本は遠大の志と高尚の謀を持たず、欧洲の侵略手段を学び、高麗を併合してしまい、アジアのすべての民心を失ってしまい、まことに残念なことである」。

ここに注目すべきは、孫文の日本侵略批判が欧州に学んだものだという論法である。「日本の対支活動は、これも一向ただ列強の馬首を仰ぎ見、中国および亜州各民族を失望させ、甚だ失策であった」[4]。つまり、侵略は覇道であり、覇道は欧州の文化であり、日本の侵略行為はあくまで欧州の覇道文化を学んだものである、と孫文は強調していた。この論法は、事実上日本に東アジア世界の王道文化へ復帰する道を残したものである。孫文の「大アジア主義」の思想は、事実上東アジア世界にとって日本が必要であることの理由、結局欧米に受け入れられなかった日本の「脱亜入欧」路線と日本政府のそれまでの西欧偏重路線の誤りを指摘し、東アジア世界及びその特有の文明に誇りを持って「大事に」、「大切に」することこそ日本の利益になること、東アジア世界に於ける日本の果たせるリーダーシップとそれを実践すべき具体的な路線図などの視点から重層的に構成されており、孫文の世界観、倫理観に基づいて論理的に展開されたものである。孫文は、その日本国民に対する遺言ともいうべき「大アジア主義」講演の最後にも、「結局、西方覇道の手先となるのか、それとも東方王道の干城となるのか、それはあなたがた日本国民が慎重にお選びになればよい」と言い残し、つまり、孫文は最後まで「王道」文化を通じて、彼の「大アジア主義」思想はかならず日本に受け入れてもらえると信じていたのである。

四　究極的な価値としての「王道」思想

孫文のこのような信念は、「黄禍論（Yellow Peril）」の再起にともない、「亜細亜の固陋を脱して西洋の文明に移」ることを目指した日本の「脱亜」「入欧」が実に気まずい結果を迎えたことにも関連していた。日露戦争以降日本に対する恐怖心と憎悪が生まれ、黄禍論（Yellow Peril）の流行がいっそう拍車をかけた。アメリカ・ドイツ・カナダ・オーストラリアなどの欧米国家では、中国人だけではなく日本人も拒否されつつあった。とくにアメリカでは、同じ頃に桂・ハリマン仮条約が日本政府によって破棄されたこともあって、アメリカ人の対日感情が一変した。一九〇七年にサンフランシスコで反日暴動が起こり、一九〇八年に日米紳士協定が結ばれて日本政府は日本人の米国移民を制限したが、一九一三年に第一次排日土地法、一九二〇年に第二次排日土地法が成立し、日本人の土地所有が徹底的に禁止された。更に一九二四年にアメリカ連邦議会で、黄色人（日本人）は「帰化不能外国人」であり、帰化権はない、という排日移民法が成立した。

「黄禍論」が流行するなかで、「脱亜入欧」を唱えてきた日本人も欧米人からひどい人種差別を受けている事実によって、大きなショックを受けると同時に、日本が欧米によって相変わらず彼らが主導する国際システムの周辺的な存在とされていることに気づいたのである。「黄禍論」ははからずも日中両国の「同利同害」を証明する格好の材料となり、これは、複数の日本人の友人をもつ孫文が、「亜州」対「欧州」、「黄色人種」対「白色人種」、「王道」対「覇道」、「仁義道徳」対「功利強権」という世界の二分法で構成された大アジア主義思想を声高く唱えるきっかけとなった。しかし、「大アジア主義」思想の二分法は、実際には、孫文が日本へ巧妙に提示した、体面を保ちつつ欧米による周辺化から脱出する通路でもあった。そのために、孫文による「大アジア主義」のツールには、日本にとっての有益性、そして「王道」思想に基づく高い道徳性もはっきり示されていく。

たとえば、一九二三年十一月の犬養毅への手紙で、孫文は日本の進路について次のように進言している。「古人曰く、その心を得るものはその民を得ることができる。その民を得るものは、その国を得ることができる。もし日本は日露戦争後、古人の教えを実行すれば、今日のアジアのあらゆる国家の人心はみな日本に向かうことになっていたはずである。……もし日本が翻然と悟り、英国が対アイルランドで〔独立を承認〕したように高麗を扱えば、羊を失ってから檻を修理する計として、なおアジアの人心を拾うことができる。さもなければ、アジアの人心はかならず全部赤露へと傾き、これは絶対に日本にとって福ではないと思う」。「もし日本がアジアを扶助する志を持ち、ヨーロッパ列強の後塵を拝することがなければ、アジア諸民族はみなかならず日本をベタ褒めする(5)」。

当然ながら、このような「王道」思想の高い道徳性は「人類と自然との契約」の思想に由来するものであり、決して孫文が日本のために考え出したものではなかった。実際に、この手紙において、孫文はさらに、日本は「率先的に直ちに露国政府を承認し、列強との協調行動を必ず避けるべき」とも進言している。このことから、孫文の「大アジア主義」思想にある世界の二分法のなかで、「亜州」対「欧州」、「黄色人種」対「白色人種」という要素は絶対的なものではなく、言い換えれば、その世界の二分法という論法のなかの、「王道」対「覇道」、「仁義道徳」対「功利強権」こそもっとも重要な要素とされていることが分かる。これに関して特に注目すべきは日本政府に「露国政府の承認」を説得した部分で、孫文は如何なる基準と論法で白色人種であるソ連を評価したかである。

ある人は日本の立国の主義はソビエト主義と異なり、そのため承認するのはいけないというが、これはまさに井底の蛙の論に過ぎない。ソビエト主義とは、「孔子の言う大同」とイコールである。孔子曰く、大同の行われる世では、天下は公〔公共〕とされる。賢人を選び用いて、互いの親睦を深める。ゆえに、人々は一人我が親を親とせず、一人我が子のみを子とせず、老人はみな安楽に世を終えることができ、壮者はみな働く場所があり、幼者はみな成長することができ、やもめと独身者と障碍者はみな養われ、男はみな才能を発揮できる職分があり、女はみな帰れる家がある。(6)

ソビエト主義が「孔子の言う大同」にイコールという論断は実に奇抜な発想であろう。このように「亜州」対「欧州」、「黄色人種」対「白色人種」の視点を捨て、「王道を唱え、覇道を主張しないヨーロッパの新しい国家」としてソ連を取り上げた背景には、一九一九年七月の「カラハン宣言」と一九二三年一月の「孫文・ヨッフェ共同宣言」があった。ソビエト政権の対中政策として打ち出した「カラハン宣言」は、帝政ロシア時代に清国政府と結び、中華民国が継承した北京条約などの不平等条約の即時・無条件撤廃を表明したものである。これはどの列強国にもできなかったことであり、それがアジアの「王道」思想に共通すると感じた孫文は、広東軍閥陳炯明の反乱から免れてから、一九二三年一月に上海でソ連政府代表ヨッフェとの間に「共同宣言」を発表した。

言うまでもなく、孫文がわざわざ「大アジア主義」の文脈でソ連に対する見方に触れたのは、彼が「連ソ」という政策を取った理由を日本に説明すると同時に、ソ連の対中政策を通じて、中国に対する不平等な条約をなかなか撤廃しようとしない日本政府を刺激する狙いもあった。しかしこうしたソ連に対する見方から、孫文にとって究極的な価値判断はやはり東アジア的価値観――「王道」・「仁義道徳」に基づくものであったことが分かる。一年後の「大アジア主義」講演においても、孫文はさらに明白にソ連を「王道」対「覇道」、「仁義道徳」対「功利強権」の視点から、公道正義の味方だと称えたのである。つまり、日本と関係する場に限って発信された孫文の「大アジア主義」思想は、表面上は地理、人種、文化の基準を使うが、事実上「強権を主張する」「覇道」と「公理を主張する」「王道」で国々を区分したものであり、日本に「公理を主張する」「王道」の世界へ戻ることを切望しているものであった(7)。

おわりに

周知のように、孫文は長い間「民族国家」の思想を信奉していた。その晩年に東アジア世界という単位で「王道」思想へと旋回したのは実に意味深いことである。それは、長い間ずっと深い関係を持ってきた日本人に対する信頼感以外に、「民族国家」だけを追求すれば、国際社会の急速な変化に対応しきれないという

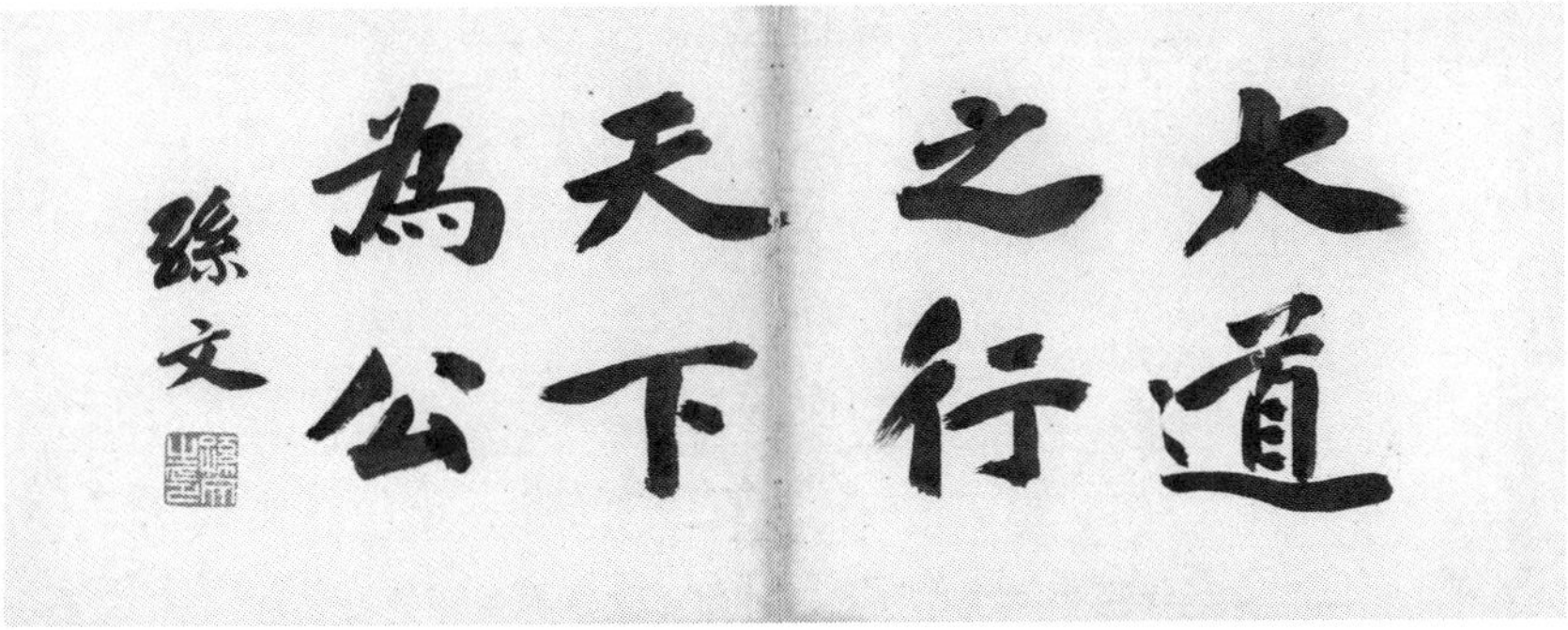

孫文の書「大道之行天下為公」

ことに気づいたためではないだろうか。

孫文がその「大アジア主義」の思想を通じて詮釈した「王道」思想は、今日の東アジア世界にとって実に大きな意義を持っている。かつて日本は力を信じ、王道の意義を無視して侵略に走り、結果として悲惨な末路を辿った。この遠くない過去の教訓からも分かるように、「力」に基づく「覇道」はたとえ一時的に勢いが付いたとしても、「力」で東アジア世界の人心を得ることはとうてい出来ず、道徳的に永遠の価値を持っていないものである。これは、国家間の政治的対立を背景にナショナリズムに煽られている東アジア世界の人々にとって、特に心に銘記すべきことであろう。

「王道」思想は東アジア世界の「共同知」である。孫文の表現で言えば、「王道」か「覇道」かは、結局「文化の問題であり、東方文化と西方文化の比較と衝突の問題」(「大アジア主義」講演)ということになる。孫文が、独立を達成した日本に、欧米と拮抗できる東アジア世界唯一の国家としてそのリーダーシップを発揮することを期待した下地になったのは、この「王道」思想を始めとする東アジア世界特有の世界観、価値観、つまり「東アジア共同知」に対する強い信念である。

孫文は日本人が最終的にかならず「王道」思想を取り戻すと固く信じ

ていた。それは、孫文の「東洋の道徳は西方よりはるかに高い」(「大アジア主義」講演)という文化的自信に基づくものであった。「大道之行也、天下為公」(大道の行われる世では、天下は公〔公共〕とされる)。孫文の「大アジア主義」は「亜州」対「欧州」、「黄色人種」対「白色人種」、「王道」対「覇道」、「仁義道徳」対「功利強権」というふうに世界を二分化し、欧米によって周辺化された東アジア世界にこそ人類にとって究極的な価値である「王道」、「仁義道徳」が存在するとし、欧米が主導する国際システムに対抗する新たな国際社会システム――「覇道」の欧米から圧迫と屈辱を与えられつつある東アジア世界のための「王道」の「天下」――を構築するうえで、「王道」思想を取り戻した日本にリーダーシップを孫文は望んでいたのである。

中国人でありながら、孫文はなぜ日本に「王道」思想を期待したのか。それは、「王道」思想は特定の国または政府のためのものではなく、天下万民を対象としているためであった。「王道」思想が主権国家を単位としないため、そこから「人類」全体が「同利同害」であるという思想も生まれた。西洋的な「個人と神との契約」という発想と異なり、このような「王道」思想が東アジア世界において生まれる理由は、東アジア世界には「人類と自然との契約」とも言うべき思想が存在しているためである。最初に述べたように、「自然」と対になっている「人類」とはあらゆる人間のことであり、「人類」全体を対象としている「王道」思想には当然のように主権または国家に関する意識がなかった。

いままでほとんど指摘されなかったことだが、西洋に比べて東アジア世界においては山水画や山水詩が以前からとくに発達してきた。(8) 大きな山水画のなかに、人物が小さく描かれた事実からも分かるように、東アジア世界の人々は常に自然の法則(すなわち「道」)との関係で人類社会の有り様を考えていた。そこから「人類」は「自然」の決められた法則(「道」)に絶対に逆らうべきではない、そうであれば自然の庇護を得られるという認識に辿り着き、そこで「人類と自然との契約」が成立し、是非善悪を判断する究極的な基準は「人類と自然との契約」に逆らっているかどうかにあるという、東アジア世界の人々が共通とし、共有する価値観が生まれた。

国家の意識も個人の意識も欠けているという意味で、孫文が唱導する「王道」思想はまさに反「近代」的であった。しかし、ここから生まれた「天下万民」のためでなければならないという思想は、西洋の「個人と神との契約」という発想に基づく民主主義に付随している個人主義、利己主義の欠陥を補う力を持っているように思われる。かつて竹内好はその「方法としてのアジア」において次のように指摘している。「西欧的な優れた文化価値を、より大規模に実現するために、西洋をもう一度東洋によって包み直す、逆に西洋自身をこちらから変革する、この文化的な巻返し、あるいは価値の上の巻返しによって普遍性をつくり出す。東洋の力が西洋の生み出した普遍的な価値をより高めるために西洋を変革する。これが東対西の今の問題点になっている(9)」。「人類と自然との契約」という東アジア世界の特有の思想に基づく「王道」の思想は、まさにこのような「東洋の力」ではなかろうか。

第五章　民族国家の壁を乗り越えられなかった「回教圏」

――「回教工作」と大陸進出――

疑いなく、単一民族国家の理念は日本の近代国家建設において大きな力を発揮し、そして大きな成功を収めた。しかし民族主義の膨脹にともなう「大陸進出」の段階になると、日本の軍国主義ははからずも「民族国家」が事実上日本の「国権」の拡張を阻む壁になっていることに気がつく。そこで、日本以外においても「われわれ意識」を共有する仲間を作るため、様々な工夫をせざるを得なくなった。日本を中心にする「回教圏」作りの動きも、そのひとつであった。

一九三八年七月八日、つまり日中全面戦争開戦一周年に当たって、「五相会議」は「時局に伴う対支謀略」を決定した。ここで六項目からなる軍事・政治・経済の「謀略」のうち、「回教工作ヲ推進シ、西北地方ニ回教徒ニ依ル防共地帯ヲ設定ス」というものを、四番目に取り上げている。(1) 現在では耳慣れない言葉だが、実は「回教」・「回教工作」が戦争初期の軍部と外務省の対中関係文書にしばしば登場していた。本章は近代日本の中国政策の変容を背景に、おもに一次資料を利用して日本におけるイスラームの歴史と近代日本と中国「回教」との関係を時代に沿って整理し、その性格を明らかにした上で、中国の「回教」がなぜ戦前の日本政府、とくに軍部に注目されたのかを分析する。

一　日本イスラームの始まりと中国の「回教」で活躍する日本人

初めて日本人がイスラームに改宗し、日本人ムスリムが誕生したのは一八九五年のことであった。(2) とはいえ、二十世紀に入るまで、日本には基本的にイスラームが存在しなかった。二十世紀になると、日本にもイスラームに対する最初の関心が芽生えるが、それは、個人の信仰としてというより、むしろ外務省や軍部関係機関による国際政治的関心のニュアンスが強かった。一九〇五年五月に桜井好孝という人物は、「外務省の内命を帯ひ、新疆より蒙古一帯の地方を旅行し、視察」しに出かけ、「行程約二万余千清里」を経て、翌年の十月に日本に帰国し、内モンゴルと新疆の地理位置・交通事情・住民構成・宗教信仰・商業事情などについて非常に詳しい報告書を提出したのである。[3] 外務省が一九〇六年一月十六日に茨城県庁に対して桜井好孝の徴集猶予願いを提出していることから、彼は外務省の人間であることが分かる。[4] そして一九一〇年に、外務省の調査員中久喜信周は、中国の河南省において「回教徒」の事情を調査した。[5]

日本人として最初にメッカ巡礼を果たしたのは、一九〇九年の山岡光太郎であるとされている。しかし彼のメッカ巡礼について、「敬虔な信徒としての旅ではなかった。むしろ宗教とは何の縁もない冒険旅行のようなものだった。それも無一文の青年の自発的な冒険旅行ではなく、軍部の指示を受けてのメッカ巡礼だったのだ」といった指摘もあったという。[6] 一九二二年十一月に外務省の情報部は、山岡光太郎がこの一九〇九年に執筆した『回々教の神秘的威力』（新光社、一九二一年）を四四部購入し、省内の局長、課長、そして南米に移民を出している各府県に配布し、イスラームについて勉強するようにと通達を出していた。[7]

注目すべきは、こうした日本のイスラームに対する関心は、その最初から中国にも向けられたことである。一九一三年に関東都督府は、大連民政署管内、旅順民政署管内、金州民政支署管内、瓦房店警務支署管内、大石橋警務支署管内、遼陽警務署管内、奉天警務署管内、撫順警務支署管内、安東警務署管内というように地域を分けて、「神道仏教基督教道教回教ノ類」について詳しい宗教調査を行なった。周知のように、関東軍の前身でもあった関東都督府の歴代都督は、いずれも現役の大将や中将であった。しかしその調査報告を見る限り、当時の関東都督府の管轄する地域にある「回々教」の勢力は小さく、わずか金州民政支署管内に

ついて「皮子窩所轄内ニ一寺アルモ、殆ント廃滅ノ姿ナリ」という報告があるのみであった。(8)

一九一八年三月、参謀本部は、「庫倫〔現在のウランバートル〕、新疆方面ニ情報網拡張ノ必要ヲ認メ」、「臨時軍事費」を以て、(9)「張家口〔当時チャハル省都〕、宮崎嘉一、同地三井洋行出張所員ニシテ軍事的智識ナキモ着実ナリ」、「陝西西安、吉田忠太郎、軍司令部判任通訳ヲ分遣セリ」、「新疆迪化、佐田繁治、在郷軍人下士ニシテ宗教研究ヲ目的トシ其ノ傍諜報ニ服ス」、「外蒙古庫倫、駒田信夫、庫倫在住日本人ニシテ最近諜報ヲ依嘱セリ」というように「支那駐屯軍諜報担任地域内ニ於ケル諜報機関ノ配置」を行った。(10) そのほかに「天津及其ノ他駐屯地」「西安若クハ太原」に「将校又ハ有力ナル諜者ヲ配置」し、「張家口ニ将校ヲ派遣スル予定ナリ」ともなっているが、この時優先された派遣地は、実はすべて中国北部の中心都市と辺境地域であった。その目的は、「時局ノ進展ニ伴ヒ露独ノ支那西北境ニ向テスル施設ヲ適時ニ諜知シ、共ノ行動ヲ阻止セシカ為」(11)とされているが、新疆については「宗教研究ヲ目的トシ其ノ傍諜報」となっている点が注目される。新疆における「宗教研究」とは、イスラーム研究に他ならない。しかし、ここで「宗教研究」を担うとされる佐田繁治は、一八七三年七月十五日に島根県に生まれた在郷軍人下士官で、イスラーム宗教研究者ではなく、もともと植民地台湾で警察官として勤めていた人である。(12)

ここから、回教に対する日本の関心は、大陸進出にともなうものであったことが見てとれる。近代日本の中国内イスラームに対する関心は決して偶然の産物ではなかったのである。(13)

一九二二年八月、青島守備軍陸軍参謀部は軍嘱託大林一之によって執筆された『支那の回教問題』を刊行し、軍と政府の関係部門に配布した。軍の資金による調査に基づいて執筆した大林は、この本の最後において「煽動性に富み、雷同性あり、特殊地域に特殊潜勢を有する支那回教の刻下の顕勢を目して、吾人は之を支那の癌症と云ふのである。支那自体の解剖切開の期に到らなければ、其の剔出は不可能である。而かも病勢の進昂は頗る遅鈍であって、外部よりの衝撃を与へなければ急激の変化はない」と中国を分裂させる上での「回教」の威力を強調し、「支那回教問題も其利用奈何に依つて極東問題の調整上有力なる一種の特性を発揮しめんことを希望するのである」と軍部に「回教」を利用することを勧めたのである。(14)

日本人として二番目にメッカ巡礼を果たしたことで知られている田中逸平は、青島の日本軍に勤務する時期にイスラームに改宗したとされている。「支那回教研究家若林半」は、一九三五年に外務省に提出した履歴書に、「大正五年青島ニ陸軍通訳官タリシ同志故田中逸平氏ヲ訪ヒ、東亜百年大計ヲ談シ起テ、支那回教ヲ研究シ回教徒タランコトヲ懇請シ、同氏ノ決心ヲ得、互ニ天意ニ従フヲ約シテ帰朝ス」と記し、田中逸平が一九二四年、一九三五年の二回に渡ってメッカ巡礼を行なったのも自分の勧めによるものだとした。(15)

田中逸平は、陸軍の通訳官として山東占領軍（征膠軍）にしたがって山東省に入ってきた人物である。後に東京国民新聞社の特派員をしながら、一九一七年に山東省で中国語新聞『済南日報』を設立し、その主幹を務めた。当時、新聞社設立は、設備費などの資金だけではなく、様々な許可が必要であり、かなり難しいことであった。しかし、「田中ハ一切ノ設備ヲ自己ノ責任ヲ以テ提供シ」、それを成し遂げた。それが可能だったのは日本軍による支援があったからであり、「設備費ハ当時軍政長官吉村健蔵氏ガ田中等ノ軍政ニ尽力シタルヲ青島阿片局劉子山ニ説キ、約一万円ノ出資ヲ」させた。つまり、田中逸平はその「支那人ヲ操縦シテ、山東経営上有力ナル一漢字新聞社創立」を通じて、「山東問題ノ解決及其以後ニ於イテ」、「帝国ノ北支那経営」を考えて「常々時局問題ニ直接ノ影響ヲ」与えるという計画を以て、軍部の信頼と支援を得たのである。(16) 田中逸平のイスラーム改宗は、「イスラームを政治・軍事的な観点から利用しようとし」たものではなく、「イ

満洲回教協会撫順分会モスク完工式（1936年11月）

スラームの本質を理解し、興亜の理想の上にイスラームとの交流を試みる」ものともされている。[17]しかしいずれにしても、青島時代の田中逸平の活動の背景に軍の支援があったことは間違いない。

田中逸平と親しい関係にある「支那回教研究家若林半」の活動は、一九三〇年代になるとさらに政治色が鮮明になってきた。一九三五年九月に、彼は弟子二人を連れて、約二カ月にわたって上海・南京・青島・済南・天津・北平（北京）・帰化《フフホト》・太原・熱河・奉天（瀋陽）・新京（長春）・大連等中国各地を回り、「中国ノ回教政策及事情調査ト之ト連絡」をした。今回の調査と連絡活動に使った経費は、外務省から支出された補助金（五百円）であった。[18]一九三九年一月十日に若林半は、「日本名人」という肩書きで、日本軍占領下の北京に設立された「中国回教総連合会」を視察し、「訓示」もした。[19]

日本の支配下に入った中国各地において複数の

「回教徒組織」が設立された。その設立活動に複数の日本人が携わった。最初の「回教徒組織」は、一九三四年末に設立された「満洲伊斯蘭協会」(後に「満洲回教協会」へと改称)であり、「満洲国」の各地に一六六の分会も持っていた。[20]この背景には、日本政府の非常に強力な支援があった。当時の外務省調査部部員の報告によれば、会の設立に当り、「最モ努力シタノハ日本人川村狂堂ト云フ人デ」あった。川村狂堂は協会の総裁にも推され、彼の指導の下に会員が一万人余りにもなった協会は、日本の国政に積極的に協力した。満洲国において「帝政」が実施された際、協会は「卒先シテ王道立国ト満洲建国ノ精神ヲ鼓吹宣揚」し、「友邦日本ノ杖義援助ヲ称揚」した。中国共産党が中国の回教徒に「抗日」を呼びかけると、協会は直ちに各分会に通達を出して「満洲建国ノ精神ト日満両国一徳不可分ノ関係ヲ発揚シ、反満抗日ノ不可ナル所以ヲ共産主義ノイスラム教義ト相容レサル点ヲ闡明シ、以テ在満回教徒ヲ嚮導シマシタ」という。さらに盧溝橋事変が起こったときも、協会は「全満信徒」に諭告を発し、「友邦日本ハ東亜和平ノ大義ヲ顧慮シテ、之カ膺懲ノ師ヲ進メタルニ外ナラス」と宣伝したのである。[21]

川村狂堂(川村乙麿)は、黒龍会によって派遣され、一九一〇年代から二〇年代まで中国の西北地域を中心に各地を転々として、北京か新疆でイスラームに改宗し、「軍事探偵」として甘粛省の回教徒反乱にかかわったことで中国当局に逮捕されたとも言われている。[22]もしそれが事実であれば、川村にも軍の支援があったことになる。

以上取り上げた中国の「回教」に関与した人物について、外務省の嘱託、今岡は、一九三七年十二月に外務省調査部で行なわれた「回教研究会」の最初の報告会において一一人の外務省関係者、三人の陸軍省関係者、四人の海軍省関係者を前にして次のように述べている。「我国ニ於ケル回教徒及ヒ邦人回教徒モ大分アルト云フコトデアリマスガ、私ノ見ル所デハ、真ノ信者デハナク、政策上ノ信徒デアル様ニ思ヒマス。ソレ等ノ中デ従来ヨク知ラレタ名前ハ次ノ通リデアリマス。山岡光太郎（印度デ洗礼ヲ受ク）、田中逸平（死亡）、中尾武男（在土大使館嘱託）、川村乙麿（狂堂、在奉天、回教徒ニ就イテノ権威）、波多野烏峰（嘗テ赤坂ニ回教寺院ヲ設ク）、岡本甚伍（クルバン方デ洗礼、世界旅行者トシテ有名）、有賀文三郎（神戸ノシャムグノフヨリ洗礼）、其ノ他若イ方テハ小林（在アズハル大学）、山本、鈴木、郷等ガアリマス。……個人的ナモノトシテハ、若林半——青年ヲ『メッカ』巡礼へ送ル為ノ世話ヲシテ居ル様デス」[23]。

二　日本駐屯軍の「特務機関」と中国の「回教」組織

一九三七年十一月二十二日、当時のチャハル省都である張家口において、「西北回教民族文化協会」が設立された。「文化協会」という名前だが、七名の一般幹事はみな各地のモスクの「教長」（イマーム）であることから、中国人イスラーム教徒の組織であったことが分かる。しかし十二月十八日に在張家口総領事代理松浦が広田弘毅外務大臣に送った機密電報から、その設立に日本人が初めから関わっていたことがわかる。「今次事変勃発以来、軍側ニ於テハ外蒙方面ヨリ内蒙及西北支那ニ対スル蘇連勢力ノ浸潤及ヒ共産主義ノ侵入ヲ防遏排除スル為、之カ一策トシテ、各地ノ回教徒ヲ懐柔シ、排蘇反共運動ヲ起サシムヘク画策中ナリシカ、去ル十一月中旬奉天ヨリ松林亮及ヒ天津ヨリ山口某ノ両名来張シ、特務機関ト連絡シ、当地在住回教徒ヲ糾合、去ル十一月二十二日当市市民大街清真寺ニ於テ西北回教民族文化協会発会式ヲ挙行」。そして、「発会式ニハ特務機関、察南自治政府代表及顧問其他各機関代表臨席シ」、五名からなる顧問のなか、「松井特務機関長」、「金井蒙疆連合委員会顧問」、「田中察南政府代表」など四名の日本人が選ばれたのである。[24]

一九三八年五月七日に熱河省都の承徳において「防共回教徒同盟」が結成され、大会宣言（「イスラム教徒反共同盟宣言」）は、「当地防共同盟本部首脳者（日本人）」すなわち「同盟」の「総裁」である花田仲之助なる日本人と「同盟長」張子文の連名で発表され、[25]同盟の顧問は、「鶴岡ナガ太郎、重松又太郎、甘粕正彦、高橋水之助、十河信二、鮎川義介、土方寧、前田照城（在承徳五軍憲兵隊顧問、後備陸軍大佐）、大川周明等知名ノ回教関係者其ノ他ヲ網羅シ」ている。[26]

「防共回教徒同盟」の結成において活躍した「志士トシテ知ラレタル退役中佐」[27]の花田仲之助（一八六〇―一九四五）は、陸軍士官学校の第六期の卒業生で、「満洲」と縁が深い人物である。山名正二著『日露戦争秘史　満洲義軍』によれば、日本の陸軍参謀本部第二部の情報将校である花田は、一八九七年四月、西本願寺の僧侶に扮してウラジオストクに入り、清水松月の名で三年間も潜伏し、軍事情報を収集していたという。[28]その後帰国した花田は予備役に編入され、一九〇一年に「教育勅語」を基本とする「報徳会」を設立して全国に「知恩報徳・感恩報謝」の精神を広めていた。一九〇四年に日露戦争が勃発すると、花田は熊本歩兵第

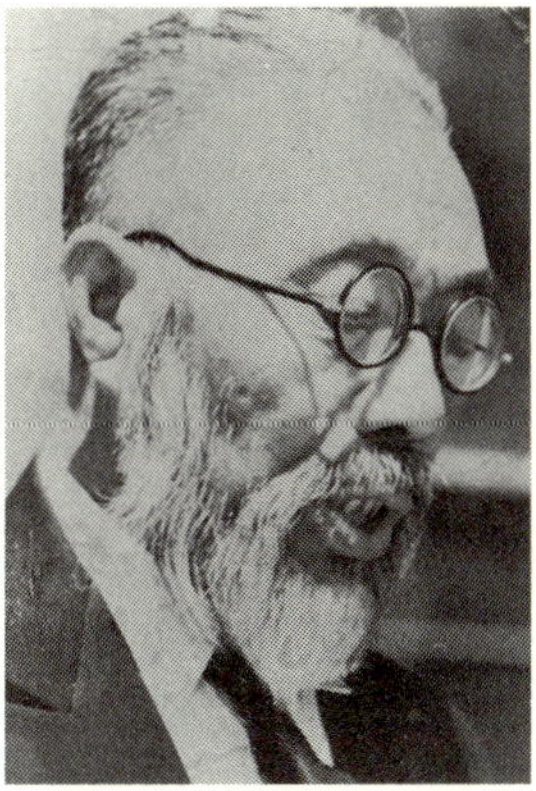
張子文

二三連隊第一大隊長として召集され、一週間後また参謀本部に呼び出され、参謀本部附として敵の後方からの破壊活動と情報収集を任務とする特別任務隊の編成を命じられたという。頭山満の応援のもと、花田仲之助は八名の歩兵と工兵を選び、さらに七名の玄洋社出身者を入れて計一六人の特別任務隊として中国東北の遼東地域に入り、[29]「満洲義軍」という名で「満洲馬賊」を纏め、ロシア軍に対し

頭山満（中央）**と満洲義軍幹部の玄洋社メンバーと共に**
（1904 年。藤本尚則編著『頭山満翁写真伝』葦書房、1988 年より）

て攻撃を繰り返したのである。「満洲義軍」は日露戦争の終結時、すでに千人以上になっていたとも言われる[30]。「満洲義軍」が大きな功労を挙げたため、義軍の総統である花田仲之助は表彰を受けたのである[31]。

その後、予備役へ編入された花田仲之助は[32]、依然として軍部と密接な関係を持っていた。一九三六年に花田仲之助は報徳会々長として、五月と十一月の二回に渡って日本の軍艦（うすりい丸、扶桑丸）に便乗して「満洲」に渡り、視察している[33]。花田は「満洲」において「報徳会」の名で活動していたが、各地で大きな歓迎を受けたという[34]。これは、かつての影響力だけではなく、軍や情報機関との密接な関係によるものとも考えられる。前記の『満洲義軍』の序言を執筆した大本営陸軍報道部長（陸軍大佐）谷萩那華雄によれば、彼は当時奉天特務機関長土肥原少将（現大将）の輔佐官を務めていたが、一九三六年の秋に花田仲之助が訪ねて来て、軍の飛行機への便乗を願ったという[35]。一九四一年十一月に「第一三回大阪府下報徳会聯合大会」が開催される際、彼は陸軍大臣東条英機に祝電を打電するよう依頼したこともある。ここから、花田が軍部との間に強いパイプを持っていることが分かる。[36]

注目すべきは、「西北回教民族文化協会」にしろ、「防共回教徒同盟」にしろ、各地の中国人イスラーム教徒の組織の設立と運営に、日本軍の「特務機関」がかならず関係していることである。

一九三九年一月十三日の在張家口森岡総領事が有田外務大臣に送った部外極秘電報によれば、「蒙疆」の「回教徒」人口は「五万乃至七万」であり、「蒙疆政権樹立早々、軍部ノ発案ニ依リ、是等回教徒操縦指導並ニ之ヲ基礎トシテ、西北五省ニ於ケル回民族トノ連絡ヲ密接ニナラシムル目的ヲ以テ、一昨年十一月張家口ニ西北回民族文化協会ヲ設立シ」、「二十歳以上三十歳以下ノ回教青年ニ精神訓練ヲ与ヘ、且各地セイシン寺付属亜剌比亜語小学校ニ日本語科ヲ添設スルコトトシ」、「前記諸工作ハ全部特務機関ノ専管ニ属シ、〔蒙疆〕聯合委員会ハ単ニ経費ヲ支出スルニ止マルモノ」という。[37]

また、在承徳日本領事館の草野領事代理から広田外務大臣への「部外絶対極秘」電報によれば、「防共回教徒同盟」結成の目的は、「一、在満二百万ノ回教徒ノ聯絡」、「同地ヲ全回教徒ノ防共本部トシ同地ニ於テ全満ハ素ヨリ支那一千万ノ回教徒ノ団結ト五馬聯盟支援、中亜諸国回教徒ノ連絡ヲ図ル」ということであり、それを達成するため、「政治工作員ハ武装シ（即チ義勇軍）、第一ニ五馬聯盟ヲ援助シ蒋政権ヨリ完全ニ独立シ、更ニ中亜ニ向ヒ夫々独立若クハ第三国ノ圧迫ヲ排除シ、皇国ノ慈光ノ下ニ東洋ノ皇道聯盟ヲ完成セントス」、「近ク新疆、阿富汗方面ヘ工作員（日本人）ヲ派遣ノ予定」もあるという。[38]「参謀本部トノ連絡ノ為、同会幹部渡邊清茂、安田徳助（何レモ教務会熱河省本部職員）ノ両名八日当地発上京シ、関東軍側トノ連絡ニハ当地特務機関長荒木大佐九日新京ニ向フコトトナレル趣ナリ」とも伝えられている。[39]

「同盟」の「第一次実行計画」について、草野領事代理は次のように述べている。「其ノ内容ヲ検スルニ、周到ナル用意ノ下ニ立案セラレタル組織的且具体的ナルモノナルノミナラス、相当精密ナルモノニシテ其ノ方針トシテハ、日本ノ大陸政策ノ迅速無下ナル遂行ヲ、又其ノ目的トシテハ支那辺境西域ニ於ケル回教徒ノ反共政治的独立運動、近東諸国ノ民族的解放及印度ノ独立ニ対スル援助ヲ掲ケ居レルカ、特ニ（一）実施要領中ニ於テ（イ）本工作ハ飽迄現地作戦兵団ノ対回工作ト緊要ナル連絡ヲ保持シ、（ロ）原則トシテ世界回教徒軍ノ自発的総動員ヲ継続強化セシムル政策的見地ヨリ蹶起回教徒ノ発生的原因ヲ尊重シ、軍ノ表面的指導ヲ最小限ニ止メ、（ハ）本工作ノ国家的重要性ニ鑑ミ、不良分子ノ策動ヲ警戒シ人的要素選定ニ留意シ（二）本工作ノ宣伝ハ原則トシテ官僚的宣伝ヲ廃シ、民間宣伝網ヲ組織活用セント為シ。……（三）義勇軍ノ編成ハ回教徒ノミヲ以テ第一軍ヨリ第四軍迄編成シ、（四）我大本営及内閣ニ対シ内面的連絡ヲ確保セントシ」。このように「同盟」の活動を高く評価し、「義勇軍」については、「承徳特務機関ノ指導ノ下ニ」、第一回目は五千人を募集して「派遣方法ハ関東軍ノ指示ニ依リ別途ニ計画、支那西域回教徒ノ独立ヲ期ス」と詳しく説明され、そして「本計画ニ対シ、承徳特務機関長ハ其ノ本来ノ立場ヲ離レ、全幅的支持ノ態度ヲ堅持」したという点が、強調されている。(40)

一九三八年二月七日、北京において「中国回教総連合会」が設立された。設立大会に出席した日本側の筆頭者は「北支那方面軍特務部長」喜多誠一中将であり、そして連合会の「最高指導者」に就任したのは北京特務機関長茂川秀和である。「連合会最高指導及委員名系表」に、主席よりも先に掲載されたのは茂川秀和機関長、高垣信造主席顧問である。「連合会」は日本語学校を開設し、茂川秀和機関長の指示に従い、四月九日に「回教青年訓練所」（回教青年団）を設立し、一年目で三期、四七名の回教徒青年に訓練を施した。卒

中国回教総連合会の設立記念写真

業式で「回軍を編成する機は今日にあり」と述べた卒業生もおり、軍事活動の訓練も行われたことが分かる。日本軍の支援を得て、「連合会」は一年の間に北京、天津、済南、太原、張家口、包頭、河南という七つの地域本部と三八九の分会をもつ巨大な組織になった。(41)

特務機関は、現地に駐屯する日本軍の組織であった。中国の「回教」に携わる事項は、基本的に日本軍部の仕事であったように見える。たとえば、一九三八年九月から十月にかけて、蒙古連盟自治政府主催の一七名からなる回教徒訪日視察団が日本を訪問した。団長は現地の「回教徒」であったが、二人の指導員は日本人であり、一人が「特務機関員」であった。面白いことに、訪問の世話役は外務省ではなく、陸軍省であった。(42)また、一九三九年の東亜回教徒懇親大会（実は「世界回教徒第一次大会」）及回教展覧会（実は「回教圏展覧会」）に出席する蒙古連合自治政府の回教徒代表団に対しても、同じ陸軍省（軍務課）が世話役を務めたという。(43) 蒙古連合自治政府の一九四四年三月時点の統計によれば、自治政府の中央官庁が雇用中か、すでに退職した日本人職員は、合計一三六名である。名簿をみれば、これらの日本人職員の前職は実にさまざまであった。しかし「回教委員会」の五名の日本人顧問は、一人の女性を除いてみな現役の軍人である。(44)

一九三八年四月、外務省を中心に、陸軍と海軍関係者も参加する「回教及猶太教(ユダヤ教)問題委員会」が設立された。八月に委員会は内閣総理大臣及び各大臣宛に「回教対策樹立ニ関スル件」を提出し、「亜細亜大陸ニ分布スル回教徒トノ親善ヲ計リ、支那ノ背後関係ヲ確保スル事」の重要性を強調している。(45)そして九月に外務省情報部が作成した「支那事変ニ於ケル情報宣伝工作概要」は、「外務省ニ於テハ情報、宣伝、謀略ニ関シテハ其ノ方向ノ対内、対外タルヲ問ハス」、「支那ノ抵抗力、列国ノ援助、人心ノ動向ヲ知ルニ至ル情報ノ蒐集」とその仕事を規定し、そして「民間某団体ヲシテ研究所ヲ開設優秀ナル諜報員養成ヲ」行い、中国において「北支」「中支」「南支」の三情報網を構築し、北京、天津、上海、香港など各地の領事館に情報主任、調査研究班と諜報工作班を設置し、ソ連と中共の「妄動ヲ査察殲滅シ」、国民政府側の「策動ヲ防圧シ」、「政況及民衆ノ動向ヲ監視ス」としている。(46)こうした情報網の構築は、事実上以前から始まっていたもので、たとえば、一九二二年五月に、駐張家口領事館はすでに「諜報者トシテ支那人一名」を雇用したのである。(47)

つまり、外務省としても、中国における「回教工作」の重要性を十分に理解し、「回教徒」と接触するルートも持っていた。にもかかわらず、「回教工作」はやはり軍の専管事項とされたのである。

一九三九年三月、蒙疆聯合委員会(事実上駐屯する日本軍の「駐蒙軍」)の領域内にある包頭において、日本人である森と菅沼の二人が教員を務める「文化学院」(回教青年日語学校および附属夜学校)が、「駐蒙軍」から「退去」の「諭示」を受けてやむを得ず廃校した事件が起こっている。在張家口の森岡総領事によれば、その理由は、文化学院が「満洲国」の熱河省を根拠地とする「防共回教徒同盟」が経営するもので、「満洲国協和会本部ヨリ幾分経費ノ支給ヲ受ケ、且回教同盟ト内密ノ関係ヲ有ス」、「一味ハ駐蒙軍ノ方針ニ反シ工作」し、「又過般回教本部ヲ承徳ヨリ包頭ニ移サントスル際、駐蒙軍及蒙疆聯合委員会ト連絡セス、直接東京中央軍部ト連絡セル等ノ複雑ナ事情発覚」したという[48]。この事件から、たとえ日本の「回教工作」の方針にしたがって展開された事業にしろ、「回教」に係る事項はすべて現地の駐屯軍の専管事項であり、それによる指導と統率下に入らなければならない、という軍部の原則が存在したことが分かる。

三　幻の「回教工作」と「回教徒軍閥」連携構想

一九三八年十月四日、駐蒙軍司令部が「暫行回教工作要領」（極秘）を作成した。そのなかで、「回教工作」の目標のひとつは、「西北貿易ニ依ル経済工作並ニ寧夏蘭州方面ニ対スル連絡ヲ促進」し、「回教徒ヲ利用シ寧夏蘭州方面ニ対スル諜報並宣伝ヲ実施」し、「目下包頭ニ於テ実施中ノ特別要員養成ヲ強化シ、養成員ヲ適宜右隊商ニ加入セシメテ、寧夏蘭州方面トノ連絡機関タラシム」ことであり、「現在連絡ヲ有スル密偵、其他特異ノ人物ヲ活用シ直接間接ノ手段ニ依リ連絡ノ確保ニ努ム」ことであるとされた。そして、他の目標は、「回教徒軍ノ結成」とされ、それを実現させるために「先ツ蒙疆地域内回教徒中ヨリ適任者ヲ選抜シ、回教軍（当初ハ小規模ノモノトシ試験的ニ設ク）ヲ編成シ、将来実力的回教工作ノ準備ヲ」しておくこととされた。これらの目標の実現に向けて、軍は「西北貿易商ニ依ル諜報並宣伝用費」、「特別工作員ノ養成並之レカ利用費」と「軍司令部、特務機関等ニ回教工作事務員ノ充実費」を「特別工作費」として提供するという内容も盛り込まれている。(49)

この「暫行回教工作要領」の作成を受け、十二月十五日に駐蒙軍参謀部が制定した「回教青年指導要綱」は、「西北地域ニ防共親日蒙ノ政策ヲ樹立スル工作ニ献身努力スル如ク指導」することを決定し、(50)駐蒙軍司令部が翌年の五月に制定した「蒙疆重要政策ニ対スル思想統一ニ就テ」は、「蒙疆ニ於ケル回教徒工作ハ、西北回教徒ノ親日・防共ヲ精神トスル独立復興ヲ助成セシムル」(51)と定めたのである。同じ時期に本部が張家口だった「西北回教民族文化協会」は本部が厚和《フフホト》（現在の呼和浩特）にある「西北回教連合会」に統一され、(52)在厚和日本総領事館の警察署長山崎信彦は、「同本部ニ於テハ、先ツ蒙疆回民青年ノ精神教育ヲ施シ防共親日ノ実ヲ挙ケ、将来西北独立国ヲ建設スヘ」きことにあると、上司への報告書に述べている。(53)要するに、「回教工作」の目的は、占領地における秩序の維持にとどまらず、戦争の拡大にともない回教徒による独立国を作ることも視野に入れていることである。

しかし、「回教徒」「回教工作」を通じて日本の勢力範囲をさらに西に拡大することは、決して「駐蒙軍」による独自の発想ではなかった。一九三七年十一月に、大本営陸軍参謀部第二部はすでに「支那カ長期抵抗ニ入ル場合ノ情勢判断」（軍事極秘）を作成し、そのなかで「国民政府壊滅ニ関スル方策」として、反共・反国民政府政権を樹立させること、国民政府の内部対立を激化させること、地方実力者の台頭を促すこと、「反国民政府」の暴動と「抗日容共論者ニ対スル『テロ』」を行うこと、沿岸封鎖を継続すること、中国の軍事政治交通経済施設を徹底的に爆撃させることと並んで、「西部内蒙古及西北地方回教徒ヲ懐柔シテ、親日反共反国民政府勢力ヲ扶植スルコトヲ図リ為シ得レハ、蘇聯邦ノ外蒙及新疆方面ヨリノ兵器軍需品ノ輸送ヲ妨

害ス」ということを、第六項目に加えている。(54)

日本国際協会が一九三八年四月十四日にまとめた「対支時局対策」においても、「辺境民族及回教徒懐柔ノ工作ヲ進ムルコト」を第六項目として取り上げている。(55) 冒頭でも触れたように、一九三八年七月八日、開戦一年に当たって「五相会議」は「時局に伴う対支謀略」を決定した。「敵ノ抗戦能力ヲ崩壊セシムルト共ニ支那現中央政府ヲ倒壊シ、又ハ蒋介石ヲ失脚セシムル為」の六項目からなる「要綱」を出したのである。そこに、一流人物の起用を通じて民衆の抗戦意識を弱化させること、雑軍を懐柔して敵戦力を分裂弱体化させること、実力派を利用し反蒋(介石)・反共・反戦政府を樹立すること、「法幣」(中華民国の紙幣)の暴落を図ること(この点については後に否定)とともに、「回教工作ヲ推進シ、西北地方ニ回教徒ニ依ル防共地帯ヲ設定ス」ることが、第四項目として取り上げられている。(56) つまりかなり早い時期から、日本政府と軍部は内蒙古地域の「回教徒」の懐柔を通じて、その勢力範囲を西北に広げようと考えはじめていたのである。

中国の西北地域は、地理上はソ連と接している。そのため、日中全面戦争に突入する以前から、日本軍はすでにその重要性を認識していた。一九三五年十二月二日に、支那駐屯軍司令官多田駿が陸軍歩兵少佐羽山喜郎に極秘の訓令を出し、彼の「諜報担任区域」を「綏遠省、寧夏省、甘粛省、新疆省及蒙古」としながらも、綏遠省のフフホトとチャハル省の張家口、西ソニテ(現在の内モンゴル自治区蘇尼特右旗)、多倫(現在の内モンゴル自治区多倫旗)と山西省の太原の各地に「特務機関」を設け、「対蒙、対蘇、対支諜報及兵要地誌(資源経済ヲ含ム)ノ調査、謀略実施ニ要スル資料ノ蒐集並之カ準備ヲ」するよう命令したのである。(57)

この地域の「回教徒」を利用するという発想は、「回教徒」がその宗教信仰によって本来反共的であり、(58) そして西北地域では彼らの勢力が特に強いという認識があったから生じたに違いない。事実、一九三八年五

馬鴻逵

馬歩芳

月の「防共回教徒同盟」結成大会の宣言（イスラム教徒反共同盟「宣言」）は、次のように西北の「五馬聯盟」に呼びかけている。「支那辺境西域五馬聯盟ハ南方土耳古ト相呼応シテ、反共運動ノ烽火ヲ挙ケ、将ニ蘇聯ノ対支赤色『ルート』ヲ切断シ、蔣介石容共政策ノ最後的抗日拠点ヲ収完セントス。茲ニ吾等回教徒同志ハ神国日本ヲ盟主トシ、亜細亜文明復興ノ為全世界被圧迫民族解放ノ為『イスラム』教徒反共同盟ヲ結成」すべきである、と。(59)

日本の対中「回教工作」の構想のなかに、たびたび登場する「五馬聯盟」とは、元来、西北地方を根拠地とする馬という苗字の五人の回教徒軍閥を指す言葉である。時代によって「五馬」の内実も変わっているが、一九二〇年代では甘粛省督軍の馬福祥、寧夏護軍使の馬鴻賓、甘辺寧夏鎮守使の馬麒、涼州鎮守使の馬襄廷、甘州鎮守使の馬麟がこれに相当する。一九三〇年代に入ってからの「五馬」は、寧夏省主席の馬鴻逵、青海省主席の馬歩芳、臨河地方に拠る中央新編第三十五師団長馬鴻賓、涼州を根城とする中央軍新編騎兵第五師団長馬歩青と甘粛西部で活躍する新編第三十六師団長馬仲英である。(60) また「中国回教総連合会」によれば、「中国回族の軍事方面における有力者」は西北の馬鴻逵、馬鴻賓、馬歩青、馬歩芳、馬麟と華南の桂林出身の白崇禧（中国国民革命軍副参謀総長兼軍訓部長）となる。(61)

一九三八年十二月十三日、在厚和副領事勝野敏夫が、外務大臣に「回教軍」に関する詳細な報告書を提出し、「一般ニ回教軍若クハ回教将領ト称スルモ、其ノ実体ハ各地ニ散在駐屯スル所謂旧軍閥ト大差無ク、之ヲ回教軍閥ト称スルヲ適当トシ、従ツテ真ニ全回民ノ福利増進ノ企図スルカ如キ者無ク。住民ハ常ニ搾取ノ対象（漢民族ニ対シテハ殊ニ甚シ）ニ置カレアル状態ナリ、故ニ全面的ニ住民（回民）ヨリ支持ヲ受ケツツアル将領ナキ」という前提で、馬鴻逵、馬鴻賓、馬歩芳、馬歩青、馬仲英を取り上げてそれぞれ次のように分析した。「一、馬鴻逵　典型的ノ軍閥将領ニシテ、自己ノ勢力保持ニ専念シ、住民ニ対シテハ苛酷ナル搾取ヲ長年ニ亘リテ持続シ来リ、回民、漢人ノ信望殆ンド無シ。……故ニ住民中ノ有識者並ニ部下ノ反感分子等ハ窃カニ馬鴻逵ノ排斥ヲ企図シツツアル模様ナリ。厚和方面ニ多年居住セル天主教神父等モ同人カ変転反復常無ク、信頼シ難キ人物ナルヲ述ヘ居レリ」。「二、馬鴻賓　住民ヨリ相当信望アリ（外国人側モ同様）、又部下ヨリノ信頼モ篤シ」。「三、馬歩芳　善政ヲ行ヒツツアルモノノ如ク（勿論青海ノ地理的特殊状況カ然ラシメタルモ）、回民ヲ初メ、蒙古人ヨリ篤キ信望ヲ有ス。将来西北回教徒ノ指導者トシテ唯一ノ将領タルヲ思ハシム」。馬歩青については「具体的ノ事ハ不詳」、馬仲英については「目下蘇聯ニ在リ、……行動ハ詳ナラス」となっていた。[62]

しかし、回教圏考究所編『回教圏史要』は、「五馬」の影響力について次のように断言する。「馬軍閥によって支配されてゐる支那の西北角の回教徒が、かならずしも、赤化譜による抗日の笛に耳を傾けてゐないのは、明白であらう。むしろ、彼らは馬軍閥の指揮のもとに、独自的行動を取らうとする熱意に燃えてゐるのである」。[63]

つまり、もしこれらの「回教徒軍閥」が日本側に立ち、または連携すれば、情勢が日本にとって極めて有利になる。これについて、上海総領事日高信六郎は、広田外相に次のように説明している。「青海ノ馬歩芳ヲ手馴付ケ、哈密ヨリ蘭州経由西安ニ至ル通路ヲ切断セシメ、以テ『ソ』連邦ノ漢口政府ニ対スル武器供給ノ途ヲ断ツハ、漢口政府ノ死命ヲ制シ、事変ノ解決ヲ速カナラシメル一方、本『ルート』ニ依ル赤化勢力ノ東漸ヲ阻止スルコトトナリ、極メテ時宜ニ適シタル処置」であるという。[64]

以下の日本領事館から外務省に対する連絡から、「五馬」の勧誘工作に対し、「回教」組織が積極的に協力していたことがわかる。「本反共同盟ノ五馬聯盟側ニ対スル連絡ニハ、従来包頭に在リシ高橋水之助（内蒙古軍最高軍事顧問）専ラ之ニ当リ居リタルカ、同人ハ最近盟長チョウシブンヲ奉天ヨリ包頭ニ迎ヘ、之カ促進方ニ関シ打合セヲ終ヘ、既ニ数日前ヨリ同地発寧夏方面ニ潜行セル由ニテ、当地ヨリハ其ノ後ノ状況連絡旁々、同盟幹部一名九日包頭ニ飛行セリ」[65]、「包頭ニ在ル『ムスルマン』同盟ヲ以テ工作ノ首脳本部トナシ、所要ノ準備アラカタ完了シ、先ツ五原ニ進発、同地ヨリ既ニ秘密裏ニ連絡シアル。馬鴻賓（臨河）、馬義忠、馬光祖（狭壩）ニ密使ヲ派シ、同盟幹部ハ五原附近ニ散在スル共産軍ノ間隙ヲ抜キ、臨河ニ進出」[66]。

実は、この「回教徒軍閥」たちは、以前から武器を購入することで日本の軍部と接触していた。たとえば、一九三〇年十一月に「馬鴻逵ハ在上海独商漢文洋行ヲ経テ、大倉洋行トノ間ニ日本三八式歩兵銃二千購入ノ件契約成立シ」、「将来機関銃及平、曲射兵器砲ヲモ購入シ度キ希望」も出していた。[67] 一九三六年十二月に馬歩芳、馬歩青が天津に駐屯する日本軍を通じて、「三八式歩兵銃新品一千挺、小銃弾一百万発」（馬歩芳）、「三八式歩兵銃一千挺（銃剣及付属品共）」（馬歩青）の購入を申し込み、日本軍はそれまで二人に売った兵器の使途について調査し、「額済納機関等トノ連絡ニ関シテモ成シ得レハ、彼等利用方配慮アリ」と考え、売却することに同意した。[68] また、一九三七年五月二十一日に馬歩芳は、日本の支那駐屯軍を通じて軍刀二千振を購入した。[69]

彼らが、国民政府と日本との双方に二股をかけていたことも事実である。一九三七年六月、蔣介石の厳命を受け、馬歩芳は、これまでその存在について目を瞑っていた「額済納機関」、つまり日本軍がまだ占領していない寧夏省の額済納旗に設けた特務機関の襲撃を命じ、「江崎寿夫以下」一一名の日本人特務機関員と諜報員を逮捕し、その一〇名を「十月十一日頃蘭州ニ於テ銃殺」している。[70] 残り一名の日本人は「関東軍ノ諜者大迫武夫」であり、馬歩芳軍の馬歩康第一旅団長は、大迫が自分の知己のモンゴル人であると言い張り、彼を放免したのである。その後、大迫武夫は、青海省に入って「西寧附近ニ健在シ」、情報活動を続けたという。[71]

一九三八年三月二十五日の在上海総領事日高信六郎の「新疆及青海事情並馬歩芳ノ対日態度ニ関スル件」によれば、事件の翌年、馬歩芳自らも日本側にインドのボンベイで協議する意志があることを伝え、前年の「額済納機関」襲撃と日本人諜報員の逮捕銃殺について、「支那官憲ノ奸計ト誤解ニ基クモノニテ、何等日本ニ対シ敵意ヲ有スルモノニ非ス」と説明し、日本の援助と指導の下に国民政府に反抗し、赤化勢力を駆逐するに当たる「決意アリ」、日本軍が甘粛に進軍すれば「直チニ起チテ銃口ヲ漢ロニムク」と表明し、日本の理解を得ようとしたのである。[72]

理由は不明であるが、日本の軍部と外務省関係者のなかに「馬鴻逵ハ平常ヨリ日本側ニ好感ヲ有シ居ラサル関係モアリ」と漠然と考える人間もいた。[73] 一九三八年五月十六日、「駐蒙兵団参謀長」が外務省次官と大本営参謀次長に秘密電報を送り、馬鴻逵からの希望として次のように伝えた。「回教工作（京津地方ニテ気勢ヲ揚ケアル情況）ニ関スル新聞記事アル毎ニ、回教徒首脳部ニ対シ支那側ノ警戒及圧迫逐次激烈ニナル、故新聞発表等ハ絶対ニ差控ヘラレ度、馬鴻逵ヨリ来信アリ、今後ゴ配慮アリ度」。[74] ここから、馬鴻逵は、現実には国民政府と日本の双方と良好な関係を保とうとしたことが分かる。

さらに、北支那方面軍司令部の報告によれば、馬麟は一九三八年十一月に使者を派遣し、蘭州から北京まで一カ月をかけて徒歩で移動させ、甘粛寧夏方面の「回族軍」の配置状況を北支那方面軍司令部に報告したという。(75) 馬麟は馬歩芳の叔父であり、青海省長を務めたこともあるが、一九三五年以降、権力闘争で馬歩芳に負け、当時すでに故郷の甘粛省臨夏に隠居していたはずである。もし北支那方面軍司令部が報告した内容が事実であれば、馬麟は、日本との関係を通じて権力を取り戻そうと考えていたのかもしれない。

当時の「五馬」や「回教徒」組織の動きについて、大久保幸次が所長を務める「回教圏考究所」は、「支那事変」にともない、「支那の回教徒が防共主義的大局を理解すると同時に、彼らの信仰権と生活権との擁護のため、かやうな聖戦と興亜の大業とに積極的に参加してきたのは、すこぶる自然である」と主張した。(76) しかし佐久間貞次郎などは、それ以前からこうした見方を否定しており、「世人は近時屢々西北支那回教軍の将領である五馬の一族即ち馬歩芳、馬歩青、馬麟、馬仲英、馬鴻逵等の名が、新聞紙上に喧伝されるのを目に耳にすると共に、事変以来、此方面への工作の進展をも亦著しく宣伝され、支那回教徒と連繋して為さるべき防共工作が、実行されてでも居るやうな倒錯に誤まられて居り、又た彼の京津両地に於ける回教何々会というやうなものが、全然内容空疎な有名無実にも均しい存在であるにも拘らず、その宣伝的誇張さが余りにも針小棒大を通り越し」、事実をあまりにも誇張しすぎたと戒めている。(77)

四　世界のイスラームを視野に入れた「回教政策」

佐久間貞次郎は、中国の「回教」に深く関係してきた人物である。一九二二年、大連のモスクが建てられた。そのモスクは、『『バンキール』民族代表『クルバンガリーエフ』ヲ中心トシ、之ニ附キ纏日支人ガ回教ノ大同団結ヲ企図シテ、勃興シツツアル汎『イスラミズム』ハ愈々具体化シ」たため、建設されたといわれているが、建設資金は「山岡光太郎」と「佐久間貞次」の「京阪」での募金活動を通じて集められ、その後、「満鉄本社」（南満洲鉄道株式会社）から五千元の支援を受けたという。(78)

当時ごくわずかの日本人しかイスラームに関心を持っていなかったため、「佐久間貞次」は、「佐久間貞次郎」のことと推測できる。佐久間貞次郎は、中国でイスラームに改宗したといわれ、一九二四年十月には、上海で中国語・日本語・英語の文章を掲載する雑誌『回光』を刊行し、自ら「東山」と名乗って文章を書いたという。しかし、政治に強い関心を示したため、現地のイスラーム教徒との関係が次第に悪化し、二六年に雑誌刊行をやめて上海を離れたのである。(79)

一九二二年、元外務省官僚で、当時満鉄の理事に就任したばかりの松岡洋右は、一人のイスラーム教徒を嘱託として満鉄本社の調査課に入れて「回教方面事務ヲ担任」させた。それが、つまり大連のモスク建設において中心的役割を果たしたクルバンガリーエフ（フルネームはモハメット・カブトルハイ・クルバンガリー、普通クルバンガリーと呼ばれる）である。クルバンガリーは、ロシアのバシキリア地方出身のバシキール人（民族的にはトルコ系タタール人に近い）であり、一九一七年にロシア革命が起こった際、中国の奉天（瀋陽）に亡命し、一九二二年に大連に移住した。一九二三年八月十五日の「関東庁警務局臨時報第三八〇号」によれば、クルバンガリーの満鉄調査部での仕事は、「日支人ガ回教ノ大同団結ヲ企図シテ、勃興シツツアル汎『イスラミズム』ハ愈々具体化シ、大連ニ回教寺院ヲ建設シ、之ヲ根拠トシテ在満十五万ノ回教徒ヲ結ビ、次デ支那四百万ノ教徒ヲ団結セント画策シ、之ガ為逐次支那全土ニ回教寺院ヲ作リ、以テ東西回教徒ノ往復ヲ便ニシ且連絡ヲ容易ニセシメントシ、又、光社章程ヲ起草シテ、之ヲ同意者ニ分配シ宣伝大ニ努ムル」ことだったという[80]。

「光社章程」には、「極東ニ国スル日支両国ヲ始メ、近東諸国並印度南洋ノ各民族ヲ通シ、特ニ『イスラム』教前進運動ハ相互ノ国際関係ヲ親善ニシ、国民外交ニ裨益スルカアルヲ信ス」(第八条[81])という内容があり、「回教」のパイプで日中両国を連ねるという強い思いが感じられる。バシキール人であるクルバンガリーがそのような思いの持ち主であることは想像し難く、「章程」は、満鉄上層部の思想を反映したのであろう。佐久間貞次郎が、翌年に上海で創刊した雑誌を『回光』と名付けたのも、この「光社」の影響を受けていたためかもしれない。

クルバンガリーは、一九二四年に満鉄を退職し東京に移住した。東京への移住の理由はなにか。それについては、彼の満鉄での仕事内容と、東京に移住してからの仕事ぶりを比較すれば、大体推測ができる。クルバンガリー自らの説明によれば、彼は東京に移住してから、「世界各地ヲ漂泊之命而シテ悲運ニ泣ク回教白系露人ヲ糾合相提携シ、回教徒連盟及東京回教徒団体同学校等ヲ組織創立シ、専ラ宗教並ニ民族ノ両方面ヨリ反対運動ニ終始」する[82]。つまり、東京に「回教」の中心を創ることを通じて、それを世界中のロシア出身のイスラーム教徒の憧れの地にすることであった。

クルバンガリーの東京での活動が、数多くの政治家・経済人と大陸浪人から大きな支持を受けたのも、こうした活動の性格に関係していると考えられる。その意味では、クルガンガリーの東京移住はまさに満鉄での仕事の延長線上にあるものであり、その視線の先にあるのは、「在満十五万」、「支那四百万」だけではなく、「東西」を問わず世界中の「回教徒」たちに、イスラームの信仰が尊重され、イスラーム教徒が安息できるような日本・東京のイメージを広めるという目的であった。それを直接裏付ける資料はまだ見つかっていないが、「満洲」で「回教徒」に対する動員力と組織力を披露したクルバンガリーの東京移住に、日本政府当局が大きく関与した可能性は極めて高いといえる。

一九二八年十月三日、クルバンガリーは、「東京回教徒団」を結成し、自ら日本を離れるまでその団長を務めたが、当時の会員数は六十数名であった。一九三〇年には、東京にモスクと附属小学校を建設する計画を立てて寄付金を募り、自分の名義で「赤坂区青山北町五丁目十六番地高野伊之助所有府下代々幡町代々木字富ヶ谷百六十一番地所在ノ土地百七十九坪六号六勺ヲ金六二八〇円ニテ買ヒ受ケ」、モスクの建設活動を始めた。翌年一月十三日に、この地に「回教徒学校」が先にでき、クルバンガリーは学校長を兼任した。[83]

日本におけるクルバンガリーの活動は、多くの大陸浪人、経済人と政治家の支援を受け、モスク建設用の資金も主に財界からの支援と言われた。このモスクが、現在の渋谷区大山町にある東京モスク（東京ジャーミイ）であり、一九三七年十月十九日にクルバンガリーの主催で起工式が行われて建設されたものである。その起工式には、頭山満、川島義之陸軍大将、山本英輔海軍大将、アフガニスタンとイランの公使代理をはじめ八〇人以上が出席した。[84]

一九三九年五月十二日に行なわれた東京モスクの落成式には、日本政府代表文部大臣（代理）、東京市市長（代理）、頭山満、若林半、川島義之大将、山本英輔大将、イタリア大使、アフガニスタンとエジプトの公使代理などの来賓を始め、日本国内各地及びインド・中国・「満洲」から招聘された「回教徒代表」、合計五百名以上の参列者のもと盛大に行われた。[85] 外国人来賓の招聘は、現地にある日本の大使館、領事館によって手配され、滞在費も日本政府が出していた。[86] 東京モスクの設立を機会に、日本が「回教徒」に対する「理解的寛容ノ態度」、「同情」と「厚キ保護」、「回教学校及其他文化施設」に「経済援助」を行うほどに「回教」を大切にし、「回教徒」と価値観を共有していることを、世界中の回教徒にアピールする狙いが明らかに日本政府にはあった。(87)

東京モスクのホームページには、現在も「クルバンガリー」(アブドゥルハイ・クルバン・アリ)が、一番目に取り上げられて「礼拝場の建設に」「特に指導者的な役割を果たした」と讃えている。(88) 落成式の招聘状にも、外務省の意思で「東京『モハメダン』或ハ東京『クリバンガリー』」と書かれ、主催者がクルバンガリーであると示されていた。しかし、実際の落成式に主催者として出てきたのは、クルバンガリーではなく、「イブラヒム」であった。

実は、モスクの落成式が行われる直前、クルバンガリーは警視庁によって逮捕されていた。ということは、東京モスクの盛大な落成式それ自体がそもそもクルバンガリー個人とは関係のないものであって、回教世界に対する政治的プロパガンダとして、クルバンガリーを利用した日本政府による演出であったのだ。

落成式が開かれてからまもなく、「クルバンガリー」は、「日本在留回教徒間ノ融和ヲ阻害シ、同志ト事毎ニ紛争シ、種々ナル工作ヲ廻ラシ、回教徒中ノ反対有力者ヲ国外ニ排斥スルノ状態ニシテ、本邦ノ回教対策上支障アルノミナラス、延テ治安ニモ影響ヲ及ホス虞アルトシテ、任意退去ノ形式ニテ警視庁ヨリ五月二十八日附キ以テ露国避難民身元証明書ヲ発給」して日本から追放された。(89)

日本の政府関係者によって構成された「回教委員会」は、少なくとも一九三九年五月八日以前に、クルバンガリーを逮捕して日本から追放することを考えていた。「回教委員会」が考えたクルバンガリー追放の理由は、以下の通りである。「(一) 我回教対策ニ反ス」、「(二) 彼ノ逮捕ハ大祭ノ施行並ニ対外政策ニ於テ何等ノ障害ナシ寧ロ有益ナリ」、「(三) 此ノ儘釈放セバ我回教対策ヲ根本的ニ破壊スル憂アリ」、「(四) 彼ノ国外追放ハ国際的ニ見テ大ナル障害ヲ予想サレズ」。そのため、「内務省側ニ於テ『クルバン』ノ公私生活ヲ検索シ法的根拠ノ調成ヲ急ガシムル要アリ」。また「彼ノ反日的策動ヲ確実ニ封ズル為、亡命地域ヲ上海乃至満洲タラシムル如ク指導ノ要アリ[90]」。

クルバンガリーが違反したとされる「我回教対策」とは、東京モスクの完工を目前にして、四月二十三日に開かれた「回教委員会」が決めた「当面ノ回教対策　一、在留回教徒ノ大同団結　二、邦人ヲ以テ強力ナ外郭機関ノ結成」に示されたものであった。クルバンガリー断罪の具体的な理由としては、以下の三点が取り上げられた。「(1) 彼の運動方向ハ対内的ニシテ対外地工作ヲ主目的トスル回教施策ノ根本ニ反ス」、「(2) 彼ノ不人気ハ内外回教徒ニ失シ、其ノ陰謀癖ト悪ナル行為ハ在留回教徒ヲ脅シ、漸次彼ヨリ離反スルニ至レリ。彼ヲ支援スルトハ畢竟内外地所在回教徒ノ対日接近ヲ阻止スル結果トナリ、回教政策上逆効果ヲ招来ス」、「(3) 百歩ヲ譲リテ彼ノ反省ヲ求メ、当面ノ回教対策タル大同団結ヲ企図シ、『イブラヒム』『トウビッグパシヤ』トノ握手ヲ策セルモ、彼遂ニ肯ゼズ、即チ『クルバン』ハ我回教対策施策上ノ重大ナル障害タルヲ実証セリ[91]」。

さらに、(1) に関しては次の事実が提示された。「従来某方面ノ資金ヲ得テ発行サル雑誌ハアラビヤ文字ヲ以テタタール語ニシテ、目標ヲ在留回教徒ニ置キ専ラ自己宣伝ニ終始シ、我目的タル外国回教徒ニ対スル宣伝ニ務メ非ズ」。(2) に関しては以下の (注) が付けられた。「在留回教徒約七〇〇名中、彼ノ率キル回教徒ハ五〇名内外ニ過キズ、他ハ凡テ単ニ反『クルバン』派ト云フニ止ラズ、深刻ナル反対意識ヲ有ス、土耳古大使等モ其ノ一員ナリ。彼失脚スルヤ『イブラヒム』長老ヲ中心トスル全国在留回教徒ノ大同団結全ク一日ニシテ成レル事実ニ徴スルモ、反『クルバン』意識ノ熾烈ナルヲ窺ヒ得ベシ[92]」。

疑いなく、かつて日本政府は彼の動員力と組織力を見込み、彼の活躍を強く期待して大きな支援を与えていた。実際彼は、日本の支援によって一時確かにカリスマ的な存在となった。しかし、日本政府が期待したのは、けっして彼個人がカリスマ的な存在になることではなく、また彼が日本国内の「在留回教徒」社会をまとめることでもなかった。日本政府による回教政策の射程にあるのは、日本と「回教」との価値観の一致、利害の一致を宣伝し、以て世界中の回教社会を懐柔し、日本の国際戦略に同情ないし支援させることであった。しかしクルバンガリーはこの期待に応えることができなかったわけである。さらにその個人的な欠点によって日本国内の「在留回教徒」社会における求心力さえ失ってしまった。

クルバンガリーの個人的な欠点によって、当時の日本のロシア出身のタタール人社会はクルバンガリー派とイスハキ派に分裂し、熾烈な内部抗争が起こった。紙幅の制限のため、この内部抗争の起因、プロセス、内容については別稿に譲るが、しかしクルバンガリーが最終的に求心力を失った理由として、日本当局が彼に見切りを付け、代わりに新しい代表者を探したことも大きく関係している。クルバンガリーの逮捕追放は日本の対外関係に何らの障害も生じさせないと、「回教委員会」が断言し得たのは、実は事前に複数の工作が行われたためであった。クルバンガリーが率いてきた「東京回教徒団」を解散させ、「イブラヒム」を団長とする新しい「東京回教徒団」と「イブラヒム」を会長とする「在留回教徒連盟」が、八日、つまりこの文書が出された同じ日の午後三時に結成された。さらにクルバンガリーを支援してきた「頭山、小笠原、瀬下、川島、松井、松島肇、小川及南郷諸氏」にすでに「認識ヲ改メ」てもらうための工作も行われた。「従来『クルバン』ニ依食シ居レル実川時次郎ハ飽ク迄『クルバン』支持ノ態度ヲ棄テズ」、彼が「重臣方面ニ策動シアル」ことを警戒しなければならないことも強調された。かつて日本当局、多くの政治家、高級将校、経済人、大陸浪人の「寵愛」を集めていたクルバンガリーは、用済みとなり、日本政府から完全に切り捨てられたのである。

　クルバンガリーは、妻子を日本に残し、一九三九年六月十四日に、一五年間居住した東京を離れて大連に向かった。「満洲」に来てからも、クルバンガリーは、関東軍憲兵隊司令部警務部によって厳しく監視され、「其後ノ行動概要」、「東京トノ連絡状況」、「主ナル言動概要」などに分けられて逐一報告された[93]。さらに満洲国保安局もクルバンガリーを尾行し、「来満及赴大連状況」、「来満動静」、「安東・奉天間ニ於ケル列車中ノ言動」、「在奉及在撫動静」、「礼拝堂設立ノ経緯」、「イスハキ派ノ宣伝ニ対スル反駁及自己弁明」、「来満目的ト爾後行動ニ就テ」、「満洲伊斯蘭協会ト『ク』」などの項目に分かれた報告書が、後に日本の「満洲国駐在大使館」に提出されている。この報告書の内容から、クルバンガリーが「満洲」において自己弁明をしたが、日本に対する不満を一切口にしなかったことが分かる。にもかかわらず、「防諜諜報上ノ容疑ノ点認メラレサリシモ、個人的ニ在満タタール人間ニ相当潜勢力ヲ有スルト共ニ、満人回教徒ニモ触手ヲ延ハサントスル傾向窺知サルルヲ以テ、本名及同人関係者茲ニ団体ノ動向ハ厳重査察ノ要アルヲ認ム」とされていた[94]。「彼〔クルバンガリー〕ニ就イテ種々ナ噂モアリマスガ、我国ニ於テ最近十五年間ニ於ケル彼ノ回教及回教問題ヲ普及セシメタ功績ハ少クトモ認メテヤラナケレバナラヌト思ヒマス[95]」と主張する外務省関係者もいたが、彼に対する唯一のご褒美は、日本を離れる直前、まだ正式に設立されていない「大日本回教協会」の名で贈られた一万円の「餞別」だけだった[96]。その後、妻子と別れたままのクルバンガリーは、日本に一度も戻ることはなかった。

　結末から言えば、クルバンガリー派とイスハキ派の指導者は、ともに日本当局によって首を切られたのである。

一九三六年二月に、勢力の拡大を狙って日本から中国に渡航したイスハキ派の指導者アヤズ・イスハキは、「満洲」の奉天に滞在した際、旅券（東京トルコ大使館が発給）に「発給地点、日付、署名等重要事項七箇所ニ亘リ抹消改竄ノ跡明ラカニシテ」あることが見つかり、[97]結局日本に戻ることが出来なくなった。おそらく、それから、イスハキは、東北地域に滞在するようになり、一九三七年七月には、奉天にて『ミツリ・バイラク』というタタール語の新聞週刊誌を創刊したという。[98]

五　曖昧になった学術研究と国策研究の境

「満洲」においても監視されたもうひとつの理由は、クルバンガリーが「満洲」の「回教」に対してなお一定の影響力を持っていたことにあった。かつて一九三二年に、つまり「満洲国」が樹立した年の十一月に、「在日本回教徒連盟会長、東京回教徒団体長、東京回教学校校長」であるクルバンガリーは一度「満洲」に渡り、「在満二百万ノ回教徒代表者ト共ニ、将来ノ方針ニ関シ協議」した。[99]当時、「満洲」の各地に居住するロシア出身のタタール人は約一万五千人いるともいわれ、大半はハルビンとカイラルに居住していた。日本の勢力範囲である「満洲」に居住するロシア出身のタタール人にとって、大日本帝国の首都の「東京回教徒団長」であるクルバンガリーが大きな権威をもつのも、当然のなりゆきである。その後、「満洲」のロシア出身のタタール人社会も、クルバンガリー派とイスハキ派に分かれ、両派にそれぞれ日本人が赴いて、両者の団結を呼びかけたにもかかわらず、和解会議でも殴打事件が起こり、対立がずっと続いた。[100]

両派が対立する背景には、それぞれを支援する日本人勢力の存在があった。クルバンガリー派を支援するのは、政教社の実川時次郎などであり、イスハキ派を支援しているのは駒沢大学教授（後に回教圏研究所所長）大久保幸次と小島高踏などであった。[101] 一九三四年二月十一日に、イスハキ派は「イーデル・ウラル・トルコ・タタール文化協会」の創立と役員選挙の会議を開いた。そこで、クルバンガリーは、腹心及び七、八名のロシア人・日本人を連れて会議を妨害し、イスハキ及び彼らの大きな信頼を受けて指導役を任された大久保幸次（当時は駒沢大学教授）を殴打した。[102] 神戸の「回教」社会は、イスハキ派支持に完全に傾き、一九三五年十月、「日本における最初のモスク」として世界のイスラーム世界で広く報道された神戸モスクの落成式は、一九三五一月三十日に行われた神戸モスクの定礎式には、大久保幸次が主賓として出席して祝辞を送った。[103] 一九三四年十月、「日本における最初のモスク」として世界のイスラーム世界で広く報道された[104]神戸モスクの落成式は、神戸市長を始め六百名の参列者を集めて盛大に行われ、大久保幸次からの祝電が読まれたという。[105]

一九三八年三月、大久保幸次は、徳川家正の資金援助を受けて回教圏考究所（後に回教圏研究所と改称）を設立し、そして最後まで所長を務めた。一九三八年五月に考究所は善隣協会傘下に入り、一九三八年七月から機関誌として月刊『回教圏』を発刊し、外務省からの補助金を受けて一九四四年十二月号まで刊行した。[106]『回教圏』は最初の発行部数は、千部であったが、一九四二年末頃から外務省の求めで二千部へと増刷された。[107]

戦時中に発足したもう一つの「回教」研究機関は、「大日本回教協会」の調査部であった。「大日本回教協会」は、「回教対策ノ調査及実行ニ当ルベキ単一機関トシテ」設立された。[108] その設立時期については、一九三八年八月、九月、十月など諸説があるが、「協会理事葛生能久」が提出した「大日本回教協会創立費会計報告書」によれば、六月から人件費、事務所借用費などがすでに発生していたことがわかる。人件費の中、前記の「若林半」が八月に三百円、九月に一五〇円という高給を貰い、クルバンガリーに代わって「東京回教団長」となった「イブラヒム」が月に二〇円から三〇円の車代を貰い、「黒龍会事務員心付（五人）」として、六月に四五円、七月に二三円、八月に二三円、九月に四五円と記録されている。[109] 協会の常務理事役を務める葛生能久は、実は「黒龍会」の指導者であった。協会の運営費は募金以外、基本的に外務省からの全額支出であり、十月に協会は、外務省に総計一千万の十年予算計画書を出し、[110] 翌年からは、毎年四半期分毎に外務省から補助金を受け取っていた。[111]

協会は最初から、総務部、事業部と調査部の三部門構成となっており、以上のような運営体系と予算関係を見てもわかるように、「回教ニ関スル調査ノ研究（宗教）」と「回教圏各地方ノ事情（民族、言語、政治、経済、産業、文化等）ノ調査研究（情勢）」が主要任務とされた「調査部」[112] も、所詮国策機関に過ぎなかった。他方で、「回教及猶太問題委員会」は、一九三八年八月に提出した「回教対策樹立ニ関スル件」のなかで、「大日本回教協会ヲ民間最高ノ回教調査機関タラシメ、之ヲ支援指導シテ、主トシテ文化的方面ノ各般ノ対回教徒施策ヲ実行セシム」と位置づけた。[113]

大日本回教協会によるもっとも大きな仕事は、一九三九年十一月に東京で「回教圏展覧会」を主催したことであろう。そして、この機に「世界回教徒第一次大会」も開かれた。この大会において、「回教徒大会ハ年々之ヲ開クコト」と「第二次大会ハ東京ニ於テ之ヲ開クコト」が決議された。しかし、翌年四月になると、出席者がないことと関係諸国の非難を危惧して開催を取りやめた。[114]

回教圏研究所、大日本回教協会など民間の回教関係機関の背後には、外務省と陸軍省、海軍省関係者によって構成された「回教研究会」（「三省回教研究会」「三省回教問題研究会」とも呼ばれる）と「回教及猶太問題委員会」（「回教委員会」とも呼ばれる）があったが、いずれも中国の「回教」を視野に入れていた。

一九三七年十二月六日に外務省調査部で、外務関係者一一名、陸軍省関係者四名、海軍省関係者三名が出

席した「回教研究会」の初会議が開催された。外務省欧亜局第一課の嘱託である今岡は、イスラームの歴史と世界、中国と日本の「回教」の現状について長い報告をした。その後、研究会は例会化され、多いときは月に二回も開催された[115]。

今岡報告は、「日支事変ノ進展ト共ニ、今後我邦ガ北支ヨリ内蒙へ、更ニ新疆へ、更ニ中央亜細亜へト大陸政策ヲ実践スル為メニ」、「回教」を理解する重要性を強調し、新疆の重要性について多くの紙幅を割いて熱弁している[116]。

「私ハ新疆コソ大亜細亜ノ心臓ダト思フノデアリス。故ニアル人ハ云フ、『新疆ヲ支配スル者ハ亜細亜ヲ支配スル』ト」。「日本ハ亜細亜ノ盟主ト云ハレテ居ル。日本ガ真ニ亜細亜ノ盟主、亜細亜ノ指導者トナル為ニハドウシテモ亜細亜ノ死命ヲ制スル大亜細亜ノ中心地、亜細亜ノ心臓ヲ一日モ早ク把握シナケレバナラヌ」。この地域を確保すれば、「支那ヲ背後ヨリ牽制シ、ソ連ノ弱点東部シベリア及中央亜細亜等ノ横腹ヲ突ク為ニ、又大英帝国ノ心臓印度ノ背後ヲ牽制シ、英印防衛ノ最後ノ金城湯池ト頼ムシンガポール軍港ノ防御力ヲバラリーゼスルコトガ出来テ、」「一矢ヨク三鳥（英、露、支）ヲ射ルコトノ出来ル極メテ効果的ナ目標デアリマス」[117]。その目的は、「外務当局主催ノ下ニ回教及猶太問題委員会ヲ設ケ、本問題ノ根本対策ヲ検討スルト共ニ、常時外、陸、海三省及各出先機関ノ間ニ連絡ヲ保チ、統一的方針ノ下ニ回教及猶太教関係諸問題ヲ処理スル事」であった[118]。そして、「回教及猶太教問題委員会」の幹事として、外務省の東亜局長・欧亜局長・亜米利加局長・調査部長、陸軍省軍務部長、参謀本部第二部長、海軍省軍務部長、軍令部第三部長など、外交と軍事に直接係る重要な役職が指定された[119]。

一九三八年八月に回教及猶太教問題委員会は、内閣総理大臣及び各大臣宛に「回教対策樹立ニ関スル件」

を提出し、「帝国カ回教対策ノ根本方針ハ回教徒ニ対スル最モ強力ナル同情者タルノ地位ヲ獲得シ、之ヲ対外経綸特ニ対英、対蘇、対支国策ノ遂行ニ資セシムルニ在リ」と提案し、そして、「回教徒ノ分布状態、人口数並其ノ特性ハ、帝国ノ対外経綸上大ニ重視スヘキ処、現ニ支那辺境ノ処理等ニ関シ本問題ニ当面シアリ之カ根本対策ノ確立ハ焦眉ノ急務ナリ」とその重要性を指摘しており、これはあからさまなまでに日中戦争に主眼を置く発想であった。(120)

おわりに

「回教ニ対シテ差別待遇ヲ為ス誤解」を防ぎ、「回教工作」に支障が出ないように、一九三九年三月には、「宗教団体法」の第一条を「宗教団体トシテ、神道、回教、仏教及基督教」と明記するように改正するというような動きもあったが、却ってほかの宗教への差別と受けとられる危惧から、運動は下火になった。(121) いずれにせよ、「回教」を国策、そして日中戦争の勝利に利用するために、日本がさまざまな手を打ったことは確かである。

しかし、戦争の遂行という目的に照らして、「回教工作」も常に近道を見つけようとしている。大政翼賛会が、一九四三年四月に東条英機首相に提出した「回教徒対策に関する調査報告書」では、次のように指摘されている。「従来我国に於て、回教工作を目的とする諸種の国際社交団体、宣伝機関の活動ありしも、其の対外宣伝は海外回教徒大衆を振興的感情の根底より感銘せしめしものにあらず。単に一部為政者との交歓をなしたるに止まり、却って多くの回教徒は疑似信仰団体の名称を誤認し、後に至り其の信仰団体ならざるを知りて失望せる実例あり」[122]。「五馬連盟」との連携構想などは、まさにその典型であろう。

一九三八年七月、前特命全権公使、笠間杲雄は、日本外交協会第二百六十六回例会において「時局と回教」の題で講演を行い、日本の駐トルコ、ペルシャ、アラビア、エジプト各大使館に勤務した自身の体験に基づいて、当時の日本に起こったイスラーム・ブームを非難し、「回教工作」の裏にある、日本人が自分こそイスラームの救世主であるという考え方を、次のように厳しく糾弾した。

支那の回教徒だけではなく、世界中の回教徒が日本人を頼りにして、何かの助力を得たくは思つて居りますけれども、さういふ民族が東を仰いで日本のお陰で民族の独立も回復ができるといふやうな考へをもつて居ることはないのです。日本は東洋の盟主と云ひ、自分で盟主になる心算で居りますが、必ずしも向ふでは盟主になつて欲しいとは云はない。その点は非常にハッキリ認識して置かないと飛んでもないことになる。これは今日まで日本人の怠慢のお陰です。[123]

中国の「回教」に長く係ってきた佐久間貞次郎が心配したのも、「回教」を戦争に利用することによって、却って中国の「回教徒」に被害をもたらすことであった。

日本の所謂大陸政策というものは、あくまで文化的に、人道主義的に基礎づけられてゆかなければならない。即ち彼の十九世紀的覇道に終始するやうな、政治主義であつてはならないのである。……日支事変の如きは端的に支那の誤解と錯覚から、斯した恐日感に因る排日抗日の結果であり、思想的傾向から模擬的コミュニズムと模擬的ファシズムとの対立である。そして此支那大陸にも三千余万の回教徒が、被圧迫の存在として気息奄々たる残骸を横へて居るのである。(124)

中国人が事変を誤解したかどうかは別にして、外に対して「蒙古民族の解放」を唱えながらも、ひそかに内モンゴルの独立を阻む方針を出しているように、(125) 戦争期の日本が、中国「回教」に払った「関心」の目的も「回教徒の解放」ではなく、「戦争」利用に収斂していることは否定できない。このような日本の回教政策は、当然中国の「回教徒」からの不信を買った。その一例に過ぎないが、たとえば、「在北京シゲカワ機関」によって盛んに活躍しているように喧伝された「中国回教総連合会」も、冷静な外交官の目には「門前雀羅ノ回教聯合委員会」にしか映らなかった。(126)

日本を中心にする「回教圏」作りは、中国侵略を意識して中国の「回教」、つまりイスラーム社会を最初のターゲットとするものであった。しかし、結局のところ、日本を中心とした「回教圏」作りは成功しなかった。言うまでもなく、その理由は「回教圏」作りの背後に大陸進出という侵略目的が隠されていることであった。ところが、こうした中国をターゲットとする日本の「回教工作」は、むしろ漢人を中心とする中国政府と政治家を刺激し、彼らにさらなる民族国家作りの正統性の根拠を提供し、「中華民族国家」作りの意識をさらに強化するという結果を招いたのである。

第六章　歴史の「記憶」と「忘却」——高碕達之助とＬＴ貿易の時代

二〇一〇年は、日中友好協会設立六十周年の年であった。筆者は三月二十二日、大阪府高槻市日中友好協会に招かれ、市の都市交流協会、観光協会、商工会議所と共同主催された報告会「高碕達之助を語る――日中友好の先駆者、その人と業績」にパネリストとして出席し、約二八〇名の高槻市民と関係者を前に「中国人の見た高碕達之助」について報告を行った。高碕達之助の出身地である高槻市の日中友好協会は、この節目の年を意識して報告会を企画したに違いない。しかし、この報告会に駆け付けた大勢の高槻市民は、地元の偉人高碕達之助に対する素朴な感情以外に、政治家であった高碕達之助が活躍した時代の日中関係はいかなるものだったのか、高碕達之助がなぜ中国の国民から多くの尊敬を集めたのか、そしてその時代に高碕達之助らの先駆者たちによって築かれた日中友好の精神は今日に継承されているのかなど、さまざまな角度から高碕達之助とその時代に対して深い関心をもっていることが強く感じられた。

現実の社会に直面する際にも、歴史の「記憶」は大切である。これは、おそらく人類社会にとって共通の認識であろう。しかし、今日において高碕達之助の偉業を正確に理解しようとすれば、歴史の「記憶」というテーマが一層重要になる。つまり、高碕達之助を語るに当たり、歴史の「記憶」が二重、三重に交わって出てくることになる。それは、高碕達之助の生きていた時代の日中関係の歴史に対する日中両国民の「記憶」、語り部としてのわれわれが偉人高碕達之助の事業に学び、そこから感銘を得るという歴史に対する「記憶」、そして語られた対象である高碕達之助と彼の同時代の偉人たちをして「老軀を鞭打って余生を日中国交回復に捧げたい」と決意させた背景にある彼らの歴史に対する「記憶」である。歴史に対する「記憶」が時に交錯し、人を錯覚させる事例がいくつもあるが、過去から真の教訓を得るために、過去の人々がどう行動したかを「記憶」する以上に、過去の人々が歴史に対するいかなる「記憶」に基づいてこのような行動を起こしたかを究明し理解することは、より重要だと思われる。

一　高碕達之助訪中と「岡崎構想」・「松村ペーパー」

「中国問題は日本にとり歴史的、地理的つながりがあり、重要である。国交正常化の気持ちをもっても不思議ではない」。これは池田勇人首相が一九六二年十一月五日に西ドイツを訪問した際のアデナウアー首相との会談における発言とされる。日本国民の歴史記憶を踏まえた池田首相のこの発言は、まさに当時の多くの日本国民の気持ちを代弁するものであった。しかし、それまでの日中関係はけっして良好とは言えなかった。国交正常化への展望がまったく開かれず、一九五八年五月の「長崎国旗事件」以降、両国間の一般の民間往来もほぼ止まり、民間貿易もなかなか事件以前の水準に回復できずにいた。この時期は、戦後日中関係のもっとも困難な時期ともいえよう。

「長崎国旗事件」とは、五月二日に長崎市の百貨店で開催された「中国の切手と切り紙工芸品展覧会」(日中友好協会が主催)の会場で、ある男が中国の国旗を引きずり下ろして土足にかけた事件である。しかし、結局犯人は「器物損壊」に過ぎないという日本の司法当局の判断によって釈放された。これについて、中国政府が憤慨し、「両国間の平等互恵の貿易を進める条件は破壊された」として、日中貿易を全面的に中止した。

長崎国旗事件の背景には、それまでの岸信介政権の一連の反中国的な政策があった。本来、一九五七年末の石橋湛山内閣の樹立によって、日中関係の前進が大きく期待され、石橋政権の「日中貿易拡大方針」の下、経済企画庁長官によって五七年に日中貿易に対して「輸出が一億二千万ドルに達する」との見通しまで発表されていた。しかし短命に終わった石橋政権の後、誕生した岸政権はアメリカとの関係を重視したため、日中貿易に対して消極的であり、アメリカの「中国封じ込め」政策に追随し、中国敵視の政策を選択したという印象を世間に与えた。まさにこのような情勢のなかで、長崎国旗事件が起ったのである(1)。

一九五八年七月七日に中国政府は『人民日報』社説を通じて、日中関係正常化の前提として、中国を敵視しない、二つの中国をつくる陰謀に加わらない、国交正常化を妨げない、という「政治三原則」を提示した(2)。しかし、岸内閣が六〇年七月に日米安全保障新条約の調印と批准を巡る国会と社会の混乱の中で退陣に追い込まれると、中国政府は八月に、すべての協定は今後双方の政府が締結してはじめて保証が得られる、しかし協定がなくても条件が整えば民間契約を結ぶことができる、そして両国貿易が中断される時期においても日本の中小企業に対して個別的な配慮もできるという「貿易三原則」を提示し、「政経不可分」の原則に沿って民間契約による日中貿易の「友好取引」の道を開いたわけである。

その結果一九六一年には、「友好取引」によって日中貿易が前年に比べ大きく発展した。中国から日本への輸出は主に石炭、大豆、米、塩、油脂種子、カシミヤ、桐油などの農産物と資源材料であり、日本から中国への輸出は主に紡績機械、化学薬品、化学肥料、人造絹糸、鋼材、機械類であった。この内訳からも察知できるように、日中貿易は当時の両国にとって実に必要なものだったことが分かる。つまり、中国は一九五八年以来の大躍進政策をはじめとする社会と経済政策の失敗と、「中ソ論争」を契機とする、経済建設へのソ連の協力の停止による打撃を乗り越えて国民経済を立て直すために、必要な物資を日本から輸入している。他方、アメリカがその国際収支の悪化と金流出を背景にドル防衛政策をとっていたため、国民所得倍増計画を打ち出した池田政権にとっても中国市場を始めとした安定市場の拡大を考えざるをえなくなった(3)。しかし、

日中貿易額[4]（1949–63年）

	貿易総額	輸入	輸出	（単位万ドル）
1949年	2490.0	2175.6	314.4	
1950年	5926.8	3963.6	1963.2	
1951年	2740.0	2160.8	583.2	
1952年	1551.5	1491.6	59.9	
1953年	3423.9	2970.0	75.7	
1954年	6075.9	4076.9	333.7	
1955年	10898.7	8075.5	2823.2	
1956年	15098.6	8364.7	6733.9	
1957年	14096.7	8048.2	6048.5	輸入は香港経由を含む
1958年	10590.6	5479.3	5111.3	輸入は香港経由を含む
1959年	2243.2	1878.6	364.6	輸入は香港経由を含む
1960年	2345.5	2072.9	272.6	輸入は香港経由を含む
1961年	4758.8	3088.5	1667.3	
1962年	8447.7	4602.0	3845.7	
1963年	13699.8	7456.9	6242.9	

政府による保証のない、主に小規模で、しかも短期的な取引による「友好貿易」では、もはやこの要求に応えられなくなっていた。

一九六〇年七月に首相に就任した池田勇人は、政権の基盤を固めてから日中貿易に関して「前向き」の姿勢を示し、一九六二年五月の記者会見で、「中国向け輸出の延払条件は西欧諸国並みにやりたい」とも語った。こうした池田政権の対中政策を背景に、日中両国間に友好的な関係を構築すべきと考える勢力が積極的に動き出した。当然ながら、そのなかでとくに注目すべきは政権与党である自民党内の動きであるが、ここ数年の情報公開によってその本来の姿が判明してきた。

これらの機密解除された外務省文書のなかには、自民党衆議院議員、通商産業大臣・初代経済企画庁長官などを歴任した高碕達之助が一九六〇年十月に十数名の産業界代表を連れて中国を訪問し、十二日に周恩来首相との間に日中貿易問題などについて直接会談した記録である「周・高碕会談記録」、全日空社長を務める岡崎嘉平太が一九六二年六月に政府に提出した「岡崎構想」、外務省アジア局中国課が同八月六日に作成した「岡崎構想とその問題点」、自民党衆議院議員、厚生大臣、農林大臣、文部大臣を歴任した松村謙三が同九月に池田政権に提出した「松村ペーパー」(「話し合いの条件」と「要領」の二つの文書によって構成される)及び一九五五年四月二十二日に高碕達之助がバンドン会議に出席する日本代表団長として中国の周恩来首相と会談した記録「高碕・周会談録」が含まれている。これらの文書を通じて、当時の「日本の保守党」の中、「進んで米国を説得して、中ソ関係を改善せんとするグループ」(周恩来総理に対する高碕達之助の説明)があり、このグループの考えと動きを詳しく読み取ることができる。(5)

一九六〇年十月十日に高碕達之助は日本の経済人たちを率いて北京に入り、十一日の歓迎宴会に続き、翌日の十二日に周恩来首相との会談を行った。「周・高碕会談記録」によれば、この会談は、周恩来総理の執務室兼住宅である中南海西華庁で、高碕達之助は通訳だけを連れて周恩来も通訳と秘書だけを入れて、二人がほぼ一対一で、一〇時三〇分から一四時三〇分まで四時間にわたって行われた。会談で高碕達之助は自分の中国認識、歴史認識、日本国民の歴史認識、日本国内の政治情勢などに言及し、「現在の池田勇人は吉田〔茂〕氏と深い関係にありますが、同時に、松村謙三氏が参謀になっております。私の考えとしては、極力、池田氏を説得して、池田・松村の協力体制を強化させせようと考えております」と説明した上で、両国の貿易関係を発展させることについて次のように述べた。

今回は私と志を同じくする十名あまりの日本産業界の代表とともに貴国を訪れた次第でありますが、

これは一つには貴国の産業の躍進の実状をよく見せていただくとともに、バンドン会議の精神に基づき、双方の技術者同士が意見を交換して両国の産業の発展に寄与し合うという趣旨から出たものであります。同時に私は今回訪中いたしました機会に、ぜひ閣下に御考慮願いたいことは、両国の関係を改善する一つの方法として、両国間の貿易はぜひ政府が保証し合って、大きく発展できるように努力したいと考えますので、来春わが国の政局が安定した後にでも、廖承志先生を頭とした貴国の貿易関係の責任者が日本を訪問され、わが国のこの方面の責任者と十分意見の交換を行い、両国政府が両国貿易の発展に協力するようもって行きたいと思います。もとより具体的方法時期等については日本側としても十分な準備を致すようにいたしますから、閣下においてもぜひこれが実現のため御考慮願いたいと思います。

「長崎国旗事件」以降、中国政府に両国関係の回復と発展のロードマップを具体的に示した日本政治家の発言は、おそらくこれが最初であった。高碕達之助は、この会談に臨むにあたり、日中貿易関係回復について日本の関係者や関係機関との検討と折衝をすでに重ねていたのであり、このロードマップもそこで得た結果だった。

日中の経済貿易関係を早急に回復すべきという考えは、日中関係を大切にする自民党内や政権に近いグループの共通認識であった。「岡崎構想」は、「従来の硬着した局面を打開」し、「日中貿易を今後漸次正常な軌道にのせ、且増進をはかるため」、「テストケース」として次のことを提案した。日本側の輸出企業は一つのグループを作り、国際価格で「中国側が最も希望する硫安等肥料、農薬（場合によっては鉄鋼も）を輸出し、その見返りに大豆、水銀、製鉄用石炭、鉄鉱石、漢薬など中国側の出し易い物を輸入する」。そして、「輸

高碕達之助を団長として訪中した経済使節団
（1962 年 10 月。「2005 感知中国」ウェブサイトより）

入は二年乃至三年の延払とする」、「日本側輸出者に対して日本輸出入銀行で金融する」、「延払として輸入する物資はこのグループが国内で販売して輸出代金又は輸出入銀行への決済に充てる」といったことまで提案したのである。

「岡崎構想」はまた「此方式による取極を日本側グループ代表者と中国側公司との間に文書を以て契約し、日本側は松村謙三氏を契約の立会保証人とする」と具体的なことを提案している。しかし、外務省アジア局中国課は「構想」には問題点がいくつもあると指摘し、自民党衆議院議員、厚生大臣、農林大臣、文部大臣を歴任した松村謙三らによる「国際上の問題は暫く別とし、この相互信頼の下に先ず経済、文化の交流を正常化すべきである」（「松村ペーパー」の「話し合いの条件」）という戦略的な知見に理解を示さなかった。

九月四日に松村謙三と高碕達之助が中国の周恩来首相からの招待状を受け取り、相談の上、松村謙三が第一陣として先に行き、高碕達之助が第二陣として企業家たちを率いていくことを決め、そして政府に「松村ペーパー」を提出し、「経済の正常化にはその物資の重要なる者には特に延取引及びバーターの制を認むべし、例えば日本は鉄鉱、石炭資源その他の重要物資を輸入し、これに対して化学肥料、農薬その他必要物資を輸出し、又一部の延取引を行うこととする」ことについての承認を求めた。[6]

「松村ペーパー」によって池田首相に日中貿易のガイドラインを示し、松村謙三はそれを通じて今度の会談が池田首相の了承を得た上で行った印象を社会に示したかったが、一九六二年九月十九日の中国訪問によって、「政治三原則」と「貿易三原則」の堅持と、政治と経済の不可分性を中国政府が強調しながらも、周恩来首相と松村謙三は、両国関係の正常化を視野に貿易の再開と発展について合意を得た。「周総理と松村氏の間で了解された基盤の上にレールを敷く」という目的で、十月二十八日に高碕達之助は経済使節団団長として四十数名の経済人やマスコミ関係者を率いて北京にわたり、十一月九日に中国アジア・アフリカ連帯委員会主席廖承志との間で「日中間の長期総合貿易に関する覚書」が調印された。

この覚書は、「平等互恵」および「両国の民間貿易をさらに発展させる」ことを前提に、一九六三年から六七年までを第一次五カ年として年平均輸出入総額三六〇〇万英ポンド（約一万ドル）の取引をすること（日本側が主に鋼材・農薬・農業機械・化学肥料・プラントなど、中国側が主に大豆・トウモロコシ・雑豆・石炭・鉄鉱石・塩・錫など）を決め、さらに日本からの輸出の一部については延払を認めることが盛り込まれたのである。延払はこれまでの日中間貿易になかったことであり、経済政策の失敗によって大きな打撃を受けた中国にとって、国民経済を立て直す上で実に大きな助けとなった。(7)

「覚書」の調印によって、一九五八年の長崎国旗事件によって中断された日中全面貿易が四年半ぶりに復活した。廖承志と高碕達之助のイニシャルをとって呼ばれるこの「LT貿易」は、日本の産業界の日中貿易に対する関心を高め、「友好貿易」における品目の拡大と契約期間の長期化も促したが、より大きな意義として、「友好貿易」の性格と異なり、「LT貿易」は事実上「半官半民」の性格をもち、より大規模な交易ができるようになり、日中貿易が新たな段階に突入したため、日中関係も新たな時代に突入し、国交正常化までの大きな一歩を意味したのである。

二　高碕達之助に対する中国人の「記憶」

高碕達之助の日中友好事業についての業績を伝えるため、日中国交が回復されてから早い段階に、中日両国政府の支援で創られた北京外国語大学の日本研究センターに「高碕達之助文庫」が設立され、中国社会において、「高碕達之助」とはまるで「日中友好」の代名詞のようになった。

二〇〇八年二月二十一日と二〇一〇年三月十二日、日中関係に関する中国政府の実質的な最高責任者であった唐家璇は、二回にわたって日本国民に対して「われわれは田中角栄先生、大平正芳先生、高碕達之助先生、松村謙三先生、宇都宮徳馬先生、藤山愛一郎先生と伊東正義先生など中日友好の井戸を掘った先輩政治家、稲山嘉寛先生、岡崎嘉平太先生、木村一三先生など中日友好と両国の経済貿易関係を促進するために一生の心血を捧げた経済界の先輩を深く慕う」、「私たちは中日関係に対して歴史的貢献をした田中角栄先生、大平正芳先生、高碕達之助先生、松村謙三先生、宇都宮徳馬先生と伊東正義先生、中日経済貿易関係の新しいページを切り開いた土光敏夫先生、稲山嘉寛先生、岡崎嘉平太先生などを決して忘れることができない」と述べた。

中国政府の高碕達之助についての「記憶」の最も重要な部分は、当然彼が人生の最後まで尽力した「ＬＴ貿易」にまつわるものであった。しかし、「ＬＴ貿易」の意義は決して経済的なものだけではなかった。二〇〇九年に「ＬＴ貿易」に関する中国外務省の公文書が機密解除され、当時中日友好協会の理事を務め、中日外交の第一線で活躍していた元外交官である王効賢は、「覚書の調印に伴って中日関係が新しい時代に入り、われわれは民を以て官を促す目的を達成させた」、「この時点から両国の関係が半官半民の段階に入り、国交正常化のための基礎を作った」と述べた。日中国交正常化を終生の悲願として、北京で「老軀を鞭打って余生を日中国交回復に捧げたい」と繰り返した高碕達之助の姿は、日中関係に関心を持つ中国人の心に深く焼き付いたのである。

一九六二年十一月の高碕達之助との会談について、中国政府側は周恩来首相が自ら陣頭に立って貿易交渉に当たるほどこれを重視し、また陳毅副総理兼外交部長が自ら「われわれは日本がいますぐ蔣介石との関係を断絶することの困難を知っている。だからまず経済文化の交流を認め政治家の往来、記者の交流を歓迎している」と発言するほど柔軟性を示した。その背景には、当然、国内経済建設のために日中貿易の拡大を望んでいるという事情があったが、更に重要なのは、高碕達之助らの日本国内における一連の政治活動によって、「LT貿易」が国交正常化への大きな布石になりうると受け止められたことであった。

周恩来首相は一九六二年十一月九日夜の送別宴会で挨拶し、「高碕達之助先生の訪問は経済貿易の発展ばかりでなく、両国の関係改善に対しても有益な事をした」と高く評価した。[8]「陳毅副総理は同夜の高碕氏同行記者団との会見で、『この取り決めは一応形は民間協定だが、純粋に民間協定とも政府間協定ともいえない。なぜなら中国側は政府責任者が話し合いにあたり、日本側も高碕氏らは自民党の有力者だし業界代表も政府と密接な関係のある人たちだからだ。このように政治と経済は密接に結びついている』と評価している。高碕氏もまた同じ離別会あいさつで、『この取り決めは単に経済的問題ではなく、日中両国の国交を回復する第一のきずなとなるものである』と言い切っているのである」。[9] また、一九六四年四月二十三日に周恩来首相は関西経済代表団との会談において「LT貿易」の性格について自ら次のように定義した。「高碕先生にしろ、現在の岡崎先生にしろ、みな自由民主党内の方である。そのため、彼らが日本政府と関係しないと言えないであろう。廖承志先生も共産党員であり、私と関係しないといえないであろう。そのため、実質的に半官半民である」(10)。

池田勇人首相が一九六二年十一月五日に西ドイツでアデナウアー首相に前記の発言をしたとき、高碕達之助はすでに北京にいた。この事実は、池田首相が高碕達之助の訪中を側面から援護しているようにも受けとれるが、「しかし池田首相および政府自民党の大勢ははたして日中関係の基本認識で松村、高碕氏と完全に一致しているだろうか。それはかなり疑問だ」とも見られていた(11)。

松村謙三と高碕達之助、そして岡崎嘉平太の狙いは、政府の同意を取り付け、これまでの民間貿易の限界を突破し、政府による保証と支援を受けた日中貿易を成立させ、日中関係を前進させることにあった。しかし彼らの考えに対し、さまざまな側面から牽制と反対の声が上がった。第一陣だった松村は、先に九月二十五日に中国から日本に帰国したが、翌二十六日にアメリカの極東担当国務次官補であるハリマンは、ワシントンの日本協会で演説し、「日本政府日本国民が信頼できる健全な貿易は政治目的に利用されない自由世界との貿易であり、……共産諸国との間に利用される恐れがあることを知るべきである」と発言した。これをきっかけに自民党内の反中共、親中華民国政府派による高碕達之助の訪中に対する牽制と妨害が活発化し、当時「右派勢力の巨頭と目された佐藤栄作」が「日韓会談が大詰めに近いいま、日中関係で動くのはタイミングを誤っている」と池田首相に説いた。これに対して池田首相も揺れ始め、「日中貿易は民間のやることで何も政府が正面きって態度を決める必要はない」と態度の変化を見せた(12)。

このような「一歩前進、二歩後退」という池田勇人政権の対中政策を事前に予見したかのように、「松村ペーパー」のなかには、すでに「その成果に就て第三国の意思により変改せらるる事なかるべし」（「要領」第三条、原文のママ）という内容が盛り込まれていた。そして、松村謙三らによる確認に対し、池田首相は再び「松村訪中の前に話し合った日中貿易促進の姿勢に変更のないことを明言した」[13]。ここで、政府関係官庁ははじめて日中貿易のガイドラインを練り始めるが、しかしそれは当時また日本と外交関係があった台湾にある中華民国政府側の強い牽制と非難などによって、「当初の高碕構想よりかなり後退したもの」となった。訪問の中止や延期もやむをえないと決心した高碕は、延払条件の緩和などを訪中の出発まで粘り強く交渉し、最終段階で池田首相、大平正芳外相が化学肥料業界に対し台湾への懸念は必要ではないと述べたため化学肥料業界がオブザーバーとして高碕訪中団に参加することとなり、ここに高碕達之助一行の訪中がようやく実現したのであった[14]。

だが、「覚書」に基づく「LT貿易」の実施は、困難を極めた。とくに倉敷ビニロン・プラントの延払輸出（期間五年、金利六％、頭金二五％、金額二千万ドル）について日本政府は「国際情勢が激しく変化するので政府としての基本方針を確立する必要がある」（宮沢喜一経済企画庁長官）、「欧米でもこれまで例がないので慎重に検討したい」（福田赳夫通産相）として、なかなか許可を出さなかった。その背景には、自民党内部の親中華民国政府派、アメリカ政府、さらに台湾にある中華民国政府の反対という問題があった。ハリマンの後、米国務次官補になったヒルズマンは日本人記者団に対し、「中共が資金不足に悩んでいるさい、日本が好条件で貿易するのは経済援助にひとしいと考える」と日本政府を牽制した。一九六三年の五月一日に中華民国総統府秘書長張群も来日し、同日に「LT覚書」に基づく中国の日中貿易第一船である中国の「躍進号」（一万六千トン）が遭難沈没したという事故も発生した（その後座礁による事故と判明）。張群は日本滞在中にあらゆる機会を利用して日中貿易を批判し、これを阻止しようとした。彼はとくにビニロン・プラントの問題を意識していたと見られる。[15]自民党内の反対勢力も「五年の延払は西欧各国と比較しても破格の好条件」、「輸出入銀行の融資枠において共産圏向けが二〇%を超えるというのは限界を逸脱するもの」、「対米関係上は好ましくないこと」、「東南アジア諸国との関係に悪影響」、「中共封じ込めの戦略的観点からも不適当」という理由から猛烈に反対した。[16]

こうした妨害勢力に対して松村謙三、高碕達之助、古井喜実らは反論し、「イギリスはすでにジェット機バイカウントの五年延払輸出に踏み切った。西欧並みの延払をやるべきだし、進んで先例を開くぐらいの気構えがほしい」、『政経分離』を主張したのは誰だったのか。いまさらアメリカ、台湾寄りの『政経不可分』論で妨害するとは何事だ」と政府の決断を迫っている。倉敷レイヨンの大原総一郎社長をはじめ日中貿易関係業界は、ビニロン・プラントの延払輸出の成否は日中貿易の拡大の鍵を握るものとして、世論を背景に対政府交渉を粘り強く続けた。[17]大原総一郎の表現によれば、「要は自民党内閣にとって、基本的な方針としては決定していたものの、具体的実現ということには並々ならぬ難問題が横たわっているのであろうことは想像に難からぬところであった」。だが、反中共派がついに世論の前に沈黙し、一九六三年八月二十三日に政府の正式認可が下りた。それはやはり高碕達之助らの努力による部分が大きかった。「問題は非常に複雑化された。……政治的な場において解決に至った過程には、以上〔松村、高碕、竹山〕三氏および岡崎氏の説得の努力に負うところが甚大であったことと思い、その力に感謝しなければならないと思う」と、大原総一郎は述べている。[18]

その後、「LT貿易」の枠組みにおいて、政府保証の融資を利用して行われた半官半民的な貿易形態が続き、最盛期には日中貿易総額の約半分を占めた。「高碕事務所」の協力の下、政府との激しい折衝を経て実現された倉敷レイヨンのビニロン・プラントの長期延払輸出は、まさに日中貿易拡大への一里塚のようなものであった。一九六三年九月二十三日に、病床にいる高碕達之助の委託を受けて岡崎嘉平太は、廖承志と北京で「LT覚書に基づく第二年度の貿易に関する協議書」に調印し、池田内閣は北京・上海における日本工業展覧会に一億一千万の補助金を支出し、さらに中国油圧機器視察代表団の通訳である周鴻慶の亡命事件（「周事件」[19]）がもたらした両国関係の危機も乗り越えた。日中両国の関係改善を背景に、中国国内における中日友好運動も高まり、一九六三年十月、北京で、郭沫若が名誉会長、LT貿易の中国側代表廖承志が会長、中国国際貿易促進委員会長の南漢宸などが副会長を務める「中日友好協会」という事実上政府主導の団体が設立され、中国共産党の機関誌である『人民日報』は、協会の成立は「中日友好の里程標」であると讃えた。[20]

当時、両国間には正式な国交はなかったため、一九六二年十一月に調印された覚書に基づく「LT貿易」を実施するために設置された双方の連絡事務所（東京に高碕達之助事務所、北京に廖承志事務所）は事実上、両国政府の窓口の役割を果たした。そして一九六四年には、両事務所はまた「高碕事務所駐北京連絡事務所」と「廖承志事務所駐東京連絡事務所」の相互設立、及び両国の新聞記者の互換について合意に至る。[21]実は、この時期になって高碕達之助はこの世を去ったが、一九六四年二月のその死後も、彼の功績を記念するため事務所名には引きつづき彼の名が使われた。

三　高碕達之助自身の歴史の「記憶」

「覚書」の調印から一年三カ月余りで高碕達之助はこの世を去り、また高碕達之助の中華人民共和国訪問も、事実上六〇年十月と六二年十一月の二回だけだった。それでも中国国民に強烈な印象を残したのは、やはり日中友好関係の構築に力を尽くした彼の強い熱意、真摯な態度、献身的な活動によるが、その背後にあったのは、実は彼自身の歴史に対する「記憶」であった。

高碕達之助と中国との関係は、日中戦争期にまで遡る。彼はかつて「満洲国」(現中国東北地域)にあった日本の国策会社、満洲重工業開発株式会社の総裁を務めていた。この会社は、「満洲国」の産業開発を進めるため、一九三七年に日産と「満洲国」の折半出資で設立されたものであった。高碕達之助が総裁を務めていた時期の、この会社が「華北労工協会」を通じて山東省から大勢の労働者を募集する文書が青島市の資料館で見つかった。文書に出てくる「華北労工協会」は、日中戦争期に中国において「強制連行」を実施した機関として悪名が高い。しかしこうした事件に高碕達之助が関連していたことは、大変興味深いことであろう。ところが、高碕達之助にとって、この時期についての深い反省は、後に日中友好運動に身を投じる原動力となったのである。

高碕達之助と中華人民共和国政府との間の関係は、一九五五年のバンドン会議の時点で始まった。当時鳩山一郎内閣で日本の初代経済企画庁長官を務め、日本政府代表団長として会議に出席した高碕達之助は、四月二十二日朝七時二〇分に周恩来首相が宿泊するホテルを訪れ、大会が開会する直前の八時四五分まで周恩来、陳毅、廖承志との間で一時間二五分にわたって会談を行っていた。外務省の機密解除文書「高碕・周会談録」に会談の内容が詳しく記されている。会談の冒頭で周恩来が「お目にかかる日時を何度も変更して申し訳ございません」と述べていることから、この会談が高碕達之助の求めで行われたことが推測できる。そこで高碕達之助は、「本日お伺いいたしましたのは、まず、第一に戦争中、わが国はお国に対し種々ご迷惑をおかけしたことに対して、心からお詫びしたいと思ったことと、その他に二、三お願いしたいことがあって伺った訳です」と述べ、後にまた自分が満洲にいたことに触れ、一九四六年にソ連軍によって逮捕され、後に中共によって解放され、経済建設への協力を求めていたことを述べた上で、周恩来の日中国交正常化についての質問に、次のように答えている。

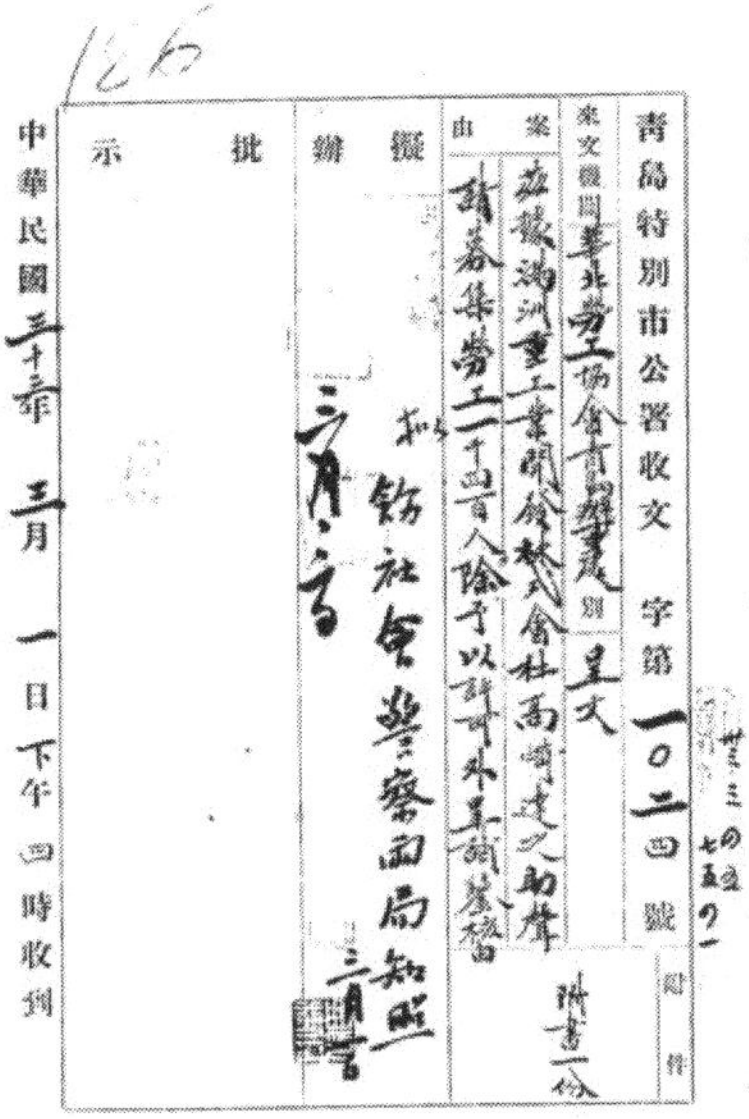
青島特別市公署收文 字第一〇二四號
來文機關 華北勞工協會青島辦事處 別 呈文
案由 為據滿洲重工業開發株式會社高碕達之助偁請募集勞工二千四百人除予以許可外呈請鑒督
擬辦
批示
附件 附書一份
中華民國三十年三月一日下午四時收到

満洲重工業開発株式会社総裁だった高碕達之助が青島市政府と警察当局に提出した「労工募集」要請

日本と中国の関係は、五十年前の日清戦争の前と後では非常な差があります。そもそも日本の文化は中国から来たものであり、日清戦争前のわが国は中国を非常に尊敬していましたが、日清戦争後日本は中国を軽視するに至り、ついに今日の事態に立ち到ったのでありますが、今日、わが国国民はその対中国観を改め、非常に中国人を尊敬しています。国交正常化の問題はわが国国民のひとしく待望するものであり、一日といえどもこの遅滞を許せないものと思います。私もこの正常化のために日本国民が一切の障碍を除去して努力しなければならないものと考えています。わが国は、現在政治的に見ても、経済的に見ても、必ずしも完全な独立を得たわけではなく、わが国のみの意思によって動くことはできないが、一日も早く中日関係を正常化させたいものと思います。

また「周・高碕会談記録」には次のようにも記されている。一九六〇年十月十二日の北京中南海西華庁における周恩来首相との会談においても、高碕達之助は、日本は「一八九五年以後約五十年にわたって中国に対し帝国主義的政策を強行し、中国を圧迫しました」という同じ歴史観を繰り返した上で、「現在の日本人のすべての者は、六億五千万の人口を有する新中国に対しては、友好関係を樹立し、国交も回復することを希望し、一日も早く、五十年来圧迫を加えたその道義的な償いもしたいと考えているのであります」と述べた。

また、共同通信社政治部記者として一九六二年に松村謙三の訪中に同行した内田健三は、次のような記事を書いている。「十月九日の外交懇談会の席上あるいは関西財界との懇談の機会に高碕氏は『私が十歳のとき日清戦争が起り、以来太平洋戦争まで日本は中国を侵略してきた。私も満洲でそれを行った元凶の一人であった。その罪の深さを思い、賠償問題を考慮に入れるならば片々たる延払の如き軽いものではないか』と声涙ともに下ったと伝えられる[22]」。

注目すべきは、当時このような中国観と歴史の「記憶」は、決して高碕達之助一人のものではなく、石橋湛山、松村謙三、高碕達之助といった、いわゆる「日中友好三長老」をはじめ、日中友好運動を推進するあらゆる人に共有されていたことである。換言すれば、このような中国観と歴史の「記憶」こそ、当時の日中友好と両国国交回復を推進する原動力であった。

これについて、内田健三は次のように事実を交えながら分析した。

日中関係打開を終生の悲願とする石橋、松村、高碕の三長老の認識と覚悟は徹底している。松村氏は九月二十九日の自民党外交調査会における帰国報告で諄々として日中友好の大道を説き、同文同種のアジアの兄弟の団結、相互補完という「アジア主義」の信念を吐露した。……「日中関係推進三長老」に共通するのはこうした一種の「アジア主義」と徹底した「贖罪意識」だといえよう。この信念にもとづいて松村、高碕両氏はともに北京で「老軀を鞭打って余生を日中国交回復に捧げたい」と決意を述べている。[23]

岡崎嘉平太もまたこのような意識を持っていた。「百年以上も外国の亜植民地として苦しんだ中国の国民が、苦しみに苦しんで、そして最後に日本の大きい侵出によって国土をあらされたのです」。「やはり松村先生の仰しゃる通りじゃないかと思うのです」。[24]

ビニロン・プラントの対中輸出を最終的に実現させた倉敷レイヨン社長の大原総一郎は、日本国民に鑑真和上のことをもう一度思い出すよう呼びかけ、「鑑真和上が両眼の明を賭して六回にわたる困難な渡航の企ての末、ようやくにして仏教の戒律をわが国に伝えた物語は、鑑真和上一個人の事蹟としてだけでなく、大陸の民族が長い年月にわたってわが国に与えた偉大な文化的贈物の総てに対する象徴のように思われてならない。私たちが今から中国に建設しようとするポバールやビニロンのプラントは、遺憾ながら鑑真和上の如き犠牲的奉仕と並びうるような仕事ではない」と理解を求め、「日産三十トンのビニロンは六億五千万の人口に対しては一年一人当り僅かに〇・〇一七キロの繊維を供給するに過ぎない」ことを分析し、「繊維に不足を告げている中国人大衆にとって、いささかでも日々の糧となり、戦争によって物心両面に荒廃と悲惨を齎した過去の日本人のために、何程かの償いにでもなればということ以外にはない」と、自分がなぜ対中国のビニロン・プラント輸出に最後までこだわったのか、その心情を明らかにしている。[25]

そして、大原総一郎は、戦後わずか二十年に満たないにもかかわらず、経済成長によって戦争体験を風化させようとする人物や風潮を痛烈に批判したのである。この指摘は、実に今日の社会に対しても重要な啓示になりうると考える。

私は戦時中の独裁的指導者からは縁の遠い存在であったが、戦争が与えた数々の残虐に対して責任を分かつ義務から免れようという気持ちはなかった。しかるに戦後、戦争に積極的に協力を惜しまなかった人達までが、極めて少数の戦争責任者達に戦争責任の一切を転嫁して、自らは恬然と戦後の繁栄の分け前にあずかることに躍気となるに至った。そして経済成長が目覚ましければ目覚ましいだけに一層かつての責任の回想よりも、現状の誇示と享楽に憂身をやつすことに我を忘れるようになった。そのことは私の心を暗くする。それがそうであればあるだけ、私は責任と義務とを一層重く感ぜずには居られない。われわれは過去の恨みを忘れようという人達に対して、かつての罪業を滅ぼすために何事かをしなければならないと感ずるのが当然ではないだろうか。私はすくなくともそうすべきだと思う。[26]

この時代の日中友好関係を妨げる要因としては、「複雑な党内事情、とりわけ強硬な台湾派の圧力」、「国内事情からまことに困難な立場にあるアメリカ政府への顧慮」、そして「サンフランシスコ平和条約を含めて、同〔自民〕党のもつ伝統」などがあった。[27] 自民党内の親中華民国政府派の言い分は「終戦恩義論」である。蔣介石は、「徳を以て怨に報いる」と日本の戦争犯罪者に対して寛大な措置をとり、後に台湾に撤退してきた中華民国政府は、「日華平和条約」を調印した際、日本に対する戦争賠償請求を放棄した。そのような中華民国政府に対し「恩義」があるという議論である。しかしより多くの日本国民は、むしろ「中国」を「中華民国」より「大陸」と捉えており、「大陸」から多くの文化の恩恵を受けてきたにもかかわらず、その「大陸」に対して戦争の暴行を以て報い、しかも「大陸」の人々が経済状況の悪化で苦しんでいる現在においても、正常な関係すら樹立せずにいる、という二重、三重の心理的な負債感を抱いていたのではないか。

この原因はいったいどこにあるのか。結局それは対米追従外交に起因すると当時からも指摘されていた。「日本が戦争をした相手は中国だけでなかったけれども一番の相手は中国であり、一番損害を与えた国も中国であった。この関係で、日本がフィリピンに対してもビルマに対してもその他日本が侵略した国に対してはそれぞれの損害に対して相当の賠償を払ってあいさつをした。それなのに中国に対してはまだ何のあいさつもしないのはどういうことか。日本がこの国に与えた物的損害は少なくとも数百億ドル、殺害した人口おそらくは右諸国の何倍何十倍を以て数えるであろう。それはいつまでもネコババでいいものかどうか」。そこでは日中関係が正常化できないでいる理由としてアメリカによる妨害が挙げられ、「日中問題は日米問題である」と指摘されている。[28]

この指摘は決して事実無根ではなかった。一九六四年一月二十七日、つまりフランスと中国の国交が樹立した日に、東京で日米経済合同委員会が開かれた。当然ながら、池田首相、大平正芳外相とアメリカのラスク国務長官との会談で、両国の対中政策が大きく取り上げられた。ラスクの「中国は膨張主義による好戦的な侵略国家である」という主張に対し、大平外相は「中国人の性質は本来侵略的なものではないのだということ、直接の形では言っていませんが、そういう一つの立場に立って、とにかく日本の場合は中国と歴史的なつながりがあるし、また地理的にもアジアの中に置かれているわけで、中国に対しては、ある程度の考慮をしていかなければならない」と言っている。(29)アメリカ政府を安心させるため、当時の日本政府はあえてその認識の違いを明らかにしなかったのであろう。しかし松村謙三はこの話を聞いて、「中国に対して、このあいだラスクが日本へきて言っていることを聞くと、私どもはなんだか前世紀の話を聞くような感じがします」と述べていたのである。(30)

大平外相の発言から、当時の日本政府内部においても、日米間の「中国認識」の違いが意識されていたことが察知できる。例えば、一九六四年二月二十五日、日本駐アメリカ大使武内龍次は、サンフランシスコのコモンウェルス・クラブでの演説において次のように言明している。

歴史的、地理的、経済的、文化的背景が異なるために、中国大陸にたいする日米両国民の国民感情に差異があるのは、明白であります。十世紀以上も前に、日本国民は中国文化の吸収を開始し、その基礎の上に、その文化を築きました。中国大陸は日本文化の源泉であったと申してもよいわけであります。第二次大戦前には、中国大陸は日本経済にとって、原材料の重要な供給源であり、同時に日本製品の重要な市場でありました。日本国民は、中国本土に派兵した時代を後悔の念をもって想起するものであります。すなわち、長期にわたりこの国を占領し、損害を与え、その国民に困難を課したのでありました。池田首相が最近その国会演説で述べましたように、一衣帯水の中国本土に七億の中国人が存在するという事実は、日夜日本国民の意識を去らぬのであります。日本国民は、これらの中国人が天性平和愛好的であり、高度の知性を持ち数世紀間において幾度も外国人および外国文化の抑圧から自己解放を成し遂げたということを、歴史によって知っております。このような理由により日本国民は、……中日両国民の友好関係が長期にわたり断絶せしめられたことを、きわめて不幸なことと感じたのであります。[31]

そのような時代においても日米の差異を隠そうとしないこのような姿勢が、今日かえって見られなくなったかと思うとなんとなく寂しさを感じる。

当然、そのような「歴史」を軽く見て、日中関係正常化を放棄し、アメリカとの関係を最優先すべきであると考えている人もいた。例えば、自民党衆議院議員、岸内閣で官房長官を務めていた愛知揆一はＬＴ貿易の動きを牽制し、「中共が日本との接触を深めることを希望する背後には、同じ東洋民族であり、歴史的にも密接な関係のある隣国同士が仲良くしたいという感情が存在することは事実であろうし、われわれも、それはそれなりに評価すべきだと思う。けれども、現在の中共政府は、何といっても米国を最大の敵と見ており、その反米闘争を有利に展開させるためには日米間を離間することが最も得策であ」ると述べていた。[32]

これらの人々は、事実上「苦境にある共産中国にいま援助の手をさしのべるバカがあるか。もっと追い詰められれば中国は共産主義を放棄しないまでも現在よりはるかに無害な『飼い馴らされた存在』になる」という考え方をもち、松村謙三らの「隣人が苦しんでいるのに手をこまねいていることはできない」という感覚と「相隔たること数千里」であった(33)。

四　愛国心と「日中友好」

高碕達之助と松村謙三、岡崎嘉平太、大原総一郎は、まさに自らの中国観と歴史の「記憶」に基づいて、日中友好と日中国交回復を推進することこそ日本国民を過去に対する深い悔いから永遠に救い出す方法であることを見出していた。

当時、日中友好関係・日中国交正常化の推進は、二つの意味で日本国と日本国民にとって有益であった。一つは、中国市場の開拓にとって、もう一つは、日本国の真の独立の達成にとって助けになりえた。高碕達之助、松村謙三らはこのことを十分認識していたのである。

日本は、「資本主義として安定と発展が企図されている以上、アメリカならびに欧州諸国群との競争関係ということで、市場問題に当面し、中国経済への接近が必至の要請となってくる(34)」。つまり日中貿易は、中国に利益をもたらすだけではなく、日本の経済成長にとっても実に重要であると認識されていた。これについて、ある日本の経済学者は一九五〇年代にすでに指摘している。「中国の経済建設は日本市場なくして成立つが、日本の経済自立は中国市場なくして成立ちえない」。しかし、当時の日本政府は日中貿易に対してまったく熱意がなく、「今日、日中貿易を阻害している諸要素は、全部日本側にあって、中国側には原則的には一つもないということである(35)」。

一九五〇年の朝鮮戦争の勃発によって、日中貿易が全面的に禁止されることになった。しかし日本の中小商社の間には、逆に日中貿易の促進を唱える声が強くなった。いわゆる朝鮮戦争の特需の大部分が大商社の手に渡り、中小商社はむしろ不況対策として日中貿易に注目したのである。当然、大商社にしても、特需の先細りを考える必要があった。一九五七年前後、日本の神武景気がもたらした国際収支が急激に悪化し、朝鮮休戦後の景気後退に続き、安定した輸出市場への要求がますます強まっていた。さらに、国際社会の中国市場に対する関心も強まり、そこで、石橋内閣は「日中貿易拡大方針」を発表したのである。

日中貿易促進会理事長の鈴木一雄によれば、日本の多くの企業は、当時「高率借短」という問題を抱えていた。つまり、高額の借入資金で未完成設備を抱え、そのため毎年多くの利息を払わなければならない。「設備が完成してはじめて商品ができ、利息を原価に入れることができる。しかし設備投資抑制で完成することができない。市場が不十分だから生産制限し、設備も中途半端にしてある。だからこれだけ日本の経済が発展しているにもかかわらず、基幹産業である鉄鋼の株が額面を二〇%も割り四〇円前後になっている」。「自己資本率が少ない」という「異常な日本の状態」が生じた理由はいろいろあったが、根本的な理由は、「日本経済の立地条件に即応した国際市場の建設が妨げられているところにあるのではないでしょうか。それが集中的に現れているのが中国貿易問題です」[36]。

訪中した松村謙三（右）と周恩来

岸内閣が辞職した後、首相になった池田勇人は、所得倍増計画を打ち出し、長期の経済展望にたつ市場の拡大を真剣に考えるようになり、そこで目をつけたのが、日ソ貿易と日中貿易の拡大であった。LT貿易の実施は、日本の産業界にとって実に自ら望むところであった。たとえば、当初中国が一九六三年、つまりLT貿易の初年度に二百万トンの窒素肥料の買い付けを目標とし、近いうちに五百万トンの買い付けが目標になるかもしれないとも伝えられ、「もしこの目標とむすび合ったら日本の窒素肥料界は変貌する」という期待まで持たれた(37)。

松村謙三などは、単なる中国市場の占領ではなく、現地の経済力を高めることが逆に新たな市場の育成につながる点に、日中貿易の意義を見出していた。彼によれば、「現在の日本には、近視眼的な人々が多く、彼らのいうように、貿易は金払いのいい国々だけでいいというやり方が、いつまで適用するであろうか。それは疑問とせざるをえないのである。広いアジアの購買力を育成して、その上に日本のものを売るようにしないと、アジアの貿易は日本の払う賠償金などのある間だけで、それがなくなったら貿易はとたんに落ちるという事態にもなりかねない。中国の農業もそのような意味で、日本が肥料の面、技術の点など、どうやったらよいという具合に援助してやることが必要なのである(38)」。

LT貿易の年度計画に基づいて、日本のメーカー代表団として中国と契約した第一号である化学肥料塩安の契約には、一年半の延払という条件があったが、これに対して日本政府は反中国派の圧力によってその承認を渋っていた。過剰在庫による経営危機に瀕していた塩安業界にとってこれは生死にかかわる問題であった。そのため彼らは座り込みを辞さない必死の陳情をつづけて、最終的に政府から「業界の事情を認め、塩安のみの『特例』」としてようやく認可されたのである。これは日中貿易において「延払」が認められた初めてのケースであるが、それも「業界の事情による特例」としてであって、ここには対中貿易に関する池田政権の内部対立とアメリカに対する配慮が如実に映しだされていたのである。

実は一九六三年三月の中旬に日本を訪問したアメリカのハリマン国務次官補は、日中貿易拡大反対の意向を日本政府に伝え、五月三十日にもさらにその見解を繰り返し、また駐日アメリカ大使館経由でもその意思を日本政府に示唆し、さらに前にも触れたように九月二十六日にはワシントンの日米協会で、共産国との貿易はすべて将来、政治的目的に利用されるおそれがあるという警告を行った。(39)

アメリカの態度に対して、日本の経済界にもそれを考慮すべきと考える動きもあったが、(40)それ以上に政界に対する影響は絶大であった。高碕達之助が一九六〇年十月に北京で周恩来首相に対して話したように、「現在日本の責任ある政治家としては、対米関係を顧みず、米国を敵視するような態度では実際の政治は何にも実行できない(41)」のであった。

池田勇人首相にとっては、日中関係の処理に当たって一つの最重要問題は、いかにアメリカとの関係を処理するかにあった。そのため、彼は自ら直接これに携わるのではなく、代わりに松村謙三に対中関係の処理に当たるよう依頼したのである。それでも、アメリカに対する配慮から、池田首相も、結局松村謙三の意見をそのまま受け入れることはできなかった。それでも、倉敷レイヨンのビニロン・プラント輸出は、他のプラント輸出の突破口として期待され、大日本紡績など繊維業界や東洋高圧の尿素プラント、石油精製プラントなども、日中貿易に対する熱意を重ねて示したのである。(42)

倉敷レイヨンの中国向けビニロン・プラント輸出の話が最初に出たのは実は一九五五年一月のことであった。しかし前述のように、後にLT貿易の枠内に入れても日本政府は延払輸出をなかなか許可しなかった。

一九六三年八月二十三日になって日本政府がようやく承認した背景には、八月上旬大平正芳外相がアメリカを訪問した際、議題が日中貿易とビニロン・プラント問題には特化せず、「中国問題一般」にとどまり、そこで間接的にアメリカは好まないが「絶対反対ではないことを感じとって帰国した」とも言われる(43)。

「これからの日本の経済にとって、おそらくその発展に決定的な影響を与えるのは、貿易、とくに輸出貿易がどういうふうになるかということだといってよい(44)」。「EECの出現に見る資本主義経済の世界構造の変化を頭にいれてみると、人口七億という中国市場をどういうふうに見るかということは日本の将来にとって重大な意味をもつ」。にもかかわらず、日本政府が日中貿易の問題では常にアメリカの顔色を窺うことについて、多くの日本の知識人や経済界は焦りを隠せなかった。日中貿易促進会の鈴木一雄理事長などは、「わが国は高度成長を唱え続けたが市場問題については相変わらずのマンネリズムで対米貿易だけに穴を掘っていた。……〔しかし〕中国は政経両面において、世界勢力の均衡を変える決定的な潜勢力だと言われています」と、日本にとって中国の重要性を予見していたのである(45)。

このようなアメリカの態度は、内政干渉だといっても過言ではない。事実、アメリカは、イギリスをはじめとする西欧諸国の対中国貿易拡大は黙認し、またアメリカ自身もソ連をはじめ、ポーランド、ユーゴスラビアなどの東欧諸国との経済文化交流をますます活発化させていた。そのため、「この干渉はまことに奇怪というほかはない」と厳しく批判している知識人もいた(46)。

ここまでくると、単に日中貿易にとどまる問題ではない。日本は自主外交を展開できるのか、さらに言えば独立国家であるかどうかさえ問われることになる。実は、こうした国際社会における日本の現状について、高碕達之助は一九六〇年十月十二日の北京中南海西華庁における周恩来首相との会談の冒頭で、すでに次のように嘆いていた。「まず最初に述べたいことは、現在日本はまだ完全な独立国になっていないということであります。このことは保守党の政治家の立場からすれば、体面上から言っても、否定したい言葉なのでありますが、実際はまだ日本は完全に独立国になっていないのであります」(47)。

これを見ると、高碕達之助の視野には、日中貿易と日中友好を促進し、さらに日中国交の正常化を実現させることを通じて、日本をアメリカのコントロールから少しでも解放し、より完全な独立国家にするビジョンがあったに違いない。彼はかつてアメリカの議員に対し、「今日新中国は六億五千万の人口を有するわが国の隣国であります。そして日本は過去五十年にわたって中国に圧迫を加え、両国の関係は今日なお不自然な状態にあります。われわれは大陸中国に対し、道義的な責任を感じているとともに、この不自然な関係を改善したいということは日本人の多くの希望するところであります」と、日本には米国と違って、日中関係を改善しなければならない独自の必要性があると説き、日本側による日中貿易の推進、日中関係の改善は、中国のためではなく、日本のためであると主張している(48)。

結果論からいえば、「LT貿易」は中国の経済再建にとって間違いなく必要であった。しかし一九五〇年代にすでに指摘されているように、「真の平等、互利、互恵の原則にもとづく日中貿易の拡大、発展は、日本と中国とのあいだの国交正常化と、日本の自主独立の政治、外交、経済体制の確立とが基本条件である」(49)。高碕達之助と松村謙三などの日本の政治家や財界人は、最終的に日本国と日本国民の利益にもなることを信じて日中貿易、日中友好関係の促進を始めたのである。本来、国際貿易の関係にしろ、国際政治の問題にしろ、結果的に当事者双方にとって有利であることはいくらでもある。唯一問題なのは、そこまで目が届くかどうかにあろう。

高碕達之助は「ＬＴ貿易」を成立させてから、日本に帰国後、病いに倒れ、「日中間の長期総合貿易に関する覚書」の調印から数えて一年三カ月余りで亡くなった。「老驥櫪に伏すとも、志、千里に在り。烈士、暮年になるとも、壮心止まず」（「老驥伏櫪、志在千里　烈士暮年、壮心不已」）。彼が北京を訪れた際、数回にわたって「余生を日中国交の回復に捧げる」という話をしていた姿は、周恩来首相をはじめ多くの中国人に深い感銘を与えた。周恩来首相は一九六四年四月二十三日に北京で関西経済代表団と会談した際、高碕達之助のことについて次のように述べた。「中日の経済協力問題に関しては、われわれはやはりもっと先のところに目を向けなければならないと思う。われわれはみなアジアの国である。九年前、われわれ両国はともにバンドン会議に参加した。私はつまりそこで高碕達之助先生と知り合ったのである。当時彼は日本政府の代表団長であった。彼はわれわれの尊敬する友人である。現在高碕先生はわれわれと永遠に別れたが、しかし私は日本においてこれから数百人の数千人の高碕先生が現れると信じている(50)」。

このような「もっと先に目を向けなければならない」と教示した高碕達之助が成し遂げたことを、われわれ日中両国民はいかに「記憶」すべきか。戦後七十周年という節目の年に、もう一度じっくり考えたい。

おわりに

一九六二年の秋、松村謙三は訪中後、『中央公論』十一月号に発表した「日中関係の新段階」という文章の結びとして、「アジアにおける二つの大国である日本と中国の将来を思うとき、日本の政治家、とくに若い政治家がこの課題を真剣に取り組むことを深く念願している」と、日中貿易の再開、そして日中友好関係を推進する重要性を後世に説いた。[51] 偉人たちが予見したように、二〇〇四年から中国は日本の過去半世紀の最大の貿易相手国アメリカを抜き、日本の最大の貿易国となり、そして二〇〇七年に日本もアメリカを抜き、中国の最大の貿易相手国になった。日中両国の互いの重要性は、「LT貿易」後の歴史によってますます証明されている。

当然、日中関係は貿易と経済関係だけにとどまらない。一九六二年当時、松村謙三と高碕達之助の行動は、すでに政治と道徳の次元で高く評価されている。「もとより政治と道徳とは全く次元を異にする。しかし日中関係に関する限り、過去数千年の歴史的地理的文化的関係と最近数十年の不幸な歴史を思うとき、厳粛な贖罪意識とアジアに位置する両国の本質的関係への洞察なくして真の関係打開、国交正常化の展望はあり得ない。それこそ最高の政治であり外交ではあるまいか」[52]。しかし今日において、いったいこのような視点と視野で日中関係を見る政治家は何人いるのだろうか。われわれが偉人たちの功績を振り返る際、当然このような疑問が湧いてくる。

しかし、それを問う前に、今日のわれわれ日中両国民も、まず次のことを自問しなければならないと思う。われわれは日中関係史上の苦難に満ちた歴史を忘却していないだろうか。日中友好を推進した偉人たちの偉業を忘却していないだろうか。歴史の「記憶」こそその原動力となったことを忘却していないだろうか。そして、このような歴史に対する「忘却」は日中両国に対して一体何を意味するのか。

同じ「日中関係の新段階」という文章のなかで、松村謙三はさらに次のようにその中国観と日中関係について次のように述べていた。「長く眠っていた中国民族、漢民族の民族意識というものが、苛烈な国際関係の中で、にわかに目覚めてきたということであろうと思う。単なる共産主義だけのものとして見るのは間違っている。すべての中国観の基礎はそこにおかなければならないと考えるのである」。「両国の政治体制は違っているが、互いにそれを認識・尊重して相犯さぬという信頼がもてるならば、二千年来の同文同種の間柄として当然、文化・経済の交流は行うべきである。ただし今日は、その信頼が失われている。だから文化・経済の交流もやれないのである」。

なるほど、「民族国家」という側面だけを強調すれば、中国人は「石にかじりついても苦難を克服するという民族意識」の持ち主であるが、しかし「民族国家」とイデオロギーを乗り越えれば、そこに見えてくるのは「同文同種」という意識のもとで続いてきた両国の文化と経済の交流史であった。そのような考えのもと、松村謙三は「民族意識」というレベルで相手を刺激することについて、「それはとんでもない過ちであって、災いを将来に残すことは明らかであろう。私はとくに中国だけをいうのではないが、アジア全体の情勢からみても、また人道の上からいっても、隣近所のことは、悔いを千載に残すことになると考えている」と、強い警告を発したのである[53]。

ちなみに、一九五五年四月二十二日に、周恩来がバンドンのホテルで高碕達之助と会見した際、挨拶の後の冒頭に述べたのは、「戦争中のことはもうお互に忘れましょう」という言葉であった[54]。それから六〇年間の歳月が過ぎ去り、しかし人類社会にとって歴史の「忘却」も必要と分かる政治家は、むしろますます少なくなってきた。「歴史」がいっそう政治に翻弄されるようになった理由は、「民族主義」の利用価値がふたたび発見されたことにあり、「民族国家」に対する夢を捨てないかぎり、平和な東アジア地域が実現できないことはここでもう一度証明された。

第七章　「周辺」の焦燥とナショナリズムの内面化

——二十一世紀の日中関係——

一　文化という視点の喪失

一九七一年の末、日中国交回復の議論が日本中に高まっていた中、司馬遼太郎は洋画家の須田剋太と一緒に青森県の八戸にやって来た。『街道をゆく』の著者と挿絵担当者の旅だったのだろうが、東京から遠く離れた二人の朝食の話題も「中国」だった。その話題を始めたのはどうやら須田のほうで、戦時中に上海を訪問した体験を話した。ホテルで須田が財布をなくした際、案内役を務めた日本占領軍の陸軍中尉はホテルの中国人ボーイに盗まれたとして、「そのボーイを須田さんの目の前で殴る蹴るの大騒ぎをやった」、「須田は心臓が苦しくなり、中尉をとめたのですが、これじゃ日本も長くはないと思った」。二人の中国談義はそこで終わったのではない。二人の食事が終わるのを待っていたように、テーブル五つほど隔てたところで静かに食事をしていた一家の亭主が挨拶に来て、司馬遼太郎氏を「比較的よく中国人というものを理解している日本人」と評価し、「弘前大学医学部放射線科呉忠雄」という名刺を渡し、そして日本人の「クレさん」だと思った司馬に自分が中国人の呉《ウ》であると話した。司馬と話している間、彼の妻や子供たちは一切言葉を挟まず、司馬らが食堂を出ようとすると、一家は一斉に起立してお辞儀をした。その礼儀正しい一家を見て、司馬は非常に感動し、「これが中国の『文』です。そこへゆくと私などは、上海のホテルの陸軍中尉に通ずるようなガラの悪さがある」と述懐した(1)。

司馬遼太郎がこの呉一家との偶然の出会いをあらためて文章で提起する理由は、その短い出会いから中国文化の本質を深く感じたことにあった。「私が八戸で感動した呉先生とその家族の『礼』は、これが儒教の思想ですね」。「儒教」についての定義は様々なものがあるが、司馬遼太郎が披露した自らの「儒教観」は文化と政治、文化と社会、文化と人間生活、文化と人間性という視点から捉え直したものであった。つまり、儒教というのは、「社会体制そのものであり、生活規範であり、極端にいえば人間を飼い馴らす原理であり、システムであるのでしょう」「世界中の民族は絶対原理を一つ持っていて、その絶対原理で人間をつくり変えてしまう。そうでなければ人間は猛獣で手に負えない動物だと思っているらしい(2)」。

実際、この「呉先生」が「津軽の無医村に台湾から来られて診療をしておられた医者」らしいということを、司馬遼太郎は意識していた。それにもかかわらず、彼は呉先生をずっと「中国人」として捉えた。その原因は、呉先生一家の行動に感動を覚えた「礼」が中国の「文」だったということであろう。まさにこの延長線上で、司馬遼太郎は当時の政治体制と関連して中国の文化を捉える一部の日本人の姿勢を厳しく批判したのである。「顔つきは似ておりますが、日本人はどうもちがいますね。……そういう民族である日本人が新中国に行って感嘆するのはこれです。そして、それを一つの文明として受け取って、非常に感動する。これは正しい感動のしかただと思うんですよ。ところが、それは新中国だからこうなったんだと解釈するのは大きな間違いで、中国は二千年来こうだったんです。漢民族はすばらしいのであって、いまの政治形態のせいにするのはおかしい(3)」。

司馬遼太郎は文化人だからこそ文化の本質についてよく考えたのかもしれないが、しかし歴史の深さによって中国文化を理解しようと考え、文化を歴史伝統という側面から受け止めるのは決して司馬遼太郎だけではなかった。

実は、日中国交正常化した当時、多くの日本人は、中国と中国人を、長い歴史を背景に文化的伝統の連続性という側面から捉えるべきであると強調していた。たとえば、小林多加士は次のように述べている。「元来、中国人は経験主義であるといわれているように、中国人は決して経験を離れて飛躍しない。新しい理論、新しい方針、新しい構想を打ち立てるときでも、否、そのときにこそ経験を集積し、歴史の知恵を学んでそれを行う。それゆえに、中国民族の歴史は断絶の歴史ではけっしてない。中国における革命さえも、伝統を求めて飛躍した。民族の、階級の、蓄積された経験の中に、新しい法則を学び、新しい原理を求めて転換するのである」[4]。つまり、たとえプロレタリア革命を経て「共産主義国家」になった中国でも、伝統文化を捨てたわけではないという考え方であった。このような「文化的」発想は、日中国交正常化に当たり、その実現を切望する国民感情を支えた下地になったのではないかと強く感じる。

四〇年前の中国では、日中国交回復がいかに捉えられたのか。言うまでもなく、当時の中国では、残念ながら国民が自分の声を自由に述べて、それが記録される場はなかった。それでも、政府関係者による談話のなかで、「一衣帯水」である両国の「悠久の交流の歴史」を背景に両国の文化的つながりを強調し、国交回復によって「睦隣友好関係」が再び樹立されたことを高く評価するという雰囲気が感じられた。

しかし、四〇年を経た今日、お互いを見る目は、国交回復当時とガラッと変わった。国交回復を切望した当時の心情は過日の「鏡花水月」のように面影を失い、文化の視点から相手を評価するどころか、見ようとする姿勢すらなくなってしまった。中国が三〇年以上にわたって「改革開放」をしたにもかかわらず、二〇〇六年に八一・二%、〇八年に七五・〇%、一〇年に六九・六%、一二年には六七・九%と、次第に低下しているとは言え、依然として半数以上の日本人は中国社会を社会主義・共産主義だと見ている[5]。特に注意すべきことに、中国が「軍国主義」であると見ている日本人は二〇一〇年に三二・三%、一一年に三四・四%、一二年に三七・二％へと、年々増加してきている。

「軍国主義」とは、本来戦前の侵略主義的政治体制を指す言葉だった。毛沢東時代から中国国民は、日本の国民と軍国主義者とは区別して見るべきであると散々教育された。それにもかかわらず、現在の中国では、二〇〇六年に五七・七％、〇八年に四六・四％、一〇年に三三・九％、一二年に四六・二％と、日本社会を「軍国主義」であると見ている人が国民の中で相変わらず多かった。かつての戦争に対する記憶が比較的薄いせいか、一般市民に比べ、日本社会を軍国主義だと見る大学生と専門学校生は二〇〇六年に五二・五％、〇八年に四三・五％、一〇年に三八・九％と、だんだん減少している。しかしそれが学生たちは客観的であるという証拠にはならず、注目すべきなのは、日本社会を「民族主義」と「資本主義」であると見る学生の割合が一般市民よりはるかに高かったことであろう。日本は民族主義的であると見る一般市民と学生は、〇六年に五四・四％と七四・七％、〇八年に三三・六％と六六・二％、一〇年に二九・三％と六四・五％であった。そして、日本は資本主義的であると見る一般市民と学生は、〇八年に四六・四％と六四・二％、一〇年に三九・〇％と七二・九％であった。中国青年層が理解する文脈の中での「民族主義」とは自国中心と排外主義であり、資本主義とは「経済侵略」の同義語である。ここから、一般の市民は歴史上の軍国主義的歴史に基づいて日本を批判しているのに対し、青年学生の批判は今日の日本社会に矛先を直接向けた、より厳しいものだったことが分かる。

四〇年、まさに文化的視点から、「政治的」視点へと変化した四〇年だった。このような回答から、相手の「政治化」を好ましく思わないという考え方も読み取れるが、「政治化」した結果、悪い印象を相手にもたらすことは確かである。一九七二年五月一日付の『東京新聞』と七月二十八日付の『サンケイ新聞』による世論調査では、当時八〇%以上の民衆は日中国交の正常化を望んでいるという。しかし現在、その印象は逆転してしまった。相手の国に対して「どちらかと言えば良くない」「大変良くない」という印象を持っている人は、日本国民の中では二〇〇六年に六六・三%、〇八年に八五・六%、一〇年に七八・三%、一二年に八四・三%であり、中国国民の中では二〇〇六年に五六・九%、〇八年に四〇・六%、一〇年に六五・九%、一二年に六四・五%であった。

文化という視点の喪失にともない、相手の目に映るのは「民族国家」を単位とする欠点しか残らなかった。

二　忘却された心の交流

しかし、「民族国家」を超えて、人を見る、文化を見る——それこそ日中両国国民の相互理解の大きな原動力だったに違いない。田中角栄が自民党総裁に選ばれた直後の記者会見での「中国との国交正常化の機は熟している。四半世紀の仲違いはあったけれども、ここで国交を回復して今後千年、二千年の友好を築かなければならない」という発言を見て、当時日中覚書貿易事務所代表という肩書きだった岡崎嘉平太は「覚書貿易という日中をつなぐ一筋の細い糸を守り続けてきた、われわれ同志にとって誠に感無量なものがある」と述懐した。岡崎嘉平太はその「中国に賭けたわが半生の記」で、彼が中国に対して関心を持ち始めたきっかけが、なんと六〇年前の岡山中学の寄宿舎での「大人風で体も大きく肥っているし、いつもニコニコして人なつっこい」中国人留学生「陳洪声」との出会いだったと記した。岡崎嘉平太がその留学生と「親しくなって内心尊敬していた」理由の一つとは、「字が上手で墨をすって字を書いてもらった」という文化に対する視点から来たものであった(6)。

彼は大正五（一九一六）年に一高に入る。「当時は第一次世界大戦が始まったばかりで、日本は青島を攻略し、あの悪名高い二十一カ条の要求を中国につきつけた時代である」「日本人学生は中国人留学生とはあまり話をしたがらないようだったが、……私には割合よく話をしてくれる、という具合で私は中国人留学生とはかなり仲良くしていた」。そこで、彼は反日活動に参加した留学生を庇うこともあったという(7)。注目すべきことに岡崎嘉平太が考えた「中国人」というカテゴリーは実に特徴的であった。そこには、終戦を迎えた上海で会った中華民国政府側の湯恩伯将軍、「王大槙という蔣介石の使い」、そして「共産主義中国の総理」である周恩来らが一様に含まれた。彼らは一律に岡崎嘉平太に対して、日中間の戦争は日中友好の二千年の歴史と比べればわずかな時間で、この恨みを忘れて日本と友好を結びたい、「そして協力してアジアの外に向かって戦いを挑むのではなく、アジアの外からアジアに圧迫が加わったとき協力するというような話をしたのである」「やはり、中国は長い体験や苦しみを経て日本と違って次元の高いことを考えている」と述べた。言うまでもなく、それは政治的中国ではなく、文化的中国というカテゴリーであった(8)。

明治大学に留学していた
湯恩伯将軍

こうした心の交流があるからこそ、人と人の付き合いは長く続くものだ。日本の著名な国語学者である金田一春彦も同じような経験を持っていた。戦時中、彼は中野にあった日華学院で日本政府が招聘してきた留学生に旧制高校程度の知識を授け、東京大学などの官立の大学へ進学できるよう教鞭を取っていた。「学校当局は彼らに日本精神をたたきこみ、大東亜戦争へ協力する人材を育てる気持ちがあった」が、「大東亜共栄圏のダの字も言わず、ひたすら中国人に対する日本人の尊敬と親愛の念を披瀝してつきあっていた」金田一を、その学生たちはずっと忘れることが出来ず、中国帰国後も連絡を取り続けた。日中国交が回復すると、彼はすぐその三〇年前の学生たちによって北京大学に招聘され、さらに南京と上海でも講演した。そこで金田一が驚いたのは、日本語を専攻とする中国人大学生が彼を「熱烈歓迎」し、日本語教育に対して非常に熱心だった中国人教員も大勢いて、彼の講義に三百人以上も集まったことであった。(9) なるほど、いかなる時代においても、政治から離れ、文化の視点から相手を見つめれば、そこでは国境が低くなり、国籍に関係なく容易にそれを越えられたのだ。

しかし、四〇年を経たいま、物理的に国境は低くなったが、心理的な国境はむしろ高くなってきた。国民の中で相手の国を訪問したくない人は、二〇〇八年に両国とも過半数を占め、一〇年に日本人が四六・九%、中国人が五五・二%、一二年に日本人が五三・八%、中国人が五五・三%であった。こうした心情の下で日中両国国民の関係には、現在一種の悪循環が起こっている。まず、相手の国を訪問した国民の割合は低水準に留まってしまう。中国への訪問経験がある日本人は二〇〇六年に一二・九%(多くは観光)、〇八年に一五・四%、一〇年に一四・五%、一二年に一六・五%と、ほとんど増えていない。日本への訪問経験がある中国人は二〇〇六年に一・二%、〇八年にわずか〇・四%、一〇年〇・六%、一二年に一・六%となっている。

直接交流が少ないため、知人また友人を作る機会も当然少ない。中国人の知人友人を持っている日本人は二〇〇六年に一七・六%、〇八年に一六・三%、一〇年に一八・一%、一二年に九・七%であり、日本人の知人友人を持っている中国人は二〇〇六年に六・八%、〇八年に五・四%、一〇年四・一%、一二年三・〇%となっている。直接交流が少なく、友人知人もいないため、相手国に対する情報源として結局ニュースメディアに頼ってしまう日本人は二〇〇八年に九六・一%、一〇年に九四・五%、一二年に九六・三%であり、中国人は〇八年に九一・五%、一〇年に八四・四%、一二年に八四・三%である。日中関係に関するマスコミの姿勢について、司馬遼太郎はすでに次のようにその問題点を見通している。「マスコミの魔術みたいなもので、中国という大きな課題をあつかわれてはかなわない感じがする。ブームをつくらないと食っていけないという生理的事情を戦後身につけてしまったらしい。中国という日本の運命にもかかわる問題を、日本の一部のマスコミは石ブームと稀覯本ブームと同じレベルでしか考えていないような気がする」[10]。文化人としての司馬遼太郎の先見の明は、最近の日中関係において度々証明されている。

無論、中国の方を見れば問題はさらに大きい。まず、日本に対する直接経験を持っている国民の比率はきわめて低い。人口規模から言えば、それを一気に引き上げることは物理的に不可能とは言え、マスコミに対する批判の姿勢も日本国民に比べれば極端に不足している。二〇〇六年に、ニュースメディアについて「客観性がある」と回答した日本国民は三三・〇%だったが、中国国民はなんと七二・〇%(学生は四七・五%)にも達している。その傾向が続き、〇七年に五九・七%、〇八年に七二・三%、一〇年に六一・八%、一一年に七〇・三%、一二年に六四・四%を占める。両国の国民はともにテレビに依存する傾向が強いが、中国人学生はインターネットも情報源としてよく利用する。日本に対する直接経験が欠ける中国国民、とくに学生たちのナショナリズムがますます増長してきた背景に、タイムリーかつビジュアルな映像を伝えるテレビやインターネットが一定の役割を果たしたことは否めない。

岡崎嘉平太、金田一春彦など多くの先達の経験からも分かるように、学生時代の経験はアイデンティティの形成に実に重要である。ところが、将来の日中関係の主役を担う両国の学生は、相互に相手の国をますます敬遠するようになった。例えば、二〇一二年十一月十二日の『日本経済新聞』によれば、アメリカに留学する中国人学生は二〇一一年に二三・一%も増加して一九万四千人に達した一方、日本に留学する中国人学生は六・二%減で、これまで連続七年減り続け、はじめて二万人を下回ったという。

日本に留学する若者の減少は、これからも止まらないだろう。その現象の背後には、中国人の「中心」と「周辺」に対する考え方があると感じる。つまり、日中関係の悪化、さらに世界経済における日本の重要性の低下にともなって、日本は政治的にも経済的も中国人の心のなかで「周辺」とされてしまった。かつて国際社会の重要な一翼を担っていた日本に憧れていた中国人の若者の心は、すでに明日には世界の中心になる中国を念頭に、今日なお世界の中心であるアメリカに移ってしまったのだ。当然、その背景には、アメリカ追随、第二の「脱亜」と「鹿鳴館」さえ辞さないように見える、今日の日本政府が自ら打ち出した姿勢があった。

三 「周辺」からのナショナリズム

ますます悪化する両国国民の相互イメージには、明らかに文化と政治、個人と国家を区別しないという構造的問題が存在する。その原因は、十九世紀の後半から始まったどちらが東アジアの中心なのかという日中両国の駆け引きが、二十一世紀に入ってさらに内面化し、両国社会がそれぞれに抱えている構造的な問題と結び付き、そのはけ口にもなってしまったことであろう。

近代日本のナショナリズムの下地を用意したのは、中国文明圏の「周辺」から脱出するという願望でもあった。「日本が永く漢文明圏の周辺にあり、したがってその中心部に対して常に周辺少数民族として劣等感複合〔コンプレックス〕を持っていたこととあいまって、愛憎の振幅はいっそう激しくなる。好きとなったら、すっかりべったりであり、嫌いとなれば徹底的に嫌う。屈服するとなったら、実に迎合的であり、軽蔑するとなったら激しく軽蔑する。冷徹な中国問題を、日中の別を明白にして分析することは、日本人にとってはなかなか困難である」[11]。このように近代日中間の愛憎一体の感情構造を分析した国際関係学者、衞藤瀋吉は、その具体的な例として岸田吟香を取り上げた。「儒教的教育を受けた幕藩体制下の日本の知識人は、中国に対して文化的憧れを持っていた。ところが現実の中国はかれらが夢に描いていた中国とははなはだしく異なるものであった。その幻滅を素直に書きのこした者に岸田吟香がある」。一八六六年上海に赴き、八カ月そこに暮らした岸田吟香は、「その彼の憧れの清国に来て、現実の清国に接した時、激しい清国嫌いとなり」、「この岸田に見られる憧れと軽蔑との振幅は多かれ少なかれいずれの日本人も持っているものである。それは心理的には近親憎悪に似たものであり、運命共同体と考え親近感を持つが故に、いっそう、思うようにならない時の憎悪や軽蔑は激しいものになる」[12]。

「周辺」から脱出する方法は、既存の「中心」の一部になるか、それともそれに挑戦して代わりに新たな「中心」を構築するしかなかった。しかし周辺対中心のような思考のなかでは、片方が中心になれば、片方が周辺になってしまって、両国は宿命的に対立する立場となり、十九世紀後半以降の日中関係は事実上東アジアの中心という地位をめぐる争いへと変貌した。日本人が中国へ抱くこうした「愛憎一体の振幅」と「近親憎悪」に対する注釈のように、日中国交回復が高く唱えられた時期に、社会人類学者である中根千枝は、「日本の国際化を阻む『連続』の思想」という論考を発表し、「連続」という思考形態の中で日本人はいかに周辺との関係をイメージしたのかを分析した。

「日本人の社会生活において最も重要な意味をもち、個人の社会化が強力に行われる第一カテゴリーの人間関係は『我々はみな同じなのだ』『すべてお互いにわかっている』ということを前提としている。ここに日本人の『付き合い』の基本的パターンが形成されている。そして、第二、第三カテゴリーは、第一カテゴリーの延長線上に位置づけられているから、それぞれの間には断絶がなく連続しているのである。したがって、外国人に対しても日本人が積極的にことをかまえようとするとき、『人間はみな同じなんだ、誠意をもってすれば通ずる』『同じアジア人だ。仲良くしよう』という姿勢になるのである。中国へのアプローチにおいて古くから『同文同種』などということが強調されてきたのもこの考え方を背景としている」[13]。なるほど、「連続」の中で関係性が近いほど「愛憎一体の振幅」が酷く、失望感が大きいほど「近親憎悪」が強いというわけだ。そして、「われわれ」が中心となる「連続」の思想＝願望と「漢文明圏の周辺」にある現実という矛盾は、近代においてついに表面化したのであった。

「四海の内皆兄弟なり」(『論語』)。中国文化の中にも同じく「連続」の思想があり、それが具現化したのは「多重型天下」の実践であった。[14] 中国人から見れば、「同文同種」に基づく「連続」という構造になると、本来その周辺にいるのはむしろ日本の方であった。近代以降中国人が強いナショナリズムを持ちはじめた理由は、まさにここにあった。つまり、「中国民族の他民族に対する文化的優秀性の認識から出発し、中国民族が他民族よりすぐれている」とする考え方が「エモーションのレベルで民族的自負心・民族的利益への要求として強く生まれている」ということであった。[15] 言い換えれば、中国近代のナショナリズムは、その文化的優位が無視され、中心的地位を周辺だった日本に奪われて自分が周辺化されたという焦燥感であった。

しかし注目すべきことに、今日の日中両国間のナショナリズムは内面化し、表向きは自国の「周辺化」を危惧して「中心争い」を展開しているが、両国社会の内部にある中心対周辺という対立構造がその大きな原動力になっている。

まず中国について言えば、ナショナリズムは事実上、ますます拡大する社会格差によって周辺化された人々に、中心へ近づく機会を与えたのであった。すでに明らかにされたように、中国の反日デモで非理性的な「愛国主義行動」に走った人々は、地方出身の大学生や農村部出身の「農民工」と呼ばれた若者が圧倒的に多かった。年収に二三倍もの差がある現実[16]に直面し、将来ますます周辺化されるのではないかという不安を隠せなかった彼らは、反日デモにおける過激な行為を通じて、自分こそ愛国者であると中国社会にアピールした。こうして、彼らは経済的地位が重視される今日の中国社会における「正義」の体現者であるように、たとえ一瞬に過ぎないにしても、中心になったという精神的な幸福感を味わったのであった。

日本で黒い街宣車を見るたびに、社会的に周辺化される危惧からナショナリズムに走る人は、決して中国の若者だけではないとも感じていた。そして、中国人のナショナリズムを激高させた「尖閣購入」という嘘話から、日本の政治家がナショナリズムを煽ることを手段に国の政治的中心に対する影響力を保つ、いや、既存の中心に代わって新しい「中心」になるのを狙う、という「政治」の構造もはっきり見える。日中関係を政争の種にされたのは、今回がはじめてではない。「日中平和友好条約」を締結する前の一九七八年八月六日、福田赳夫元首相はノートに次のようなことを記している。「箱根において園田外務大臣をはじめ、訪中幹部会を開き、外務大臣より次のことを説明。一、本件に関する七割の仕事は国内の政治影響を考えることであり、国内の政治問題であります」。当時条約の締結に直接携わり、後に駐中国大使を務めた谷野作太郎は、当時のことをかえりみて、「日中関係というより、むしろ日日関係だった」とも述べている。

こうして、内外における二つの「周辺」からの挑戦によって、日中関係におけるナショナリズムはますます高揚し、時には外交を機能不能に陥るまで追い込んでいった。さらに危険なのは、こうした激昂したナショナリズムの中、両国の国家指導者が支配の正統性を国民にアピールするために、相手の国に強硬な姿勢を示さざるをえなくなることだ。例えば、中国の胡錦濤国家主席は二〇〇八年五月に訪日した際、早稲田大学での講演の中で、「友好」を二六回も口にし、そして「中日友好」「中日両国の友好協力」「中日両国の友好交流」「中日両国の世世代代の友好」を合計一五回も使い、中国政府の対日関係重視をアピールした。しかし二〇一二年の中国共産党第一八回全国党大会政治報告の中で、胡錦濤は海洋資源開発能力を高め、海洋権益を必ず維持し、海洋強国である中国を作るという目標を内外に向けて打ち出した。それは、周辺諸国との領土をめぐる対立とそれをめぐる中国国民の強いナショナリズムを意識し、友好から対立・対抗へと転換せざるをえなくなった結果であった。言うまでもなく、日中戦争が終結して七〇年を経たにもかかわらず、「対日戦争勝利記念」の名目で大規模な軍事パレードを行うことも、ナショナリズムを支配正当性の証明に使う手法にすぎなかった。

四　民際交流と東アジアの「共同知」の発見

今日、日中間の対立・対抗関係によって東アジア地域の平和が大きく脅かされていることは決して杞人之憂ではない。しかし、ナショナリズムを解消する方法は戦争ではない。むしろ、戦争が起こればナショナリズムが一段と高揚し、東アジア地域社会はさらなるナショナリズムの悪循環に陥る。こうした日中間の対立・対抗を解消する当面の方法は、疑いなく両国政府が冷静になって相互依存の意義を確認し、戦争が結局「両敗倶傷」（ともに傷をつけられること）になる危険を認識することしかない。しかし、日中両国の間に横たわっているナショナリズムの芽を完全に摘むために、もっとも重要なのは、政府による国際的外交ではなく、民衆間による民際的交流であると思う。その理由は、ナショナリズムを作り出すメカニズムの要は、実に国際間の対立ではなく、ナショナリズムが内面化する道を敷いた国内社会の内部構造そのものだからである。

こうしたナショナリズムが内面化する道を絶つためには、両国の民衆は相互認識、相互好感、相互信頼を深め、恨みを扇動する政治から離れる必要がある。最近の両国関係からも分かるように、これは、政府主導型の国際交流だけでは実現できないことである。政府を主体とする「外交」という枠組みの中で行われた交流は、両国間の政治関係から影響されやすく、その内にまた「政治化」してしまう。国益の最大化を図るために存在する「外交」は、本質的に他国の利益を二次的に考える行為であるため、そのような「外交」に対して政治的責任を負わざるをえない政府に地域の平和を完全に託すことはあまりにも危険である。

今一度、四十数年前の原点に戻り、日中国交回復の初心及び「日中友好」のために人生を捧げた先達の胸襟を再び確認する必要があると思う。一九九〇年代に入ってから、日本では『友好』の名のもとで中国の要求をそのまま受け入れるような一方的な協力」に過ぎないとして、「友好外交」が否定された。しかし、日中関係をすべて政治化してしまう「対等外交」、「主張外交」と違って、「友好」とは、相互に友達になって仲良くしようという願望が含まれている。当然ながら、これは主に民衆のレベルでの問題である。疑いなく、政府間による国際的外交より、民衆による民際的交流はナショナリズムを拒絶する上ではさらに重要である。

民際交流の主体は民衆であり、民際交流によって両国間のより広範な交流が実現できる。広範な民際交流があれば、民衆が政治家とマスコミに扇動されず、政治的視点でしか相手を見ないことが避けられる。そして、民際交流のレベルで、互いに相手の社会に入り、あるいはその社会ネットワークの構成員となることで、人と人との心の交流ははじめて実現できる。

外国人との関係も「われわれ」の延長線上にあると考える、中根千枝が指摘した日本人の「連続」の思想が暗示しているように、日本の民衆は本来「国境」の意識に慣れていない。民際交流は政治より文化が重視される場であり、心の通じ合う友人を見つけることは、偏見を捨て、相互の共有できる価値観を発見するプロセスである。ここにおいてわれわれは、一国に限られた「国益」を乗り越え、文化的精神的なレベルで日中間に共通し、共有してきた、またこれからも共同で享受できる「日中共同知」「東アジア共同知」を発見することができると思う。

終章　「師」から「敵」への旋回——「民族国家」の衝突

一　わが師は日本にあり——永遠の「藤野先生」

一九〇四（明治三十七年、光緒三十年）年、若き日の魯迅は仙台医学専門学校に留学する。そこで教授藤野厳九郎と出会う。藤野は、慣れない日本語に苦労している魯迅のノートを熱心に添削し、親身になって指導したという。魯迅は後にエッセイ「藤野先生」を著し、「私が自分の師と仰ぐ人の中で、彼はもっとも私を感激させ、私を励ましてくれた一人である」と、藤野先生から大きな感銘を受けたことを明らかにしている。

文章の締めくくりとして、魯迅は次のように述べている。「彼の写真だけは、今なお北京のわが寓居の東の壁に、机に面してかけてある。夜ごと、仕事に倦《う》んで怠けたくなるとき、仰いで灯火の中に、彼の黒い、痩せた、今にも抑揚のひどい口調で語り出しそうな顔を眺めやると、たちまち私は良心を発し、かつ勇気を加えられる。そこでタバコに一本火をつけ、再び『正人君子』の連中に深く憎まれる文字を書きつづけるのである」。日本人にあまり理解されていないことだが、中国社会では、その授業を受けた教員に対し、心から尊敬する教員だけ苗字を付けて「先生」と呼ぶ。

中国では、魯迅は「民族の魂」、「民族の良心」と呼ばれ、階層、党派と時代を超えて国民から敬愛されてきた。しかし、魯迅の生涯敬愛した師であり、そして魯迅の中国の封建主義と闘うエネルギー源になっているのは、なんと一人の日本人であった。もし魯迅が藤野先生との間の「共同知」を発見しなければ、このようなことは当然ありえなかった。

「藤野先生」の思想的価値については、多くの文学評論家や思想史家が、まず日本人学生による苛めや、日露戦争に関するニュース映画で一人の中国人が処刑される際に、中国人はそれをまるで神経が麻痺しているかのように眺め、日本人学生が歓声を上げるなどの場面の描写に注目する。つまり、魯迅はこれを通じて、（一）日本国内に蔓延している中国人への民族差別を批判すること、（二）中国人の民族意識、国家意識の欠如を批判すること、を行ったと解読している。しかし、日本の民族主義を批判しながら、中国の民族主義を呼びかけるというようなこうした解読は、論理的に矛盾していることに、文学評論家や思想史家も気づくべきであろう。

歴史研究者としての使命は、「なぜ」を設問することである。魯迅が「藤野先生」を通じて本当は何を言おうとしたのか。それに関して二点に注目したい。

まず、なぜ回想文だったのか。つまり、魯迅の文章や小説は普通『正人君子』の連中に深く憎まれる」風刺、批判の文体となっているが、「藤野先生」は違う。次に、なぜこの時期に著したのかということである。魯迅は一九〇六年に仙台医学専門学校を離れ、一九〇九年に日本から帰国する。しかし「藤野先生」を執筆したのは後の一九二六年になってからのことである。

仙台医学専門学校時代の魯迅
（提供＝東北大学史料館）

納得のいく答えは、「藤野先生」は他の目的で著されたのではなく、まさに魯迅が深い感銘を受けた藤野先生の人格に対する賞賛であり、魯迅の恩師に対する敬愛の自然的発露である、ということであろう。

藤野先生は勤勉で、責任感が強く、誠実である。先生は人々に分け隔てなく接し、相手を理解しようとする努力を惜しまず、親

魯迅（左端）**が帰国する際の記念写真**（『魯迅選集』第 11 巻、岩波書店、1973 年より）

切である。先生は平和を愛し、協調を重んじて対立を嫌う。民族主義に煽られた日本人の学生に比べて、魯迅の目に、藤野先生の姿は、まさに一人の「君子」であるように映っていた。

時間が経てば経つほど、思想家として成熟していく魯迅は、自分に対する藤野先生の存在価値をますます深める。そして、師の人格に対する敬愛が日々増していく。二六年に執筆した理由は、ここにあると考えられる。日中両国の社会文化は、間違いなく異なる部分がある。しかし人間の無意識ないし深層心理のメカニズムにまで言及すれば、両国は精神文化の範疇において多くの価値観を共有していることが分かる。

「藤野先生」は一九二八年に『朝花夕拾』というエッセイ集に収録された。一九三四年、日本人の増田渉と佐藤春夫が魯迅選集を日本語に訳すことを考え、魯迅に打診した。魯迅は『朝花夕拾』を日本語に訳す価値については留保したが、「ただ『藤野先生』の一文は、必ず訳して〔選集に〕入れよ」と、むしろ頼んだのであった[1]。つまり、魯迅は生涯最後までそれが自分の代表作である、換言すれば、人生の最期までわが師は日本にある、と考えていたのである。

ところが、藤野厳九郎の方は魯迅についてどのような印象を持っていたのか。まず、成績が「大して優れた方ではなかつたと記憶」し、そのためなのか、魯迅に対する記憶は実に薄いものであった。これは、後に魯迅の死を追悼する文章「謹んで周樹人様を憶う」[2]のなかから読み取れる。「周さん」は「私の家へ別れの挨拶に来られたのでせうが、その最後の面会が何時であつたか忘れてしまひました。私の写真を死ぬまで部屋に掲げておいてくれたさうですが、まことに嬉しいことです。以上のような次第でその写真を何時どんな姿で差し上げたのか憶えて居りません」。

約三〇年後、藤野厳九郎は長男達也の中学校の漢文の教師を介して、魯迅が文学者になり、「藤野先生」を執筆したことを知った。自分が魯迅に対してしたことについては、「何しろ入学された時から日本語を充分に話たり、聞いて理解することが出来なかつた様子で勉強には余程骨が折れたようでした。それで私は時間が終はると居残つて周さんのノートを見て上げて、あの人が聞き違ひしたり誤まつてゐる処を訂正補筆したのでした」と語った。つまり、藤野からすれば、魯迅に対して自分がしたことは特別なことではなく、一教師としての務めにすぎなかった。そのためでもあろうか、藤野先生から見れば、「僅かの親切をそれ程までに恩誼として感激してゐてくれた」ことは実に不思議なことであった。「私のことを唯一の恩師と仰いでゐてくれたさうですが、私としましては最初に云ひましたように、たゞ、ノートを少し見てあげた位のものと思ひますが、私にも不思議です」。

しかし魯迅を惹きつけて一生彼を師と仰がせたのは、まさにこのような自分に任された仕事を淡々と全うする「藤野先生」の職業精神と職業倫理ではなかろうか。このような近代日本人の職務に対する忠誠心は、近代日本国家の成立を支えた礎石であり、近代日本によるネイション・ビルディングの証であった。「藤野先生」に魅了された魯迅だけではなく、日本各界と交流を重ねた梁啓超、そして度重なる日本への接近を試みた孫文は、まさにこの近代日本によるネイション・ビルディングの意味を発見したのである。

二 「民族国家」の魅力——梁啓超と孫文による日本の「発見」

十九世紀半ば以降、中国は西洋列強の侵略を受け、特に在野の知識人を中心に、徐々に「天朝体制」を放棄せざるを得ないことを感じていた。しかし、新しい国家のスタイルについては議論が分かれ、そこで次第に明治維新後の日本が注目されるようになった。

孫文はすでに日清戦争勃発直前の一八九四年六月の「上李鴻章書」のなかで、「試みに日本国を見れば、西人と通商しはじめるのはわれわれより遅く、西方の真似をするのもわれわれより遅れ、その維新の政がはじまってまた日が長くない。しかし今日の成果はすでにかなりのものになっており、その理由はこの四つの大綱をすべて挙げてこれを挙国にして実行し、それを阻む人はひとりもいないことにあり」、と日本を絶賛していた。[3] ただし、この時期に孫文が言っている「四つの大綱」とは、「人能尽其才」（人がその才能をすべて発揮できること）、「地能尽其利」（土地を完全に利用できること）、「物能尽其用」（物を完全に役立たせること）、「貨能暢其流」（商品の流通を自由にさせること）であった。

つまり、日本の明治維新の成功は中国に莫大な影響を与えたが、しかしその段階までは中国人は近代日本の成功をその政治制度と社会制度からは深く観察しなかった。そのような状況を一変させたのは、やはり日清戦争であった。とくに十九世紀末以降、議論は主に「革命派」と「維新派」の二つの勢力に集約されたが、

「革命派」と「維新派」とは、中国を救うために民族国家の樹立を目指さなければならないという点では共通認識を持っていた。

一八九九年、当時日本に亡命していた梁啓超はその「論近世国民競争之大勢及中国前途」のなかで、「一国の民をもって一国の事を治め、一国の事を定め、一国の利益を謀り、一国を患から守り、その民を侮辱から守り、その国を滅亡から守る。これがいわゆる国民である」。「今日の世界中の競争は国民競争である」とのべていた。(4) 間違いなく、戊戌維新以降日本に亡命した梁啓超も中国における「国民」の出現を望んでいたのである。

「国民」だけではなく、梁啓超は「民族」と「民族主義」という概念を中国に紹介した最初の人でもあった。彼が一九〇一年十月に執筆した「国家思想変遷之異同論」において、「およそ国が民族主義の段階を経ていないものは、国とは言えない」とまで断言し、(5) 孫文も一九〇五年十月二十日に「欧米の進化はおよそ三つの主義によるものである。民族、民権、民生である。ローマが滅び、民族主義が起こってから、欧米各国は独立した」と民族主義の重要性を強調している。(6) 間違いなく、梁啓超も孫文も、中国を救うためには、中国において「国民」を作らなければならない、そして「国民」を作るためには、まず民族主義を育てなければならないと考えていた。注目すべきところは、梁啓超にしろ、孫文にしろ、清末民初期における二つの「国民」と近代国家のイメージは、みな日本で完成したものであったことである。

ところが、梁啓超と孫文は、いかなる「国民」と近代国家を建設すべきかという点においては隔たりが大きかった。梁啓超は清国政府の政治を嫌っていたが、中国における民主共和制には反対した。一九一一年十月から十一月の間、つまり辛亥革命が勃発する前後、彼は「新中国建設問題」において次のように述べた。「わが中国の最も大きな不幸は、三百年にわたり異族を君主に戴き、それからの虐政およびたびたびの失信を経て、今日に至ったことだ。……余は昔から米仏の民主共和制が決して中国に相応しくなく、国が安定するために、英国の『存虚君』〔象徴君主制〕を学ばなければならない、しかも時勢に順応すれば、最も良い方法は現在の皇統を虚存させることだと確信した。これはつまり余がここ十年来発言を慎む理由である」[7]。

梁啓超の考えは、中国が多民族国家であるという考え方から来たものであった。中国の最後の王朝としての清朝は、モンゴル、チベットと新疆に対する特別な支配策を通じて、現地住民による中国意識と中国人意識の形成を拒んでいた[8]。一八七〇年代以降、内外のさまざまな難題に直面した清王朝は、純粋な中華王朝に移行しはじめた[9]。しかし清王朝の長い統治期の影響に、西洋列強の侵略で中華文明が求心力を失いつつある現実が加わり、周辺民族は清王朝が崩壊するまで「中国人意識」を持つことが出来なかった。

そのため、梁啓超は「モンゴル、回、チベットの内附〔内地つまり中国王朝への帰順〕は、清朝の勢威に服従したものであり、今の関係はなおその名分に基づく。このたび皇統が変易し、その関係は引き続き維持できるか。もし出来なければ、中国の情勢は危険にならないか[10]」と、清王朝による多民族国家体制を守るために、清王朝皇室を政治的装飾品にする「虚君共和」（立憲君主制）が必要であると主張し、「孔子の後裔による虚君共和さえ無理」とまで訴えた。

一方、孫文をはじめとする革命派は、まったく違う方法で中国における「国民」と近代国家を作ろうとした。孫文が一八九四年十一月二十四日にハワイのホノルルで作った「興中会盟書」のなかにすでに「駆除韃虜〔満洲族〕、恢復中華、創立合衆国」という文言を入れたことからもわかるように、この時期に李鴻章によって無視された孫文が設計した新しい「中華国家」は、満洲族を排除する民族国家の雛型であった。しかし、中国における「民族国家」の正当性を見出して、堂々と主張し始めた場所はやはり二十世紀の東京であった。一九〇五年に孫文が東京で作った中国同盟会の理論家である朱執信は次のように述べている。「革命とは、満人を無くすことを第一の目的とし、暴政を無くすことを第二の目的とする」[11]。「同盟会軍政府宣言」も「中国は、中国人の中国であり、中国人に任せるべきである。韃虜を駆除し、わが国家を光復する」と、中華による民族国家・近代国家は漢民族の国家であることを強調している。一九〇七年に鉄郎は「中国はすなわち中国人の中国である。中国人とは誰なのか、漢人種である。中国の歴史はすなわち漢人の歴史である」[12]と中国・漢民族を完全に一体化した。

革命派による中国の近代国家建設は、漢民族だけによる「中華民族」を作り上げたうえで、それと同じサイズの中華民族国家を作るというプロセスであった。孫文の三民主義が民族主義を第一にした目的も、帝国主義の侵略へと向かうものではなった。革命派は漢族と満洲族との敵対関係、そして漢民族による中国国家を想定したが、多民族国家による「中華民族」と「中華民族国家」という想定は、当初からなかったとしか考えられない。

要するに、中華民国が樹立されるまでの二十世紀初期において、革命家は先に民族（nation）を作り、それから民族のサイズに合わせてネーション・ステート（nation state）を作るという道を選び、それによって出来たものが漢族による「中華民族国家」であるにすぎない。梁啓超は先にネーション・ステート（nation state）のサイズを確定してから、民族・国民（nation）を作るという道を選び、それによってできるものは多民族国家であるとした。換言すれば、革命派と維新派の対立は、表面的にみれば、「民主共和制」と「虚君共和」にあるが、その本質は中国において多民族国家を維持すべきか否かということにあった。しかし、梁啓超の

「国家－民族」にしろ、それとも孫文の「民族－国家」にしろ、清末民初期における二つの国民国家のイメージはいずれも日本で完成されたものであり、そして日本においては最終的に「民族国家」の思想が優勢を占めるようになったのである。

三　「民族国家」の壁を突破できなかった「同文同種」意識

日本において最終的に「民族国家」の思想が優勢を占めるようになった背景は、日本に多くの清国留学生が集まったことであった。一八九六年から、清国留学生による日本留学が始まった。それから年々増加し、言うまでもなく、これらの留学生のなかでは、漢民族、あるいは自分が漢民族だと認識している人々が圧倒的に多かった。

近代日本を通して中国の将来の夢を見るという思想の底流には、「同文同種」という漢民族の日本認識があったことは否定できない。留学生が留学先に日本を選んだ理由として、まず地理的・人種的に近く、自分の慣れ親しんでいる漢字も使われているし、違和感をあまり覚えないだろう、などと考えられていたのだ。

日本では、岩倉具視、樽井藤吉のように、「同文同種」の意識から日清、あるいは日本・清朝・朝鮮の同盟を提唱していた人物もいたが、幕末以来の唇歯輔車的な東洋同盟論は、人種上の「同種」より、むしろ地理上の「唇歯」を重視し、西欧のアジア進出の阻止を第一の目的としている。すなわち、中国人が中日両国の関係を人種的、文化的なつながりに求めるのに対し、日本は両国関係を当初から地域政治・国際政治の角度から考えており、一時はアジア連帯への志向をもっていたが、結局アジアへの侵略に転向してしまった。

清国留学生・数の推移

年	1896	1898	1899	1900	1901	1902	1903	1904	1905
人	13	77	143	159	266	727	1,242	2,557	8,000余

（出所：王奇生『中国留学的歴史軌跡』湖北教育出版社、1992年、95頁）

日中の相互認識については、両国の間に実に大きなギャップが存在する。たとえば、孫文の革命活動に対する日本の支持は、あくまで宮崎滔天を代表とする一部の「支那浪人（大陸浪人）」に限られていたが、孫文が日本との連帯を求めつつ、「日本帝国主義」に対する批判を始めたのは一九一九年になってからのことであった。さらに福沢諭吉は、東洋諸国は国内の改革なしに西欧に対抗することができないと考え、その不可能さを見て一八八五年に「脱亜論」を発表した。(13) 日本のアジア植民地化の根源は、まさに福沢諭吉の脱亜論にあると思われる。

中国人にとって最大の悲劇は、日中両国が「同文同種」であるという認識が、日本においては福沢諭吉の時代にすでに放棄されていたにもかかわらず、中国においては孫文・蔣介石の時代ないし今日の中国でもなお強く存在していることである。孫文は死の直前まで、「中国と日本は、同文同種の国家であり、兄弟の国家であった」と呼びかけ、日本と中国は利害を同じくし、日本がなければ中国はなく、中国がなければ日本はないとする見解をもちつづけていた。(14) 蔣介石は、日本は本来中国と同文同種であり、相互に提携すべき友好近隣国であるはずだ、と抗日戦争中においても繰り返して国民に訴えている。中国共産党の論客も、一九三七年に中日両国が同文同種、兄弟の国であることを事実として受け止めている。(15) 人民共和国が樹立されてから、「徐福（秦の始皇帝の命で不死の仙薬を求め、日本に定住したとされる）伝説」はますます広がり、一九八八年には徐福の船が出港したと言われる地点に徐福廟も作られた。

しかし注意すべきは、「同文同種」という意識は、本来「民族」の意識に反するものであり、また、中日両国の関係に文化と人種の角度から着眼すること自体が、両国の上下関係を示すことになるということである。「小日本」という蔑称が示したように、「同文同種」は、あくまで日本が文化的にも人種的にも中国の子分であるという認識の上にたって成立したものにすぎない。つまり、中国の国民は日本人と「同文同種」であると思えば思うほど、日本人との親近感、一体感を日本人に証明してもらいたいと思うが、しかし日本ではもっと早いうちにすでに「同文同種」という考え方を捨てたため、中国の国民は求めれば求めるほど失望感が強まるのである。

結局のところ、こうした「同文同種」という意識に基づくと、日本人との親近感、一体感が生まれるというより、むしろ中国の大きな「期待」に対する日本の大きな「裏切り」という構図が中国国民の頭に描かれ、「民族」のレベルで日本への対抗心が生まれることになったのである。日中両国には人種・文化において特別なつながりがあるという「同文同種」の意識が、興奮剤のように幻覚を作り、中国人を迷わせていたと言わざるを得ない。その意味で、「同文同種」の認識は、中国国民にとってはまさに一種の阿片だったと言える。そして、日本の侵略主義的なナショナリズムの膨張に対抗するなか、まさに日本から学んだ「民族国家」の思想の成長に従って近代中国のナショナリズムが誕生、そして成長し、日中両国の衝突は最終的に避けられないものとなったのである。

近代中国ナショナリズムの発生は、疑いなく近代日本ナショナリズムの膨張と密接な関係があった。一九四〇年のアヘン戦争で敗北した清国政府は、イギリスとの間に不平等条約である南京条約を締結し、領土を割譲して賠償金を支払い、中国の半植民地化への第一歩を踏み出した。皮肉なことに、清国政府がなお「不変をもって万変に応ずる」と言い張り、伝統的「天下国家」の理念に固執していたのに対し、中国では受け入れられなかった「師夷之長技以制夷」（夷の優れた技術を学び以て夷を制す）、すなわち戦艦を建造し、火器を作り、兵隊を訓練するという魏源の思想[16]が日本で大きな反響を呼び、日本はアヘン戦争から教訓を得て、洋学を学び始めた。

一九五七―五八年のアロー戦争（アロー号事件↓第二次アヘン戦争）で再び敗北を喫した清国政府は、六〇年代にようやく「洋務運動」を始めた。洋務運動は、民族の「自救自強」を目指して中国の近代化の基礎を築いたが、しかしその射程は「堅船利砲」に止まり、「中体西用」の目的は依然として「中華秩序」の維持にあった。一方日本は、五〇年代に鎖国から開国に転換し、六〇年代に国家体制における改革を始め、討幕運動、大政奉還を通じて三権分立制を基礎とする中央集権制を確立させ、四民平等・地租改正・殖産興業・文明開化などを通じて、着々と近代化の歩みを始めた。こうして、近代中国のナショナリズムがまた確立していない間に、日本は国力を高め、日本のナショナリズムもしだいに高揚・膨張し、ついに一八七四年の「台湾出兵」に至ったのである。

「清朝主権蹂躙の最初である」台湾出兵[17]をきっかけに、清国政府内部では「海防塞防の論争」が起こった。論争は、一八六〇年代のイスラーム蜂起で崩壊した清の新疆支配を回復すべきであると主張する塞防論に対し、海防論は新疆を放棄して「新疆回復」の費用を海防に使うべきだと主張するものであった。しかし、海防論者も塞防論者も、代表的な人物はみな洋務派であり、その対立は近代的国防体制を作るかどうかではなく、どの国を最も危険な敵国、つまり国家防衛の主要目標と見なすべきかであった。

ロシアこそ最も危険な国であると主張する「塞防論」の勝利は、この時点では日本が中国の最も危険な敵国とは見なされていなかったことを示していると同時に、万里の長城に象徴される「重陸軽海」という中国の伝統的国防思想の勝利であったとも言えよう。

近代中国の衰退の原因については、清国政府官僚の腐敗の他に、中国人が自尊自大、自己中心、保守的な傾向をもつなど民族性の面での原因が挙げられる。しかしもう一つの無視できない理由は、中国人の海洋意識の希薄さである。

中華世界は基本的に陸地中心の世界であり、中華文明は大陸文明であった。また、中国の経済システムにとって、海は基本的に無用なものであった。大国である中国にとって、海から来た人々は、「天朝」への「朝貢者」に他ならなかった。農業社会の中国が、遊牧民族――「胡」――の侵入をいかにして防ぐかこそが、歴代の中国王朝にとって常に大きな課題であった。そのため、北西部辺境には立派な「万里の長城」が作られたが、大きな海軍力を作った中国王朝は一つもなかったのである。

明王朝は、「倭寇」による略奪を防ぐため、厳しい海禁政策をとっていた。ようやく万里の長城を越えて中国内地に攻め込んで来た（女真族の）清王朝は、（漢族の）中国の文化の継承者と自任して中国人の「華夷思想」を処理したが、国家防衛思想の面においても中国文化の影響を受けたようであった。内陸では新疆・蒙古・チベット方面まで領土を拡張したが、海洋発展の面では非常に慎重で、あえて進出しようとはせず、海禁政策を断続的に実施し、基本的に鎖国政策を取って来た。

しかし近代に入ると、西洋諸国は海外での植民地取得と勢力拡大を目指して、争うように海軍力の増強に力を入れた。海洋における勢力の維持は、近代国家防衛思想の基礎ともなっている。日本の台湾出兵後、清国政府も「水師」（海軍艦隊）を作った。八四年の清仏戦争で福建水師が全滅してから、清国政府は新たに北洋水師の創設に乗り出した。ところが、その後軍艦の購入は停止され、西太后の還暦を祝うために多額の海軍経費が頤和園の造営費などに一時転用されたとも言われるほど、国家防衛思想の根底にある海洋軽視の意識が再度現れた。

この間に日本は清国の水師を凌ぐ海軍力を増強し、一八九四年の日清戦争で清国の北洋水師は大敗を喫することとなった。「日中関係の変質」の契機[18]であった日清戦争は、実は中国人の海洋意識を強めるきっかけともなっている。近年、海軍力の増強を通じて海洋大国を目指すことを訴える声が高まっている中で、一時は日清戦争中に清軍が黄海で日本軍に敗れた九月十七日を「海洋の日」にする動きもあった。

日清戦争を背景に一八九六年に締結された日清通商航海条約によって、日本は清国政府に中国における治外法権を認めさせ、欧米列強なみの権益を獲得した。ところが、日本に負けることは、西洋列強に負けるよりも中国人に与える精神的打撃が大きかった。中国が一転して昔の「東洋弟子」である日本に「領土を割譲し、賠償金を支払う」ことになったことは、特に知識人に恥辱感をもたらした。「下関条約」が一八九五年四月に締結されたが、五月に康有為は北京にいる一三〇〇名の挙人（郷試に合格し、進士の試験に応ずる資格を得た者）を率いて「拒和・遷都・変法」の「公車上書」（請願活動）を行い、変法運動の先鞭をつけた。

アヘン戦争以後、中国では攘夷運動も発生したが、しかしそれは、国際社会についての認識がまだ十分に育っていない段階における「住民が外部から侵入しようとする異物に危険を感じると生じる、なかば本能的な行動」であった。ところが、「公車上書」は、「近代の中国知識人による初めての政治請願活動であり、「それを機に」知識人が社会の集団として民族の前衛になった」、まさに「民族意識の覚醒」であった。[19]

四　近代日中関係と近代中国による自己認識の発展の三段階

孫文も、一八九四年に清王朝の打倒を目指してハワイで「興中会」を組織して革命運動を起こした。しかし維新派と革命派は、その行動様式と最終目的は異なるが、体制の変革を求めている点では共通していた。梁啓超によれば、近代中国及び中国人の進歩はつねに自らの不足を感じるところからくるという。それはまず産業技術（器物）の面における不足、それから政治体制における不足、さらに文化面における不足を認識するという三段階に分けられる。

「器物」における不足を解消するためには、「洋務派」による「利器」（工業化の促進）・練兵（新式軍隊の創設）・興学（新式の学校教育の導入）という実務的試みがあった。しかし体制変革を求めることは、これまでの中国を中心とする「中華世界」の伝統的世界観の否定につながるものであり、中国人の自己認識における革命的な事件であると言わざるを得ない。それが日清戦争を契機として受動的に起こされたことからも、日清戦争が中国人に与えた衝撃の重大さがうかがえる。

一九四八年から一九一四年までに、日本は三回の戦争（日清戦争、日露戦争と第一次世界大戦）に参戦したが、三回の戦争のどれもが事実上中国を敵とするか戦場とするものであり、中国から多くの利権を獲得した。日本の中国侵略は、さらに一九一五年の二十一カ条要求によって新たな展開をみせた。それを背景として、中国民衆の日本帝国主義に反対する民族的自覚は一挙に高められた。二十一カ条の調印日の五月七日と、中国が要求を呑んだ五月九日は中国民衆に「国恥記念日」とされ、一九一五年から一九二一年まで続けられた日本製品ボイコットは、民国始まって以来の全国規模の民族主義運動となり、また中国経済史上最長の外国製品ボイコットとなった。

二十一カ条に対する中国民衆の反感は、中国北京政府や日本政府の予想をはるかに越えていた。二十一カ条が一九一九年のパリ講和会議で承認されたことによって、中国現代史の始まりと位置付けられている「五・四運動」が勃発した。しかし、当時北京に住んでいたある日本人ジャーナリストは、「五・四運動」は単なる反日運動に過ぎないと認識していた[20]。

だが実際には、「一九一五年の日本の二十一カ条の要求によって受けた国家の恥辱は、中国社会が最も基本的な変革によってある程度再生され、再組織されねばならないという必要性を強めた[21]」という面もあった。中華民国の建国によって完成された政治体制の革命の上に、さらに一九一五年九月の『新青年』の創刊で始まった新文化運動は、中国の伝統文化の否定により、近代中国の自己認識が第三段階に向かって踏み切ったことを示している。

日本の大陸侵略を支えたのは、言うまでもなく明治維新以後の近代化政策の結果であった。日本の近代化の成果は、中国の近代化への刺激剤ともなった。清王朝末期の変法派は、日本式の立憲君主制は清王朝の体制に近いと考え、改革のモデルを日本の明治維新に求めた。辛亥革命前後、孫文も日本を中国革命の根拠地と考え、日本の政界と民間に大きな期待を抱き、日本との連合を通じて中国革命を実現させようと考えていた。彼は「明治維新は中国革命の第一歩であり、中国革命は日本維新の第二歩である」とまで高く評価し、一九一五年二月五日に日本の民間人との間に結んだ「中日盟約」の中で、二十一カ条の内容と規模を上回る利益を日本側に与えている[22]。

実を言うと、変法運動にしろ、民族革命にしろ、日本留学にしろ、いずれも日本を通じて西欧的価値の優位性を肯定するという本質をもつものであった。しかしそれを背景に、一歩先行した日本人の中国観もしだいに崇拝から蔑視に変わった。『リリ李鴻章の禿あたま、ママまげるはチャンチャン坊』という俗謡は、そのころの日本人の心理をよく示している。『チャンコロ』の蔑称も日清戦争以後一般化した」[23]。日本社会での生活体験をもつ留学生は、これに対して最も敏感であった。「近代中国留日史は、留学生が恥を我慢する歴史と排日反日の歴史である」[24]。「留学生の中から多くの反日家を輩出していたように、かれらの日本観の中に、留学生活体験（中国人蔑視・留学生弾圧）と重なる形で、帝国主義日本のイメージが拡大していった」[25]。

何と言っても、中国人の日本認識を徹底的に変えたのは、日本による中国侵略戦争であった。戦争体験は、単に国家のみが被るものではない。国際政治学者F・L・シューマンが指摘しているように「ある民族は、他の諸民族との接触により、その自我を獲得する。民族が自らの独自性を鋭く意識する度合いは、そうした接触の緊密さ、豊富さ、多様性によって決まる。戦争による接触は、平和的接触より民族的連帯を促進する上に一層効果的」である[26]。

日中戦争は、中国軍による本格的な抵抗戦があった時点（一九三七年七月七日の盧溝橋事件）から始まるという意味で、中国では「八年抗日戦争」と呼ばれている。日本の中国に対する本格的な軍事侵略があった時点（一九三一年九月十八日の満洲事変）から始まるという角度から見れば、中日戦争は実は十五年戦争である。「中日十五年戦争」は、「中国民族そのものを敵とする」[27]戦争であり、中国民衆にも多大な被害を及ぼした。天皇直属で最高の統帥部である大本営が出した、中国人に対するイペリットなどの致死性猛毒ガスの使用命令（大陸命令第二四一号）に、「第三国人」に対する被害は絶対ないようにと書かれていたことに象徴されるように、日本軍による中国人虐殺の背景には、民族差別の意識があったと思われる。中国ナショナリズムの高揚は、まさに「同文同種」に対する幻滅感から、このような民族的殺戮を背景として実現されたと思われる。

一九三一年の満洲事変は、日本の侵略に対する中国人の認識を深めたが、しかし「攘」の方法と「尊」の対象を巡って、各政党・階層・集団が依然として深刻に対立している。胡適を代表とする一部の自由派知識人は、「武器の面から見れば、われわれの二〇〇万の軍も、一〇万の日本軍の比べものにもならない」、「抗戦を軽く豪語することは、亡国を招くことだ」と、日本に対する宣戦布告を安易に発することに反対していた。ところが、日本による中国侵略の規模の拡大に伴い、一九三二年の上海抗戦（第一次上海事変）から一九三六年の西安事変（西安事件）まで、一連の抗日的事件が相次いで勃発した。

一九三七年初頭、数名の日本人が当時北京大学教授だった胡適を訪れた。そのとき、胡適は渡した名刺に「尊王攘夷」の四文字を書いたという。盧溝橋事件前の中国社会は、まさに尊王攘夷運動が起こった当時の日本社会に似たような状況にあった。一方で日本が中国侵略の傾向をますます強め、もう一方では中国の国内内戦が長年にわたって続き、各政治勢力・軍事勢力が陰に陽に争い合い、各地域・各階層はそれにしたがって二分、三分されていた。しかし盧溝橋事件の勃発によって、中国人が「日本侵略者の眼前にあるのはいまや散り散りの砂ではなく」なり[28]、盧溝橋事件は「中華民族を日本の侵略戦争に対して全面的に奮い起たせた起点と」なり[29]、「盧溝橋事件を起点として、全中国民族による」「抗日戦争が開始された」[30]。「中国の民族的抵抗」[31]にともなって、事件直後、中国共産党は国民政府による指導

胡適

を受けいれるとの態度を表明した。中国の各党派・勢力は国民政府の指導の下に結集して挙国の抗日民族統一戦線を形成し、ここから、「八年抗日戦争」——胡適が言う近代中国の「尊王攘夷運動」——を始めたのだ。

このようにして、近代中国のナショナリズムは、中国人、特に知識人の間で国土分割・民族滅亡の危機感・緊迫感が段々強まり、外的な独立維持と内的な近代化建設を急がなければならない歴史的環境におかれて、日清戦争を背景として形成され、さらに反帝国主義・反封建主義の新文化運動と五・四運動を背景として展開するようになり、そして日中戦争時になって、日本の侵略に直面した中国国民が「中華民族の空前の覚醒[32]」を実現した。そこにおいて近代日本が果たす役割も変わり、中国の「師」から「敵」へと旋回した。

五 「民族国家」を乗り越える「東アジア共同知」の必要性と可能性

魯迅が「藤野先生」を執筆した時代の日中関係は、決して良いとはいえなかった。二七年の山東出兵、二八年の張作霖暗殺、一九三一年の満洲事変、三二年の満洲国建国、三三年の日本の国際連盟脱退など、戦争への歩みにともなう時期であることがわかる。中国国民の間に日本が中国侵略の野望を持っていることがますます知れ渡っていく。しかしまさにこのような時期に魯迅は、「よく私はこう考える。彼の私に対する熱心な希望と、倦まぬ教訓とは、小にしては中国のためであり、中国に新しい医学の生まれることを希望することである。大にしては学術のためであり、新しい医学の中国へ伝わることを希望することである。彼の性格は、私の眼中において、また心裡において、偉大である。その名を知る人は少ないかも知れぬ」と、藤野先生の人格を高く評価したのである。

ここで注目すべきは、中国のためなら「小」であり、学術のためなら「大」であるという魯迅の考え方である。言うまでもなく、この考え方は、現代中国において政治的に考えられてきた魯迅のイメージと、あたかも正反対のようであり、そして、まさに「民族国家」を乗り越えて日中両国が共有しているような価値観を見るという発想であった。しかしこの考え方は、人類の「知」に対する営みというレベルで考えれば、正しいものといわざるをえない。人類の普遍的な真理を探究する学術学問は、一国家の領域にとどまることができない。いわゆる「大善」である。逆に、人類の普遍的な真理を探究する学術学問であれば、どの国家もその恩恵を受けることが出来る。いわゆる「小善」である。魯迅は藤野先生の行動を通じて、中国という国家よりも学術の世界が大きいことを理解したのである。

こうした国家と学術との関係についての考え方から分かるように、「藤野先生」を著したことによって、魯迅自身も人格完成上において重要な一歩を踏み出した。ここで強調すべきは、このような考え方は、魯迅だけではなく、同時代に日本に来ていた数多くの中国人留学生がともに持っていたということである。そのためでもあるが、二十世紀には日中両国の対立、反目した歴史が長く続いていたにもかかわらず、自然科学の分野だけではなく、人文社会科学の分野においても、中国の近代以降に成立した哲学、美学、文学、歴史学、考古学、人類学、法学、経済学などの学問分野は、そのみなもとを辿れば、かならず日本に見つけることができる。学問の枠組みだけではなく、多くの学術的概念も日本で形成された「漢語」である。

一部の学者は、中国が日本から近代の影響を受けていたことに注目し、ヨーロッパ—日本—アジアという図式で、欧米の近代思想の多くが日本からアジアに発信されたと考えている。しかし、日本が欧米の近代思想をアジアへ伝播する中継地に過ぎないという考え方は果たして正しいのだろうか。二十世紀前期の中国社会のプロセスを検証すれば、欧米のような市民社会、公共領域というより、むしろ日本で展開された近代的社会システムの部分が、中国人留学生によって中国に持ち帰られ、実践されたことが分かる。こうした「日本的改造」という洗礼を受けた近代思想が、中国人にとって受け入れやすくなったことは、事実上日中両国の文化と精神構造における相似性によるものであった。

魯迅の「藤野先生」だけではなく、梁啓超の近代日本思想界との交流、孫文による度重なる日本への接近などは、まさに文化と精神構造の次元における日中両国の相似性を象徴する行動であった。このような相似性は日中両国を含む東アジアにおける「共同知」の可能性を示しており、対立、戦争、民族国家の「国益」を乗り越えられるこうした両国間の「共同知」を探りながら、多くの先哲は日中両国の連携を弛まず模索していたのだ。日中両国の間に共通し、共有できるような「知」の空間が存在していたことは、否定できない事実であろう。それは、本当に「知」(knowledge)と称すべきものが、一民族の生活の知恵や一国家の政治的理念に留まらず、自然や人類社会を認識する知識、学術、学問の理論と範疇、及び倫理観、価値観を意味するものであるべきということである。

日本に侵略される悲哀と苦悩を抱えながらも、日本社会における良心を発見し、「共同知」の構築を模索し続けたことは、決して孫文、魯迅など一部の中国人に限られた現象ではなかった。無論、当時中国と向き合う日本の社会においても同様の苦悩を抱える人々がいた。竹内好はその典型的な例であろう。かつてJ・K・フェアバンクは、中国人は「歴史にこだわる民族」であるとも指摘した[33]。近代中国のナショナリズムの形成と展開における日中関係の重要性を考えれば、アジアにおける新しい国際秩序の構築に向けて最も重要なのは、日本と中国、そして両国がアジア諸国とともに歩んで来た近代の歴史の意味を、常に反芻することであろう。しかし国際協調がますます重要になっている今日においては、民族国家を最高で唯一の価値と見なすことは、国際社会からの自己追放に等しい。そして、民族国家に対する絶対的な忠誠を要求することは、民主・自由などの近代的政治理念を否定することになる。

十七世紀のイギリスの政治家で哲学者でもあるフランシス・ベーコンは「知は力なり」、という有名な言葉を残した。日中両国の関係の大切さを認めれば、「民族国家」を乗り越える「東アジアの共同知」という発想及びそれを求める姿勢が、どの時代においても必要であると理解できる。そして、魯迅と藤野先生とのエピソードが物語っているように、とくに両国の利益が衝突している時期に、このような発想と姿勢はいっそう大切になる、と理解しなければならない。彼は、中国の華北に対する日本軍の侵略攻勢がますます強くなっている一九三三年六月二十一日に、日本の友人西村真琴に次の漢詩を贈ったのである。

度尽劫波兄弟在　劫波《ごうは》を度《わた》り尽くして　兄弟在り
相逢一笑泯恩仇　相逢《あ》いて一笑すれば　恩仇泯《ほろ》ばん(34)

注

序言

（1）「前事不忘、後事之師。」、『戦国策・趙策一』。

第一章　ライバルから手本へ——清国ムスリム公使の対日外交

（1）「在本邦各国公使館員任免雑件」（支那之部）、外務省外交史料館『外務省記録』六門一類八項二―九号、明治十一年十一月から大正二年、第一巻。アジア歴史資料センターのインターネット上において公開されていない。

（2）中国第一歴史档案館、福建師範大学歴史系共編『清季中外使領年表』中華書局、二八―二九頁。

（3）「清真」とは、漢語を話す中国人ムスリムが「イスラーム的」という意味で使う用語である。本来宗教的意味がなかったが、純潔質朴の意味を取って転用されたのである。

（4）留東清真教育会『醒回篇』一九〇八年、東京。

（5）同前『清季中外使領年表』中華書局、二八―二九頁。

（6）「随使述作存稿」、『外務省記録』一門政治一類帝国外交二項亜細亜、元在清公使館書記官中島雄ヨリ引継ノ清韓両国ニ関スル書類、第二巻第五冊明治二十三年分、五、明治二十三年十二月三日から明治二十三年十二月八日、またはアジア歴史資料センター（以下、JACAR）Ref. B03030249900「元在清公使館書記官中島雄ヨリ引継ノ清韓両国ニ関スル書類／「随使述作存稿」第二巻」（1-1-2-57_1_002）外務省外交史料館。

（7）王燕軍「広州首間外語学校——広州同文館」http://www.gzsdfz.org.cn/ycjg/shgc/shgc038.htm

（8）資料「一八九〇　M二三」などを参照。この論文の執筆に当たり、長崎中国交流史協会専務理事の陳東華によって当図書館蔵資料の存在を教示された。ここにおいてお礼を申し上げる。

（9）「長崎事件」外務省編纂『日清交際史提要』第五冊、第十七編、『外務省記録』一門政治一類帝国外交二項亜細亜五四号〇二三四―〇二三五頁、または「5．第五冊第十七編 至 二十編／2 第十七編 長崎事件」、JACAR Ref.B03030243200「日清交際史提要」（1-1-2-54_001）外務省外交史料館。

（10）安岡昭男『明治前期日中関係史研究』（中国語訳）、福建人民出版社、二〇〇七年、一三七―一三九頁。

（11）「清国水兵暴行ノ際鎮撫ニ尽力セル者へ賞与ノ件」、JACAR Ref.A03023064600「公文別録・内務省・明治十九年～明治三十年・第一巻・明治十九年～明治三十年」国立公文書館。

（12）「長崎事件」、同前 JACAR Ref.B03030243200「日清交際史提要」（1-1-2-54_001）外務省外交史料館。

（13）華友根『中国十大法学家』上海社会科学院出版社、二〇〇六年、第四章を参照。

（14）「随使述作存稿」、同前 JACAR Ref.B03030249900「元

在清公使館書記官中島雄ヨリ引継ノ清韓両国ニ関スル書類／「随使述作存稿」第二巻」(1-1-2-57_1_002) 外務省外交史料館。

(15) 同前「在本邦各国公使館員任免雑件」(支那之部)、『外務省記録』六門一類八項二―九号、明治十一年十一月から大正二年、第一巻。劉淑英「一個家族的変遷――広州回族敬修堂楊氏家族的変化発展」、『広東民族研究論叢』(第二輯)、民族出版社、二〇〇七年、二〇〇頁。

(16)『外務省記録』二門条約二類講和条約、協定一項、帝国諸外国間「義和団事変清国償金授受一件」第四巻、または JACAR Ref.B06150076300「義和団事変清国償金授受一件 第四巻 分割4」(2-2-1-0-2_004) 外務省外交史料館。

(17)「清国各省警備一件」、『外務省記録』五門軍事一類国防一項一般軍事軍備及軍費、または JACAR Ref.B07090027100「清国各省警備一件」(5-1-1-0-17) 外務省外交史料館。

(18)「清国服装ノ露兵ニ対スル抗議」、『外務省記録』五門軍事二類戦争二項陸海空軍行動及戦闘「日露戦役ノ際帝国軍隊ノ行動ニ対スル誣妄雑件」、または「13.清国服装ノ露兵ニ対スル抗議」、JACAR Ref.B07090061600「日露戦役ノ際帝国軍隊ノ行動ニ対スル誣妄雑件」(5-2-2-0-24) 外務省外交史料館。

(19)「18.帝国軍隊清人ト共ニ露軍攻撃ニ関スル件」、『外務省記録』五門軍事二類戦争二項陸海空軍行動及戦闘「日露戦役ノ際帝国軍隊ノ行動ニ対スル誣妄雑件」、または JACAR Ref.B07090061900「日露戦役ノ際帝国軍隊ノ行動ニ対スル誣妄雑件」(5-2-2-0-24) 外務省外交史料館。

(20)「9.清国政府ヨリ米及綿ヲ奉天省へ送付ノ儀ニ付照会」、『外務省記録』五門軍事二類戦争一項開戦「日露戦役ノ際第三国人引揚保護並交戦地へ廻航及出向雑件／清国ノ部、雑」。または JACAR Ref.B07090561200「日露戦役ノ際第三国人引揚保護並交戦地へ廻航及出向雑件／清国ノ部、雑」(5-2-1-0-18_3) 外務省外交史料館。

(21)「満州に関する日清交渉会議録第一号 明治三十八年十一月十七日・光緒三十一年十月二十一日開会」、JACAR Ref.C06041242800「満州に関する日清交渉会議録中日全権大臣会議東三省事宜節録 参謀本部副官管」防衛省防衛研究所。「満州に関する日清交渉会議録第二二号 明治三十八年十二月二十二日・光緒三十一年十一月二十六日開会」、JACAR Ref.C06041244900「「満州に関する日清交渉会議録中日全権大臣会議東三省事宜節録 参謀本部副官管」防衛省防衛研究所。

(22)「17.芝罘商人張徳山潤喧張励明徐亨広ノ四名合資ニ関スル徳和号財産調査ノタメ渡航願出其他ノ件並ニ紀鳳台財産ノ件(紀鳳台ニ対スル損害要償ノ件二十五門ニ在リ)」、JACAR Ref.B07090562000「日露戦役ノ際第三国人引揚保護並交戦地へ廻航及出向雑件／清国ノ部、雑」(5-2-1-0-18_3) 外務省外交史料館。JACAR Ref.B07091095000「残留財産調査ノ為関東州内へ外国人渡航及同取締規則制定並ニ残留財産確認期限延長一件／諸外国人ノ部 第一巻 分割3」(5-2-13-0-6_1_001) 外務省外交史料館。JACAR Ref.B07091095400「残留財産調査ノ

為関東州内ヘ外国人渡航及同取締規則制定並ニ残留財産確認期限延長一件／諸外国人ノ部　第二巻 分割１」(5-2-13-0-6_1_002) 外務省外交史料館。

(23) JACAR Ref.B07090737700「日露戦役後占領地ニ於ケル帝国官憲ノ処置ニ関シ清国其他ヨリ苦情申出一件 分割１」(5-2-6-0-13) 外務省外交史料館。JACAR Ref.B07090737800「日露戦役後占領地ニ於ケル帝国官憲ノ処置ニ関シ清国其他ヨリ苦情申出一件 分割２」(5-2-6-0-13) 外務省外交史料館。

(24)「６ 明治三十四年五月十六日から明治三十八年八月三十日」、JACAR Ref.B03050065400「各国内政関係雑纂／支那ノ部／革命党関係（亡命者ヲ含ム）第二巻」(1-6-1-4_2_1_002) 外務省外交史料館。

(25)「清国人庚有為ノ企謀ニ関スル内報之件」（庚はママ）「５ 明治三十三年五月二十三日から明治三十七年六月二十五日」、JACAR Ref.B03050092500「各国内政関係雑纂／支那ノ部／光緒二十四年政変、光緒帝及西太后ノ崩御、袁世凱ノ免官 第三巻」(1-6-1-4_2_2_003) 外務省外交史料館。

(26)「宮崎寅蔵外一名逮捕ニ関スル報告」、同前「５ 明治三十三年五月二十三日から明治三十七年六月二十五日」、JACAR Ref.B03050092500「各国内政関係雑纂／支那ノ部／光緒二十四年政変、光緒帝及西太后ノ崩御、袁世凱ノ免官 第三巻」(1-6-1-4_2_2_003) 外務省外交史料館。

(27)「王之春カ康有為殺害ノ密旨ヲ受取リタル件」、同前「５ 明治三十三年五月二十三日から明治三十七年六月二十五日」、JACAR Ref.B03050092500「各国内政関係雑纂／支那ノ部／光緒二十四年政変、光緒帝及西太后ノ崩御、袁世凱ノ免官 第三巻」(1-6-1-4_2_2_003) 外務省外交史料館。

(28)「７ 明治三十八年九月二日から明治四十一年四月四日」、JACAR Ref.B03050065500「各国内政関係雑纂／支那ノ部／革命党関係（亡命者ヲ含ム）第二巻」(1-6-1-4_2_1_002) 外務省外交史料館。

(29) 丁朗父「従皇族内閣成立到辛亥革命爆発」『北京週末詩会』、http://blog.boxun.com/hero/201403/beijingzhoumoshihui/9_1.shtml

(30)「清国留学生に関する件」、JACAR Ref.C04013568400「明治三十二年「壹大日記」」防衛省防衛研究所。「清国留学生に関する件」、JACAR Ref.C04013582700「明治三十二年「壹大日記」」防衛省防衛研究所。「清国留学生戸山学校へ通学の件」、JACAR Ref.C04013601200「明治三十二年「壹大日記」」防衛省防衛研究所。

(31)「清国陸軍学生入隊並入校の件」、JACAR Ref.C04013884200「明治三十六年三月「壹大日記」」防衛省防衛研究所。

(32)「清国陸軍学生唐在礼退隊の件」、JACAR Ref.C04013950200「明治三十七年「壹大日記」」防衛省防衛研究所。

(33)「清国陸軍学生士官学校へ入学の件」、JACAR Ref.C04014145000「明治三十九年「壹大日記」」防衛省防衛研究所。

(34)「清国学生監理委員長経理学校建物使用の件」、JACAR Ref.C06083969900「明治三十七年乾「貳大日記十月」」防衛省防衛研究所。
(35)「清国陸軍学生帰国の件」、同前『陸軍省大日記』「壹大日記」一九〇三年三月。
(36)「清国直隷総督代 沖商会製作兵器購買之件」、JACAR Ref.C03022838600「密大日記 明治三十九年」防衛省防衛研究所。
(37)「清国遊歴官本省参観の件」、JACAR Ref.C04014116100「明治三十九年「壹大日記」」防衛省防衛研究所。
(38)「清国副都統学校其他参観の件」、JACAR Ref.C04014153100「明治三十九年「壹大日記」」防衛省防衛研究所。「清国人兵営学校等参観の件」、JACAR Ref.C04014179800「明治三十九年「壹大日記」」防衛省防衛研究所。
(39)「清国人兵営、工廠参観の件」、JACAR Ref.C04014155200「明治三十九年「壹大日記」」防衛省防衛研究所。「上海機器製造局委員工廠等参観の件」、JACAR Ref.C04014135400「明治三十九年「壹大日記」」防衛省防衛研究所。
(40)「11. 西広総督本邦ヨリ工兵用器具購入」、JACAR Ref.B07090283400「本邦ニ於ケル各国兵器需品其他調達関係雑件／支那ノ部　第一巻」(5-1-5-0-17_2_001) 外務省外交史料館。
(41)「政務調査員派遣ニ関シ報告ノ件」「1 明治三十七年九月二十六日から明治三十八年十月五日」、JACAR Ref.B03050326000「政務視察ノ為清国大官ヲ各国ニ派遣一件」(1-6-1-20) 外務省外交史料館。
(42)「清国鎮国公載澤殿下来航接待次第」「2 明治三十八年十月十一日から明治三十八年十二月三十一日」、JACAR Ref.B03050326100「政務視察ノ為清国大官ヲ各国ニ派遣一件」(1-6-1-20) 外務省外交史料館。
(43)「津田大尉海外旅券請求の件」、JACAR Ref.C07041744400「明治三十七年「参大日記　三月」」防衛省防衛研究所。「清国袁世凱より津田大尉へ贈与品の件」、JACAR Ref.C07041751500「明治三十七年「参大日記　七月」」防衛省防衛研究所。
(44)「清国に於て陸軍学堂制度改正其他の件」、JACAR Ref.C03020284500「明治三十八年「満密大日記 明治三十八年一月二月」」防衛省防衛研究所。
(45)「清国より将校招聘の義照会の件」、JACAR Ref.C04014156400「明治三十九年「壹大日記」」防衛省防衛研究所。
(46)「清国広東銭局銀票製造ニ関スル契約書案ノ件」、JACAR Ref.A04010119400「公文雑纂・明治四十年・第一巻・内閣一・内閣一」国立公文書館。
(47)「成城学校在学清国留学生に関する新聞記事の件」、JACAR Ref.C04013904500「明治三十六年七月「壹大日記」」防衛省防衛研究所。
(48)戈公振『中国報学史』(上海商務印書館、一九二七年)中国新聞出版社、一九八五年、一二六—一二八頁。
(49)「外務省 佐藤大尉対清国留学生盧金山の件」、JACAR

Ref.C03022813100「陸軍省—密大日記—明治三十六年」防衛省防衛研究所。

(50)「清国留学生総監督着京の件」、JACAR Ref.C04013874900「明治三十六年一月「壹大日記」」防衛省防衛研究所。

(51)「駐日清国公使留学生総監督兼任の件」、JACAR Ref.C07060298400「明治三十六年「陸軍省大日記　庶日号二」」防衛省防衛研究所。

(52)「在本邦清国学生監督者派遣の件」、JACAR Ref.C04013633600「明治三十二年「壹大日記」」防衛省防衛研究所。

(53)「清国留学生総監督渡来の件」、JACAR Ref.C04013874100「明治三十六年一月「壹大日記」」防衛省防衛研究所。

(54)「清国留学生任総監督転任に付事務引継の件」、JACAR Ref.C04013923900「明治三十六年十月「壹大日記」」防衛省防衛研究所。「清国学生監督者の件」、JACAR Ref.C04014003600「明治三十七年「壹大日記」」防衛省防衛研究所。呂順長「浙江留日学生監督孫淦事績」http://www.ch.zju.edu.cn/rwxy/rbs/lvshunchanglwj4liuxuesjdu.htm。

(55)さねとう けいしゅう『中国留学生史談』第一書房、一九八一年、一八三頁。

(56)JACAR Ref.B12081631700「在本邦清国留学生関係雑纂／取締規則制定並同規則ニ対シ学生紛擾之件 分割1」(B-3-10-5-3_7)外務省外交史料館。

(57)JACAR Ref.B12081631800「在本邦清国留学生関係雑纂／取締規則制定並同規則ニ対シ学生紛擾之件 分割2」(B-3-10-5-3_7)外務省外交史料館。

(58)「高級副官ヨリ教育総監部副官へ通牒案」「清国留学生取締並に奨励規則頒布の件」、JACAR Ref.C04013998600「明治三十七年「壹大日記」」防衛省防衛研究所。「在本邦清国留学生取締規定及奨励規定送付の件」、JACAR Ref.B12081631700「在本邦清国留学生関係雑纂／取締規則制定並同規則ニ対シ学生紛擾之件 分割1」(B-3-10-5-3_7)外務省外交史料館。

(59)JACAR Ref.B12081631700「在本邦清国留学生関係雑纂／取締規則制定並同規則ニ対シ学生紛擾之件 分割1」(B-3-10-5-3_7)外務省外交史料館。

(60)JACAR Ref.B12081631700「在本邦清国留学生関係雑纂／取締規則制定並同規則ニ対シ学生紛擾之件 分割1」(B-3-10-5-3_7)外務省外交史料館。

(61)「1．留学生派遣ニ関スル在清矢野公使具申并ニ回訓附在英公使へ全件通報」、JACAR Ref.B12081617000「在本邦清国留学生関係雑纂／陸軍学生之部　第一巻」(B-3-10-5-3_1_001)外務省外交史料館。

(62)「臨時清国学生養成費支出金外三件ノ国庫剰余金ヨリ支出ス」、JACAR Ref.A01200228800「公文類聚・第二十九編・明治三十八年・第十巻下・財政三下・会計三下・臨時補給一下」国立公文書館。

(63)「警視庁 清国留学生総監督汪大燮訓示の件」、JACAR Ref.C03022786400「陸軍省—密大日記—明治三十六年」防衛省防衛研究所。

(64)「文部省発普二四八号」、JACAR Ref.B12081631700「在本邦清国留学生関係雑纂／取締規則制定並同規則ニ対シ学生紛擾之件 分割1」(B-3-10-5-3_7) 外務省外交史料館。

(65) 程家檉「留学生取締規程に反対の理由」、『朝日新聞』一九〇五年十二月十、十一日。

(66) JACAR Ref.B12081631700「在本邦清国留学生関係雑纂／取締規則制定並同規則ニ対シ学生紛擾之件 分割1」(B-3-10-5-3_7) 外務省外交史料館。

(67) 王奇生『中国留学生的歴史軌迹』湖北教育出版社、一九九二年、九七―九八頁。

(68) 法政大学史資料委員会編『法政大学史料集』第一一集、一九八八年。

(69) 同上『法政大学史料集』第一一集、一九八八年。

(70)『大清徳宗景皇帝実録』五四〇巻、『光緒朝東華録』(五)、五二六八頁。

(71) 永井道雄・原芳男・田中宏『アジア留学生と日本』日本放送出版協会、一九七三年、八四頁。

(72) 同前『法政大学史料集』第一一集。

(73) 同前『法政大学史料集』第一一集。

(74) JACAR Ref.B05015422400「在本邦一般留学生補給実施関係雑件 第一巻 1.一般留学生 分割3」(H-5-1-0-1_001) 外務省外交史料館。

(75) 楊紹権「清末洋務運動広東回族上層分子的参加者――楊樞」、広州市伊斯蘭教協会文史史料委員会編『広州市回族、伊斯蘭教文史資料選集』第一、二、三期合集、二〇〇二年、九七頁。

(76) 同前『清季中外使領年表』中華書局、一〇―一二頁。

(77) 同前「一個家族的変遷――広州回族敬修堂楊氏家族的変化発展」二〇〇頁。

(78) 楊紹権「関於楊晟和馬廷亮」、広東政治協商会議学習与文史史料委員会編『広東文史史料存稿選編』第五巻、広東人民出版社、二〇〇五年、一七三頁。同前『清季中外使領年表』中華書局、一〇―一二、七九頁。

(79) 趙鐘奇「論中国回教之国民教育」、留東清真教育会誌『醒回篇』。

(80) 同前。

(81)(清)馬徳新『朝覲途記』寧夏人民出版社、一九八八年、六五頁。

(82) 同前「論中国回教之国民教育」。

(83) 同前。

(84) 黄鎮磐「論回民」、留東清真教育会誌『醒回篇』。

(85) 黄鎮磐「宗教与教育之関係」、留東清真教育会誌『醒回篇』。

(86) 趙鐘奇「中国回教の由来」、留東清真教育会誌『醒回篇』。

(87) 同前「論回民」。

(88) 同前「中国回教之来歴」。

(89) 同前「論中国回教之国民教育」。

(90) 同前『清季中外使領事年表』中華書局一九八五年、一六頁。

(91) 白壽彝編『回族人物誌(近代)』寧夏人民出版社、一九九七年、二二七頁。

(92) 同前「一個家族的変遷――広州回族敬修堂楊氏家族的

変化発展」二〇二、二〇四頁。

第二章　東アジアにおける「民族」と「民族国家」の思想
――近代国家思想の誕生と歴史の連鎖

(1) 公式発表では三万九八一七人である。

(2) http://sports.163.com/07/0918/14/3OM9D5QT00051C8O.html

(3) http://comment.sports.163.com/reply/post.jsp?type=null&board=sports2_bbs&threadid=3OLE1GDJ00051C8O&showdistrict=&pagex=1

(4) 韓錦春・李毅夫「漢文『民族』一詞的出現及其初期使用情況」、『民族研究』一九八四年第四期、三九頁。王柯『二〇世紀中国の国家建設と「民族」』東京大学出版会、二〇〇六年、六〇―六二頁。

(5) 安田浩「近代日本における『民族』観念の形成――国民・臣民・民族」、『季刊　思想と現代』一九九二年三一号、六二頁。

(6) 同前。

(7) 志賀重昂「『日本人』の抱懐する処の旨義を告白す」、『日本人』第二号、一八八八年四月十八日、志賀重昂全集刊行会『志賀重昂全集』第一巻、一九二八年七月、一頁。

(8) 「日本民族独立の方針」、『日本人』第二三号、一八八九年三月三日、志賀重昂全集刊行会『志賀重昂全集』第一巻、一九二八年七月、四六―四七頁。

(9) 同前、四七頁。

(10) 「日本国裡の理想的事大党」、『日本人』第五号、一八八八年六月三日、志賀重昂全集刊行会『志賀重昂全集』第一巻、一九二八年七月、二四頁。

(11) 同前、「漢文『民族』一詞的出現及其初期使用情況」三九頁。彭英明「関於我国民族概念歴史的初歩考察――兼談対斯大林民族定義的弁証理解」、『民族研究』一九八五年第二期。

(12) 孫文「三民主義」、『国父全集』（台湾）国防研究院、一九六一年、一八六頁。

(13) 李吉奎『孫文与日本』広東人民出版社、一九九六年、三四頁。

(14) 丁文江・趙豊田『梁啓超年譜長編』上海人民出版社、一九八三年、一五九―一六〇頁。

(15) 梁啓超「論学日本文之益」、『飲氷室合集』文集四。

(16) 梁啓超「三十自述」、『飲氷室合集』文集一一。

(17) 張静盧輯注『中国近代出版史料』初編、中華書局、一九五七年、八頁。

(18) 著者不明「民族主義之教育――此篇拠日本高材世雄所論而増益之」、『辛亥革命前十年間時論選集』第一巻上、生活・読書・新知三聯書店、一九六〇年、四〇四頁。

(19) 同前、「近代日本における『民族』観念の形成――国民・臣民・民族」六六頁を参照。

(20) 陸羯南「世界的理想と国民的観念」、『日本』第二六七号、一八九〇年一月四日、近代日本思想大系『陸羯南集』筑摩書房、一九八七年、二四五頁。

(21) 楊度「『游学訳編』叙」、『游学訳編』第一期、一九〇二年十一月。

(22) 小熊英二『単一民族神話の起源』新曜社、一九九五年、六六頁。
(23)「然ルニ我国ノ彼レニ異ナル所ハ唯ニ万世一系ノ不易ノ君主ヲ戴クト云フノナラス、祖先教ヲ以テ、社会ノ秩序ヲ正フシ、祖先ヲ崇拝スルノ教ハ、即民族ノ宗家タル皇室ヲ奉戴シテ一国一社会ヲ団結スルト云フ。」(「家制及国体」、『法学新報』第一三号、明治二十五年四月二十五日)、上杉慎吉編集発行『穂積八束博士論文集』一九一三年、二八五頁。また同前安田浩「近代日本における『民族』観念の形成——国民・臣民・民族」六七頁を参照。
(24)「我民族ハ同祖ノ血類ニシテ、我万世一系ノ皇位ハ即チ民族ノ始祖タル、天祖ノ霊位タルコトヲ追想シ、神聖ナル皇位ヲ崇拝シ、其威霊ノ下ニ同族親和ノ団結ヲ成シ、以テ千古ノ歴史ノ成果ヲ擁護シ、日新ノ国運ヲ伸張セント欲ス、是レ我愛国ノ精神タリ。」(「憲法の精神」、『明義』第一巻第一号、明治三十三年四月)、上杉慎吉編集発行『穂積八束博士論文集』一九一三年、五〇八頁。また同前安田浩「近代日本における『民族』観念の形成——国民・臣民・民族」六九頁を参照。
(25) 同前、『国父全集』(台湾) 国防研究院、一九六一年、三九三頁。
(26) 鉄生「警告我漢族大軍人書」、『民報』第一六号、一九〇七年。
(27) 拙文「日本は『先んじた』のか——近代日本と中国のナショナリズム」、『世界』六〇五号、岩波書店、一九九五年、五四—六三頁を参照。
(28) 二〇〇四年末、日本政府が数年後に中国に対するODAの打ち切りを中国政府に言明した。しかし、日本政府によるODAが国家間戦争賠償を放棄した中国に対する日本の気持ちであると、多くの中国人は考えていた。
(29) 二〇〇五年二月九日、日本政府は尖閣諸島の魚釣島に日本の政治団体が建てた灯台の所有権の国への移転手続きを完了したと発表した。
(30) 二〇〇五年二月中旬にアメリカのワシントンD.C.で行われた日米会談(2プラス2)では、台湾有事の際の日米の共同戦線が事実上確認された。
(31) 三月十八日に第二次世界大戦中に旧日本軍の従軍慰安婦にされたとして、山西省の女性二人が日本政府に損害賠償を求めた訴訟の控訴審判決で、東京高裁は原告の控訴を棄却した。四月五日に文部科学省が「つくる会」による歴史教科書の検定合格を発表した。
(32) 二〇〇五年四月に中国で反日の動きが高まっている最中に、日本政府は東シナ海の天然ガス田開発の手続きを始めたことを発表した。
(33) 二〇〇五年三月二十一日の国連安全保障理事会の拡大などを提言した国連改革報告書についての記者会見で、アナン氏は「常任理事国が六カ国増えた場合、一つはもちろんアジアの国である日本に行く」と説明した。この発言は翌日にあわてて訂正されたが、各国同様、中国国内でも大きな波紋を広げていた。かつての侵略戦争に対しいまだに正しく認識できない日本に、なぜ安全保障理事会に入る資格があるのか、と多くの中国国民はアナン発言に反感を覚えた。

(34) 二〇〇五年三月に島根県議会が「竹島（独島の日本名）の日」制定の条例案を可決させたことで、韓国各地で同時多発的に反日デモが行われた。日韓友好条約調印四〇周年にあたる年に日本で大きな韓流ブームが起こっているにもかかわらず、人口が日本の半分にも届かない韓国の国民が竹島問題で示した反応は中国の国民に大きな影響を与えた。

第三章 「民族国家」中国を目指して――辛亥革命と黒龍会

(1) 「8 対支私案」、JACAR Ref.B03030272300「支那政見雑纂 第二巻」（1-1-2-77_002）外務省外交史料館。

(2) 「対支問題解決鄙見」「15 対支問題解決意見」、JACAR Ref.B03030268800「支那政見雑纂 第一巻」（1-1-2-77_001）外務省外交史料館。

(3) ここは一字不明。以下同。

(4) 同前「8 対支私案」。

(5) 「支那革命の端緒と日支志士の提携」葛生能久『東亜先覚志士記伝　上』黒龍会出版部、一九三五年、六一七―六二二頁。

(6) 段雲章『孫文与日本史事編年』広東人民出版社、一九九六年、二九―四〇頁。

(7) この花田仲之助は後に日露戦争及び日中戦争の時機に日本軍の命令を受けて中国東北部において活動していた。詳しくは王柯「日本侵華戦争与『回教工作』」、『歴史研究』二〇〇九年第五期、第九二―九三頁を参照。

(8) 「臥薪嘗胆と入露の人々」「浦潮方面における我が志士及び軍人の行動」、同前『東亜先覚志士記伝　上』五六九―六〇四頁。頭山満・犬養毅・杉山茂丸・内田良平『玄洋社と黒龍会、あるいは行動的アジア主義の原点』書肆心水、二〇〇八年、二七九―三一一頁。

(9) 内田良平自伝『硬石五拾年譜』（原著一九二七年）葦書房、一九七八年、五一―五二頁。同前『孫文与日本史事編年』四〇頁。

(10) 「恵州事件の前後」、同前『東亜先覚志士記伝　上』六五一―六五二頁。

(11) 「対露問題と黒龍会」、同前『東亜先覚志士記伝　上』六七八―六七九頁。

(12) 思想研究資料特輯第三号『国家主義乃至国家社会主義団体輯覧』（上）（昭和七年十二月調）、一九三三年、三七―三九頁。

(13) 藤本尚則『巨人頭山満翁』政教社、一九二三年、五〇九頁。

(14) 「支那革命党の揺籃時代と日本志士」葛生能久『東亜先覚志士記伝　中』黒龍会出版部、一九三五年、三七七頁。

(15) 同前『巨人頭山満翁』五二〇―五二一頁。

(16) 初瀬龍平『伝統的右翼内田良平の研究』（北九州大学法政叢書1）九州大学出版会、一九八〇年、一四〇頁。

(17) 「十一月二十五日午後二時十五分東京発、上海豊陽館宮崎宛、内田良平出」、JACAR Ref.C08041018300「（自）明治四十四年～（至）大正二年　清国事変書類　巻一七

来電（11）マツデン（8）」防衛省防衛研究所。

（18）原口要（一八五一―一九二七年）、日本の鉄道技術者、最初の工学博士、後に孫文によって阪谷芳郎と共に中華民国臨時政府の財政顧問に任命された。

（19）「十二月十二日午前十時五十分東京発、上海松崎ホテル喜多輝次郎宛」、同前「マツデン（8）」。

（20）「一月二十五日午後二時三十分東京発、上海松崎ホテル喜多輝次郎宛」、「一月二十五日午後十時十分上海発、東京麻布内田良平」、JACAR Ref.C08041018900「（自）明治四十四年～（至）大正二年　清国事変書類　巻一七　来電（11）マツデン（14）」防衛省防衛研究所。

（21）「一月二十五日上海発、東京内田良平宛」、「一月二十五日午後十時四十五分上海発、東京水明館梅村ゴク宛」、「一月二十六日午後零時五分東京発、上海松崎洋行喜多輝次郎宛」、同前「マツデン（14）」。

（22）「二月六日午後八時五十分上海発、東京麻布内田良平、東京京橋杉山茂丸、政友会本部小川平吉、東京青山末岡タケタリ、東京原宿有賀文八郎宛」、JACAR Ref.C08041019200「（自）明治四十四年～（至）大正二年　清国事変書類　巻一七　来電（11）マツデン（17）」防衛省防衛研究所。

（23）「一月二十五日午後七時四十分上海発、東京麻布内田良平、青山有賀文八郎、青山末岡タケタリ、京橋杉山茂丸宛」「一月二十五日午後二時四十分東京発、上海松崎ホテル喜多宛」「一月二十七日午前十一時十分上海発、東京麻布内田良平、青山有賀文八郎、青山末岡タレタリ、京橋杉山茂丸宛」「一月二十八日午前九時二十分東京発、上海松崎洋行喜多輝次郎宛」、JACAR Ref.C08041019000「（自）明治四十四年～（至）大正二年　清国事変書類　巻一七　来電（11）マツデン（15）」防衛省防衛研究所。

（24）「一月二十九日午後九時東京発、上海ミンリツホ気付、南京共和政府宛」、同前「マツデン（15）」。

（25）同前『玄洋社と黒龍会、あるいは行動的アジア主義の原点』二四頁。

（26）「二月三日午後六時四十分上海発、東京麻布内田良平、青山末岡タケタリ、京橋杉山茂丸宛」、JACAR Ref.C08041019100「（自）明治四十四年～（至）大正二年　清国事変書類　巻一七　来電（11）マツデン（16）」防衛省防衛研究所。

（27）「二月六日午後八時五十分上海発、東京麻布内田良平、東京京橋杉山茂丸、政友会本部小川平吉、東京青山末岡タケタリ、東京原宿有賀文八郎宛」、同前「マツデン（17）」。

（28）「二月七日午後三時五十五分東京発、上海松崎ホテル喜多」、同前「マツデン（17）」。

（29）「二月十三日午前十時五十五分東京発、南京宋教仁宛」、同前「マツデン（17）」。

（30）「二月十四日午後十時上海発、東京牛込仲町千早正二郎宛」、JACAR Ref.C08041019300「（自）明治四十四年～（至）大正二年　清国事変書類　巻一七　来電（11）マツデン（18）」防衛省防衛研究所。

（31）「二月十七日午後十時上海発、東京麻布内田良平宛」、同前「マツデン（18）」。

(32)「二月二十日東京発、上海松崎洋行宋教仁、喜多宛」「二月二十日東京発、上海松崎洋行宋教仁宛」、JACAR Ref. C08041019400「(自)明治四十四年〜(至)大正二年 清国事変書類　巻一七　来電(11)マッデン(19)」防衛省防衛研究所。この件については、また「宋教仁宛小川平吉(電報)(写し)」、『小川平吉関係文書2』みすず書房、一九七三年、四四三頁、四五〇頁などと、小川平吉「遺日全権として宋来日の件」、『小川平吉関係文書1』みすず書房、一九七三年、五八一頁を参照。

(33)「対支活動の先駆」、同前『東亜先覚志士記伝　上』三一〇—三一一頁。

(34)同前、三一一—三一二頁。

(35)同前、三一〇—三一一頁。

(36)同前、三〇九頁。

(37)同前、三一〇頁。

(38)桂宏誠「孫中山的『民権』『民主』及『共和』之涵義」、財団法人国家政策研究基金会『国家』内政(研)〇九五—〇〇二号、二〇〇六年。

(39)一九一三年三月、孫文は福岡の玄洋社墓地を参拝した。

(40)井川聡・小林寛『人ありて、頭山満と玄洋社』海鳥社、二〇〇三年、四四頁。

(41)石瀧豊美『玄洋社発掘——もうひとつの自由民権』西日本新聞社、一九八一年、二二一—二二六頁。

(42)『玄洋社社史』(原著一九一七年)、明治文献、復刻版二二三—二二五頁。

(43)「対支活動の先駆」、同前『東亜先覚志士記伝　上』三一二頁。

(44)「第一次満蒙独立運動」、同前『東亜先覚志士記伝　中』三一八頁。

(45)同前、内田良平自伝『硬石五拾年譜』七七頁。

(46)「第一次満蒙独立運動」、同前『東亜先覚志士記伝　中』三一八頁。

(47)内田良平「分割乎保全乎、対支那大陸の根本政策問題、飽く迄も領土保全」、『太陽』第一九巻第二号、九九—一〇一頁。

(48)「支那改造論」、黒龍会本部編『内外時事月函』明治四十四年十二月号、二〇頁。

(49)同前、二二頁。

(50)同前、二一—二四頁。

(51)同前、二七頁。

(52)「第一次満蒙独立運動」、同前『東亜先覚志士記伝　中』三一八頁。

(53)「二月十日東京発、南京宋教仁宛!! Songchouyen」「二月十日東京発、上海Torajo宛」、同前「マッデン(17)」。同前「宋教仁宛小川平吉(電報)(写し)」四四三頁。

(54)「原来吾人之目的、在於滅満興漢、至革命成功之曉、即令満蒙西伯利亜送与日本亦可也。」、段雲章『孫文与日本史事編年』広東人民出版社、一九九六年、四〇頁。

(55)孫中山「中国若無恢復已失去之疆土則亦無能立国於大地」民国元年春在南京与報館記者談話、(台湾)国防研究院印行『国父全書』一九六〇年、四九六頁。

(56)同前『伝統的右翼内田良平の研究』(北九州大学法政

叢書1)、一七二頁。

(57)「川島浪速の支那渡航と最初の満蒙建国計画」、同前『東亜先覚志士記伝　中』二四二頁。

(58)「満洲建国の先駆者川島浪速」、同前『東亜先覚志士記伝　中』二二二頁。

(59)同前『伝統的右翼内田良平の研究』(北九州大学法政叢書1)、一七三頁。

(60)「対支問題解決鄙見」、同前「15 対支問題解決意見」。

(61)同前。

(62)藤井昇三「孫文と『満洲』問題」、『関東学院大学文学部紀要』第五二号(昭和六十二年、四二―五一頁)を参照。「孫文の日中関係の中の『満洲』問題をどのように考えていたのか、そして、この孫文の『満州問題』に対する態度は、中国革命の展開の過程で、どのように変化していったのか」という問題に関する藤井氏の一連の論文は、この問題についてもっとも明白に指摘した論説である。その中で多くの証拠が提出されている。残念ながら、日本の満洲経営に同意するというような曖昧な表現以外、「満洲」を日本に租借、または割除するような孫文の自筆文書はまだ確認されていない。

第四章　「王道」の「アジア」
――「人類と自然との契約」に基づく東アジアの「共同知」

(1)第六章第四節「孫文の大亜細亜主義」、JACAR Ref. C11111949300「中支那に於ける「教育、思想、宗教、宣伝、外国勢力」に関する報告書　第二篇　思想」防衛省防衛研究所。この部分は和田清「支那　上」(『岩波講座東洋思潮　東洋史の時代相』一九三五年十一月、一四頁)の写しだった可能性が高い。

(2)孫文「日俄戦前中国同情於日本日俄戦後中国反不表同情」、秦孝儀編『国父全集』第二冊、近代中国出版社、一九八九年、四九七頁。

(3)広田昌希「対外政策と脱亜意識」、歴史学研究会・日本史研究会編『講座日本歴史』(七)東京大学出版会、一九八五年、三〇一―三〇二頁。

(4)孫文「致犬養毅請擺脱列強影響毅然助成中国革命函」、秦孝儀編『国父全集』第三冊、四九一頁。

(5)同前。

(6)この部分は『礼記・礼運』からの引用である。本文は「大道之行也、天下為公、選賢與能、講信修睦、故人不獨親其親、不獨子其子。使老有所終、壯有所用、幼有所長、矜寡孤獨廢疾者、皆有所養。男有分、女有歸。」となっている。

(7)丁則良「孫中山与亜洲民族解放闘争」、『孫中山研究論文集:一九四九―一九八四』四川人民出版社、一九八六年、一二三一―一二三三頁。

(8)二〇一五年二月七日の藤原書店創業二十五周年記念講演会における韓国詩人高銀との対談のなか、小倉和夫はなぜ東洋と異なり、西洋には自然を歌うポエムは十九世紀以前ほとんどなかったのかという問題を提起した。

(9)村田雄二郎「アジア論再考――竹内好から海洋アジア論へ」、愛知大学中国学研究センター『現代中国学方法論の構築を目指して』（政治篇）、二〇〇六年、一三頁より。

第五章　民族国家の壁を乗り越えられなかった「回教圏」——「回教工作」と大陸進出

（1）「25．時局に伴う対支謀略」、JACAR Ref.B02030540000「支那事変関係一件 第十四巻」（A-1-1-0-30_014）外務省外交史料館。

（2）小林不二男『日本イスラーム史』日本イスラーム友好連盟、一九八八年、四七頁。

（3）「10 蒙古視察復命書 1」、JACAR Ref.B03050331800「蒙古辺境視察員派遣一件」（1-6-1-23）外務省外交史料館。

（4）「現役兵証昼並ニ抽籤札領収昼廻送ノ件」「13．桜井好孝、芝田辰治」、JACAR Ref.B07090106700「本邦人徴兵関係雑纂　第十七巻」（5-1-2-0-1_017）外務省外交史料館。

（5）「河南ノ回教徒」、JACAR Ref.B02130562300「中久喜信周調査 河南ノ回教徒（政一―4）外務省外交史料館。

（6）坪内隆彦「イスラーム先駆者田中逸平試論」http://www.asia2020.jp/islam/tanaka_shiron.htm

（7）「23．山岡光太郎 回々教ノ神秘的威力購入ノ件」、JACAR Ref.B03040728100「宣伝関係雑件／嘱託及補助金支給宣伝者其他宣伝費支出関係／本邦人ノ部 第三巻」（1-3-1-35_1_1_003）外務省外交史料館。

（8）「4 大正二年度 諸般政務施行成績 関東都督府 8／第六 宗教ニ関スル一般ノ状況」、JACAR Ref.B03041562800「関東都督府政況報告並雑報 第九巻」（1-5-3-12_010）外務省外交史料館。

（9）「臨時軍事費使用の件」、JACAR Ref.C03024894800「大正七年「歐受大日記 四月」」防衛省防衛研究所。

（10）「諜報機関配置の件」、JACAR Ref.C03022435700「大正七年「密大日記 四冊の内2」」防衛省防衛研究所。

（11）「蒙古及新疆地方諜報機関配置の件」、JACAR Ref.C03022436400「大正七年「密大日記 四冊の内2」」防衛省防衛研究所。

（12）「台北県属予備陸軍一等軍曹滝九郎〇鳳山県巡査予備陸軍歩兵上等兵佐田繁治外十名〇台北県弁務署主記後備陸軍砲兵一等軍曹長門芳太郎外二名〇台北県属後備陸軍一等書記加藤亮〇台南県巡査後備陸軍歩兵一等軍曹山下峻〇鳳山県巡査予備陸軍歩兵一等軍曹丹下幸作外十五名召集免除」、JACAR Ref.A04010047100「公文雑纂・明治三十一年・第二十五巻・台湾及庁府県一・台湾及庁府県一」国立公文書館。

（13）臼杵陽「植民地政策から地域研究へ」（帝国主義と地域研究［報告一］）、http://repository.tufs.ac.jp/bitstream/10108/26300/1/cdats-hub3-3.pdf

（14）「印刷物送付の件」、JACAR Ref.C03025355100「大正十一年「歐受大日記 自〇八月至〇九月」」防衛省防衛研究所。

（15）「支那回教研究家若林半、郡正三、細川將補助願」、『外務省記録』H門―六類、第二巻三十二。B05015680800。

（16）「済南日報社内訌ニ就イテ」、『外務省記録』一門―三類―一項―一／三、大正六年六月、大正九年五月十二日。B03040600500。

(17) 坪内隆彦「イスラーム先駆者 田中逸平・試論」http://www.asia2020.jp/islam/tanaka_shiron.htm

(18)「支那回教研究家 若林半、郡正三、細川將補助願」「32. 支那回教研究家若林半・郡正三・細川將 昭和十年九月十一日」、JACAR Ref.B05015680800「本邦人満支視察旅行関係雑件／補助実施関係 第二巻」(H-6-1-0-3_2_002) 外務省外交史料館。

(19) 中国回教連合会華北連合会総部「中国回教連合会第一年年報」一九三九年二月、三一一—三二、四二、四五—四九、八九、九三頁。

(20) 回教圏考究所編『回教圏史要』四海書房、昭和十五年一月、三〇〇頁。

(21)「満洲の回教」、JACAR Ref.B04012533400「本邦ニ於ケル宗教及布教関係雑件／回教関係 第二巻 分割1」(I-2-1-0-1_2_002) 外務省外交史料館。

(22) 楊敬之『日本的回教政策』商務印書館、一九四三年、二三頁。保坂修司「アラビアの日本人。日本のムジャーヒディーン」、『中東協力センターニュース』二〇〇七・一二／二〇〇八・一、四五—四九頁 http://www.jccme.or.jp/japanese/11/pdf/11-05/11-05-41.pdf。

(23)「回教研究会、外務省欧亜局第一課今岡嘱託報告」、JACAR Ref.B04012533200「本邦ニ於ケル宗教及布教関係雑件／回教関係 第一巻 分割3」(I-2-1-0-1_2_001) 外務省外交史料館。

(24)「西北回教民族文化協会ノ組織ニ関スル件」、JACAR Ref.B04012396100「各国ニ於ケル協会及文化団体関係雑件／中国ノ部 52. 西北回教民族文化協会」(I-1-10-0-1_8) 外務省外交史料館。

(25)「第一五号極秘」、JACAR Ref.B04012550300「各国ニ於ケル宗教及布教関係雑件／回教関係 第二巻 2. 満州国」(I-2-1-0-2_5_002) 外務省外交史料館。

(26)「第二〇号(部外絶対極秘)」、同前「各国ニ於ケル宗教及布教関係雑件／回教関係 第二巻 2. 満州国」。

(27)「第一五号極秘」、同前「各国ニ於ケル宗教及布教関係雑件／回教関係 第二巻 2. 満州国」。

(28) 山名正二『日露戦争秘史 満洲義軍』第六章五、月刊満洲社東京出版部、一九四二年九月、http://isitaki-j.at.webry.info/200509/article_34.html

(29) 同前『日露戦争秘史 満洲義軍』第七章、http://isitaki-j.at.webry.info/200509/article_37html

(30) 于涇「有関東北偽軍的幾個歴史問題」、『文史長廊』二〇〇五年第五期、http://ccszx.changchun.gov.cn/Detail16.jsp?id=3580&catalogID=440

(31)「陸軍歩兵少佐 花田仲之助」、JACAR Ref.C06041013000「「勲労確認書等控綴 明治三十七年五月以降 大本営陸軍副官」」防衛省防衛研究所。

(32)「歩兵中佐花田仲之助外一名召集解除の通牒 陸軍省副官他」、JACAR Ref.C06041300300「「明治三十九年二月分臨号書類綴 参謀本部副官管」」防衛省防衛研究所。

(33)「便乗許可の件」、JACAR Ref.C04012142300「昭和十年「満受大日記(普)其5 2／2」」防衛省防衛研究所。

(34)「報徳会幹事花田退役中佐離通ニ関スル件」、JACAR

Ref.B04013004800「国民思想善導教化及団体関係雑件 第二巻 3．報徳会関係」（I-4-5-1-8_002）外務省外交史料館。

(35) 谷萩那華雄『日露戦争秘史　満洲義軍』（山名正二著）大空社、一九九七年「序」。

(36)「祝電依頼之件」、JACAR Ref.C04014965200「昭和十七年「壹大日記第九号」」防衛省防衛研究所。

(37)「第六号ノ一（部外極秘）」、JACAR Ref.B04012550400「各国ニ於ケル宗教及布教関係雑件／回教関係 第二巻 3．中国 分割1」（I-2-1-0-2_5_002）外務省外交史料館。

(38)「第二〇号（部外絶対極秘）」、JACAR Ref.B04012550300「各国ニ於ケル宗教及布教関係雑件／回教関係 第二巻 2．満州国」（I-2-1-0-2_5_002）外務省外交史料館。

(39)「第一六号（部外極秘）」、同前「各国ニ於ケル宗教及布教関係雑件／回教関係 第二巻 2．満州国」。

(40)「第一五号極秘」、同前「各国ニ於ケル宗教及布教関係雑件／回教関係 第二巻 2．満州国」。

(41) 中国回教華北連合会総部「中国回教連合会第一年年報」一九三九年二月、三一―三二、四二、四五―四九、八九、九三頁。

(42)「蒙古聯盟自治政府主催回教徒訪日視察団の見学の件」、JACAR Ref.C04120561300「昭和十三年「陸支密大日記五五号」」防衛省防衛研究所。

(43)「東亜回教徒懇親大会出席者帰還の件」、JACAR Ref.C04121692800「昭和十四年「陸支受大日記 第七六号」」防衛省防衛研究所。

(44)「2 昭和十九年三月現在日系職員名簿（其一）1」、JACAR Ref.B02031793100「満蒙政況関係雑纂／蒙古連合自治政府官吏録」（A-6-1-2-1_17）外務省外交史料館。

(45)「回教対策樹立ノ急務ニ就テ」、JACAR Ref.B04012533600「本邦ニ於ケル宗教及布教関係雑件／回教関係 第二巻 分割3」（I-2-1-0-1_2_002）外務省外交史料館。

(46)「7 支那事変ニ於ケル情報宣伝工作概要 3」、JACAR Ref.B02030585300「支那事変関係一件／輿論並新聞論調」（A-1-1-0-30_2）外務省外交史料館。

(47)「12．張家口領事館諜報者雇用ノ件」、JACAR Ref.B03040747200「宣伝関係雑件／嘱託及補助金支給宣伝者其他宣伝費支出関係／外国人ノ部 第八巻」（I-3-1-35_1_2_008）外務省外交史料館。

(48)「第七九号（部外極秘）貴電第三五号ニ関シ（「イスラム」）同盟ニ関スル件」、JACAR Ref.B04012550400「各国ニ於ケル宗教及布教関係雑件／回教関係 第二巻 3．中国分割1」（I-2-1-0-2_5_002）外務省外交史料館。

(49)「文書返納に関する件」、JACAR Ref.C04120639500「昭和十三年「陸支密大日記 六三号」」防衛省防衛研究所。

(50)「回教青年指導要綱」、JACAR Ref.C04120707300「昭和十三年「陸支密大日記 七三号」」防衛省防衛研究所。

(51)「28．蒙疆重要政策ニ対スル思想統一ニ就テ」、JACAR Ref.B02030558900「支那事変関係一件 第十九巻」（A-1-1-0-30_019）外務省外交史料館。

(52)「第七号、往電第六号ニ関シ」、JACAR Ref.

B04012550400「各国ニ於ケル宗教及布教関係雑件／回教関係 第二巻 3．中国 分割1」（I-2-1-0-2_5_002）外務省外交史料館。

（53）「厚警高秘第二二四五号」、JACAR Ref.B04012550500「各国ニ於ケル宗教及布教関係雑件／回教関係 第二巻 3．中国 分割2」（I-2-1-0-2_5_002）外務省外交史料館。

（54）「6．支那ガ長期抵抗ニ入ル場合ノ情勢判断」、JACAR Ref.B02030548200「支那事変関係一件 第十八巻」（A-1-1-0-30_018）外務省外交史料館。

（55）「4．重要国策関係（支那事変中）／16）対支時局対策」、JACAR Ref.B02030524300「支那事変関係一件 第四巻」（A-1-1-0-30_004）外務省外交史料館。

（56）「25．時局に伴う対支謀略」、JACAR Ref.B02030540000「支那事変関係一件 第十四巻」（A-1-1-0-30_014）外務省外交史料館。

（57）「支那駐屯軍司令官訓令の件」、JACAR Ref.C01004134100「昭和十一年「密大日記」第一冊」防衛省防衛研究所。

（58）回教圏考究所編『回教圏史要』四海書房、昭和十五年一月、二九六―二九七頁。

（59）「第一八号ノ一（別電、部外極秘）」、JACAR Ref.B04012550300「各国ニ於ケル宗教及布教関係雑件／回教関係 第二巻 2．満州国」（I-2-1-0-2_5_002）外務省外交史料館。

（60）同前『回教圏史要』二九二頁。

（61）中国回教華北連合会総部「中国回教連合会第一年年報」一九三九年二月、一〇頁。

（62）「西北地方ニ於ケル回教並一般情況等報告方ノ件」、同前「各国ニ於ケル宗教及布教関係雑件／回教関係 第二巻 3．中国 分割1」。

（63）同前『回教圏史要』二九三頁。

（64）JACAR Ref.B04012985200「各国ニ於ケル反共産主義運動関係雑件 第三巻 31．青海馬歩芳利用方ニ関スル件」（I-4-5-1-3_003）外務省外交史料館。

（65）「廣田外務大臣宛草野領事代理發 第二一号」、JACAR Ref.B04012550300「各国ニ於ケル宗教及布教関係雑件／回教関係 第二巻 2．満州国」（I-2-1-0-2_5_002）外務省外交史料館。

（66）「第五九号ノ一 至急 極秘」、JACAR Ref.B04012543400「各国ニ於ケル宗教及布教関係雑件 第三巻 14．満州国（1）一般及雑」（I-2-1-0-2_003）外務省外交史料館。

（67）「兵器払い下げに関する件」、JACAR Ref.C01003951700「昭和六年「密大日記」第一冊」防衛省防衛研究所。

（68）「馬歩青馬歩芳に対する兵器売渡の件」、JACAR Ref.C01004340900「昭和十二年「密大日記」第七冊」防衛省防衛研究所。

（69）「支那に兵器売却の件」、JACAR Ref.C01004346900「昭和十二年「密大日記」第八冊」防衛省防衛研究所。

（70）「額済納特務機関員の情況に関する件」、JACAR Ref.C01003367400「昭和十三年「満受大日記」」防衛省防衛研究所。

(71) 同前。
(72) 「新疆及青海事情並馬歩芳ノ対日態度ニ関スル件」、同前「各国ニ於ケル宗教及布教関係雑件／回教関係 第二巻 3．中国 分割1」。
(73) 宇垣外務大臣宛秋山書記官發「第八二八号」、同前「各国ニ於ケル宗教及布教関係雑件／回教関係 第二巻 3．中国 分割1」。
(74) 「蒙情電第二九七号」、『外務省記録』同前「各国ニ於ケル宗教及布教関係雑件／回教関係 第二巻 3．中国 分割1」。
(75) 「甘粛寧夏方面の軍情に関する件」、JACAR Ref. C04120691900「昭和十三年「陸支密大日記 七三号」」防衛省防衛研究所。
(76) 同前『回教圏史要』二九六頁。
(77) 佐久間貞次郎『回教の動き』春日書房、一九三八年九月、二三〇頁。
(78) 「在満回教徒ノ統一計画」関東庁警務局「17 臨時報三八〇号」、JACAR Ref.B03041583400「関東都督府政況報告並雑報 第十七巻」(1-5-3-12_018) 外務省外交史料館。
(79) 湯薇佳『二十世紀初期上海における中国都市ムスリムの国民意識の形成』(神戸大学提出修士論文)、二〇〇一年、三四―三六頁。
(80) 同前「在満回教徒ノ統一計画」。
(81) 同前。
(82) 「在日本回教徒連盟会長渡来東上ノ件」、JACAR Ref. B04012533000「本邦ニ於ケル宗教及布教関係雑件／回教関係 第一巻」(I-2-1-0-1_2_001) 外務省外交史料館。
(83) 「在京回教徒団ノ動静ニ関スル件」「回教徒学校新築落成祝賀会出席ニ関スル件」、JACAR Ref.B04012533000「本邦ニ於ケル宗教及布教関係雑件／回教関係 第一巻 分割1」(I-2-1-0-1_2_001) 外務省外交史料館。
(84) 「東京回教団の礼拝堂起工式挙行ニ関スル件」、JACAR Ref.B04012533200「本邦ニ於ケル宗教及布教関係雑件／回教関係 第一巻 分割3」(I-2-1-0-1_2_001) 外務省外交史料館。
(85) 「東京回教団寺院落成式典開催状況ノ件」、JACAR Ref. B04012533500「本邦ニ於ケル宗教及布教関係雑件／回教関係 第二巻 分割2」(I-2-1-0-1_2_002) 外務省外交史料館。
(86) 廣田外相発在ベィルート小長谷領事宛「東京回教礼拝堂ニ関スル件」、同前「本邦ニ於ケル宗教及布教関係雑件／回教関係 第二巻 分割2」。
(87) 「日本ト回教徒ニ関スル新聞論調報告ノ件」、同前「本邦ニ於ケル宗教及布教関係雑件／回教関係 第二巻 分割2」。
(88) 「この礼拝場の建設に当たった避難民の中で特にアブデゥルハユ・クルバン・アリおよびアブドルレシド・イブラーヒムは指導者的な役割を果たした。」(東京ジャーミイ・トルコ文化センターのホームページ「東京ジャーミイ小史」http://www.tokyocamii.org/japanese/info/index.html
(89) 「治局秘二発第五四号 保安局長官 駐満大使一等書

記官宛　前東京回教団長『クルバンガリー』ノ其後ノ動静ニ関スル件」、同前「各国ニ於ケル宗教及布教関係雑件／回教関係 第二巻 2．満州国」。

(90)『クルバンガリー』追放ノ理由並ニ之ガ及ス影響及対策ニ関スル考察」一九三八年五月八日、同前「本邦ニ於ケル宗教及布教関係雑件／回教関係 第二巻 分割2」。

(91)同前。

(92)同前。

(93)「関憲高第六〇五号　前東京回教団長『クルバンガリー』ノ其後ノ動静ニ関スル件」、同前「各国ニ於ケル宗教及布教関係雑件／回教関係 第二巻 2．満州国」

(94)「治局秘二発第五四号　保安局長官　駐満大使一等書記官宛　前東京回教団長『クルバンガリー』ノ其後ノ動静ニ関スル件」、同前「各国ニ於ケル宗教及布教関係雑件／回教関係 第二巻 2．満州国」。

(95)「回教研究会、外務省欧亜局第一課今岡嘱託報告」、同前「本邦ニ於ケル宗教及布教関係雑件／回教関係 第一巻 分割3」。

(96)「大日本回教協会創立費主要項目内訳」、JACAR Ref. B04012533600「本邦ニ於ケル宗教及布教関係雑件／回教関係 第二巻 分割3」(I-2-1-0-1_2_002) 外務省外交史料館。

(97)廣田外務大臣宛宇佐美総領事發「第二十二号」、同前「本邦ニ於ケル宗教及布教関係雑件／回教関係 第一巻 分割2」。

(98)「満洲の回教」、同前「本邦ニ於ケル宗教及布教関係雑件／回教関係 第二巻 分割1」。

(99)同前「在日本回教徒連盟会長渡来東上ノ件」。

(100)同前「満洲の回教」。

(101)「東京回教徒団ノ内紛経過ニ関スル件」、同前「本邦ニ於ケル宗教及布教関係雑件／回教関係 第一巻 分割1」。

(102)「神戸回教徒ノ在東京クルバンガリー排斥ニ関スル件」、同前「本邦ニ於ケル宗教及布教関係雑件／回教関係 第一巻 分割1」。

(103)「神戸モスリム回教寺院定礎式挙行ニ関スル件」、同前「本邦ニ於ケル宗教及布教関係雑件／回教関係 第一巻 分割1」。

(104)「神戸ニ於ケル回教寺院建設ニ関スル新聞記事通報ノ件」、同前「本邦ニ於ケル宗教及布教関係雑件／回教関係 第一巻 分割2」。

(105)「神戸回々教寺院開院祝賀会開催状況ノ件」、同前「本邦ニ於ケル宗教及布教関係雑件／回教関係 第一巻 分割2」。

(106)「補助金使途ニ関スル件」、JACAR Ref.B04012533700「本邦ニ於ケル宗教及布教関係雑件／回教関係 第二巻 分割4」(I-2-1-0-1_2_002) 外務省外交史料館。

(107)「月刊『回教圏』増刷ニ関スル件」、同前「本邦ニ於ケル宗教及布教関係雑件／回教関係 第二巻 分割4」。

(108)宇垣外務大臣起草「本邦ニ於ケル最近ノ回教問題ニ関スル件」、同前「本邦ニ於ケル宗教及布教関係雑件／回教関係 第二巻 分割2」。

(109)「大日本回教協会創立費会計報告ニ関スル件」、同前「本邦ニ於ケル宗教及布教関係雑件／回教関係 第二巻 分割3」。

(110)「大日本回教協会ニ関スル件」、同前「本邦ニ於ケル宗教及布教関係雑件／回教関係 第二巻 分割3」。

(111)「大日本回教協会ニ対スル補助金ニ関スル件」、同前「本邦ニ於ケル宗教及布教関係雑件／回教関係 第二巻 分割3」。

(112)「大日本回教協会本部業務分担表」、同前「本邦ニ於ケル宗教及布教関係雑件／回教関係 第二巻 分割3」。

(113)「回教対策樹立ニ関スル件」、同前「本邦ニ於ケル宗教及布教関係雑件／回教関係 第二巻 分割3」。

(114)「世界回教徒大会開催ニ関スル件」、同前「本邦ニ於ケル宗教及布教関係雑件／回教関係 第二巻 分割4」。

(115)研究会で報告した内容などは、現在分かっている限り次の通りである。一九三七年十二月十三日、内容は前回の続き、報告者は外務省欧亜局第一課今岡嘱託。一九三八年一月例会、内容は「支那ノ回教」、報告者は外務省東亜局第一課中田通訳官。二月例会(一回目)、内容は「満洲の回教」、報告者は外務省東亜局第三課牟田副領事。二月例会(二回目)、内容は「南洋回教徒ノ情勢」、報告者は外務省東亜局第三課白坂嘱託。三月例会、内容は「印度回教徒問題」、報告者は調査部第三課田邊嘱託。四月例会、内容は「極東猶太財閥最近ノ動向ト之ガ対策ニ関スル研究」、報告者は軍令部第三部犬塚大佐。六月例会、内容は「伊太利ノ回教政策」、報告者は調査部第三課田邊嘱託(同前「本邦ニ於ケル宗教及布教関係雑件／回教関係第一巻 分割3」、同前「本邦ニ於ケル宗教及布教関係雑件／回教関係 第二巻 分割1」)。

(116)「回教研究会、外務省欧亜局第一課今岡嘱託報告」、同前「本邦ニ於ケル宗教及布教関係雑件／回教関係 第一巻 分割3」。

(117)同前。

(118)「回教(及猶太)問題委員会ノ設置及経過ノ件」、同前「本邦ニ於ケル宗教及布教関係雑件／回教関係 第二巻 分割3」。

(119)「回教及猶太教問題委員会内規」、同前「本邦ニ於ケル宗教及布教関係雑件／回教関係 第二巻 分割3」。

(120)「回教対策樹立ニ関スル件」、同前「本邦ニ於ケル宗教及布教関係雑件／回教関係 第二巻 分割3」。

(121)「宗教団体法ニ関スル件」、同前「本邦ニ於ケル宗教及布教関係雑件／回教関係 第二巻 分割3」。

(122)「調査会報告書「大東亜建設基本方策ノ具現並ニ之ニ対スル圏内諸民族ノ協力ヲ要スル事項及右確保方策(乙南方諸地域)」、同「華僑対策」及同「回教徒対策」上申ノ件」、JACAR Ref.A04018704100「公文雑纂・昭和十八年・第七巻・内閣七・内閣七(大政翼賛会関係二)」国立公文書館。

(123)「71. 時局と回教(前特命全権公使、笠間杲雄)」、JACAR Ref.B02030922100「本邦対内啓発関係雑件／講演関係／日本外交協会講演集 第五巻」(A-3-3-0-2_1_2_005)外務省外交史料館。

(124)佐久間貞次郎『回教の動き』春日書房、一九三八年九月、八五頁。
(125)「28・対蒙政策要綱」、JACAR Ref.B02030550400「支那事変関係一件 第十八巻」(A-1-1-0-30_018) 外務省外交史料館。
(126)「済南発閣下宛電報第五二号ニ関シ」、同前「本邦ニ於ケル宗教及布教関係雑件/回教関係 第二巻 分割3」。

第六章 歴史の「記憶」と「忘却」——高碕達之助とLT貿易の時代

(1)「日中貿易一五年の歩み」中国研究所編『新中国年鑑1964』九二頁。
(2)同前。
(3)同前、九四頁。
(4)同前「日中貿易一五年の歩み」に基づいて作成。
(5)「周・高碕会談記録」、「岡崎構想」および外務省アジア局中国課が昭和三十七年八月六日に作成した「岡崎構想とその問題点」、「松村ペーパー」(「話し合いの条件」と「要領」の二つの文書によって構成)は情報公開法に基づいて近年に秘密解除されたが、今回神戸大学大学院学生の李豊君が提供してされた。記して謝意を表す。
(6)「松村ペーパー」。
(7)同前「日中貿易一五年の歩み」九四頁。
(8)田桓主編『戦後中日関係文献集1945-1970』中国社会科学出版社、一九九六年、六四五頁。
(9)内田健三「松村・高碕訪中の成果と背景——保守党の対中国政策を見る」、『世界』第二〇五号、昭和三十八年一月、二四四頁。
(10)同前『戦後中日関係文献集1945-1970』七二八頁。
(11)内田健三「松村・高碕訪中の成果と背景——保守党の対中国政策を見る」、『世界』第二〇五号、昭和三十八年一月、二五〇頁。
(12)「日本の潮1 足踏みする中国政策」、『世界』第二二一号、昭和三十九年五月号。
(13)同前「松村・高碕訪中の成果と背景——保守党の対中国政策を見る」二四七—二四八頁。
(14)同前、二四九頁。
(15)「日本の潮2 日中貿易の進展と困難」、『世界』第二一一号、昭和三十八年七月号、一二五—一二六頁。
(16)同前、一二七頁。
(17)同前。
(18)大原総一郎「対中国プラント輸出について」、『世界』第二一三号、昭和三十八年九月、一〇五頁。
(19)「周事件」——日本訪問中の中国油圧機器視察代表団の通訳である周鴻慶は、帰国の直前の十月七日未明に滞在するホテルを出てまずソ連大使館に辿り着き、後に東京入国管理事務所の取り調べに対し、台湾への亡命、日本に引き続き滞在、最後に中国への帰国とぐるぐる希望を改め、最終的に中国に引き渡された事件(「日本の潮4 周事件で悩む日本外交」、『世界』第二一七号、昭和三十九年一月号。「日本の潮1 中国問題と池田外交」、『世界』第二二九号、昭和三十九年三月号)。
(20)同前『戦後中日関係文献集1945-1970』六七九頁。

(21) 同前、七二四頁。
(22) 同前「松村・高碕訪中の成果と背景——保守党の対中国政策を見る」二五〇頁。
(23) 同前。
(24) 「座談会　日本外交に注文する——日中関係に即して」、『世界』第二一〇号、昭和三十八年六月。
(25) 同前「対中国プラント輸出について」一〇八頁。
(26) 同前、一〇七頁。
(27) 小幡操「中国問題と日本の立場」、『世界』第二二〇号、昭和三十九年四月号、六八—七六頁。
(28) 大内兵衛「日中問題は日米問題である——論壇時評風に」、『世界』第二二〇号、昭和三十九年四月号、六三—六五頁。
(29) 新聞記者四氏「座談会　決断に迫られる池田外交——中国問題に見る日米関係」、『世界』第二二〇号、昭和三十九年四月号、一一四—一一五頁。
(30) 松村謙三・永井道雄「対談　アジアの平和と日本の立場」、『世界』第二二〇号、昭和三十九年四月号、九九頁。
(31) 武内龍次「日中貿易の漸進をはかる」、『世界週報』一九六四年三月十七日、四五頁。
(32) 「特集・焦点に立つ中国、私はこう判断する」、『中央公論』九〇五号、昭和三十八年三月、一四八頁。
(33) 同前、「松村・高碕訪中の成果と背景——保守党の対中国政策を見る」二五一頁。
(34) 「座談会　ソ連・中国貿易の将来性——河合良成、鈴木一雄両氏に聞く」、『世界』第二〇三号、昭和三十七年十一月、一一〇頁。
(35) 平岡健太郎『日中貿易論』日本評論新社、一九五六年、一五一—一五三頁。
(36) 同前「座談会　ソ連・中国貿易の将来性——河合良成、鈴木一雄両氏に聞く」一一〇—一一一頁。
(37) 実は初年度は四七・五万トンで、翌年度は一〇四万トンで倍以上増加した。同前「座談会　ソ連・中国貿易の将来性——河合良成、鈴木一雄両氏に聞く」一一一頁。
(38) 松村謙三「日中関係の新段階」、『中央公論』第九〇一号、昭和三十七年十一月、一三四—一三五頁。
(39) 川田侃「経済力の成長と自主外交の可能性」、『中央公論』第九〇三号、昭和三十八年一月号、一一〇頁。
(40) 「座談会　経済外交と日本の立場」、『中央公論』第九〇三号、昭和三十八年一月。
(41) 「周・高碕会談記録」。
(42) 同前「日本の潮2　日中貿易の進展と困難」一二七—一二八頁。
(43) 「日本の潮2　動揺と混迷の中の対中国政策」、『世界』第二一六号、昭和三十八年十二月号、一五五頁。
(44) 司会者である東京教育大学美濃部良吉教授の発言。同前「座談会　ソ連・中国貿易の将来性——河合良成、鈴木一雄両氏に聞く」九八頁。
(45) 同前「座談会　ソ連・中国貿易の将来性——河合良成、鈴木一雄両氏に聞く」一〇八頁。
(46) 川田侃「経済力の成長と自主外交の可能性」、『中央公論』第九〇三号、昭和三十八年一月号、一一〇頁。

(47)「周・高碕会談記録」。
(48)同前。
(49)同前『日中貿易論』二二五頁。
(50)同前『戦後中日関係文献集 1945-1970』七三〇頁。
(51)同前「日中関係の新段階」、『中央公論』一三五頁。
(52)同前「松村・高碕訪中の成果と背景――保守党の対中国政策を見る」二五一頁。
(53)同前「日中関係の新段階」一三二―一三三頁。
(54)「高碕・周会談録」。

第七章 「周辺」の焦燥とナショナリズムの内面化――二十一世紀の日中関係

(1)司馬遼太郎「競争原理をもちこむな」、『文芸春秋』一九七二年新春特別号、九三頁。
(2)同前、九四頁。
(3)同前。
(4)小林多加士「中国の計算と挑戦――その革命経験から」、『中央公論』一九七二年十月号、一三四頁。
(5)本文で用いた世論調査のデータは、文中で特別に説明したものを除き、みな言論 NPO による「日中世論調査」ウェッブサイト http://www.tokyo-beijingforum.net/index.php/survey 上に公開されているものである。記して言論NPOの活動に敬意と謝意を示す。
(6)岡崎嘉平太「中国に賭けたわが半生の記」、『中央公論』一九七二年十月号、九二頁。
(7)同前、九三頁。
(8)同前、九八頁。
(9)金田一春彦「中国の日本語教室見聞記」、『中央公論』一九七六年八月号、二五六―二六〇頁。
(10)同前「競争原理をもちこむな」九八頁。
(11)衞藤瀋吉「大国におもねらず小国を侮らず」、『中央公論』一九七二年十月号、一二〇頁。
(12)同前、一一九頁。
(13)中根千枝「日本の国際化を阻む『連続』の思想」、『中央公論』一九七二年十月号、七六―七七頁。
(14)王柯『民族与国家――中国多民族統一国家思想の系譜』中国社会科学出版社、二〇〇一年。
(15)石川忠雄「中国外交政策の決定要因」、『中央公論』昭和四十一(一九六六)年四月号、八七頁。
(16)「内地居民収入差距達三三倍」香港『文匯報』二〇一二年十月二十四日、http://paper.wenweipo.com/2012/10/24/YO1210240010.htm

終章 「師」から「敵」への旋回――「民族国家」の衝突

(1)李箐「魯迅与中日文化交流」北京市中日文化交流史研究会編『中日文化交流史論文集』人民出版社、一九八二年、三四五―三四六頁。
(2)藤野厳九郎「謹んで周樹人様を憶う」、『文学案内』昭和十二年三月号。
(3)孫文「上李鴻章書」、『孫中山全集』第一巻、中華書局、一九八一年、一五頁。
(4)梁啓超「論近世国民競争之大勢及中国前途」(一八九

九年十月十五日)、『飲氷室合集』文集之四、中華書局、一九八八年、五六―六一頁。
(5) 梁啓超「国家思想変遷之異同論」(一九〇一年十月)、『飲氷室合集』文集之六、中華書局、一九八八年、二二頁。
(6) 孫文「『民報』発刊詞」、『孫中山全集』第一巻、中華書局、一九八一年、二八八頁。
(7) 梁啓超「新中国建設之問題」(一九一一年十―十一月)、『飲氷室合集』文集之二十七、中華書局、一九八八年、四四―四五頁。
(8) 拙稿「ウンマと中華の間――清朝統治下の新疆ウイグル社会」岩波講座『世界歴史』二一巻、一九九八年、一〇四―一〇九頁。
(9) その最も代表的な動きは「新疆建省」であった。
(10) 同前「新中国建設之問題」四六頁。
(11) 蟄伸(朱執信)「論満州雖欲立憲而不能」、『民報』第一期、一九〇五年十月。
(12) 鉄郎「論各省宜速響応湘贛革命軍」、『漢幟』第一期、一九〇七年。
(13) 平石直昭「近代日本のアジア主義」、『アジアから考える 五 近代化像』東京大学出版会、一九九四年、二六八―二七〇頁。
(14) 山口一郎『近代中国対日観の研究』アジア経済研究所、一九七〇年、五〇頁。
(15) 同前、七三、九四頁。
(16) 魏源『海国図志』巻二「籌海篇三、議戦」。
(17) 井上清「近代日本史における日中戦争」、『日中戦争と日中関係』原書房、一九八八年、一一頁。
(18) 池田誠「アジアのなかの日本」、『岐路にたつ国際秩序』法律文化社、一九八九年、二〇九頁。
(19) 唐文権『覚醒与迷誤』上海人民出版社、一九九三年、五〇―五一頁。
(20) 燕京雁信「日本政府、五・四排日運動に抗議」、『新支那』一九一九年十二月十九日、藤原鎌兄『革命揺籃期の北京――辛亥革命から山東出兵まで』小島麗逸編、社会思想社、一九七四年、一二六頁。
(21) J・K・フェアバンク『中国』(下)、市古宙三訳、東京大学出版会、一九七二年、二五六頁。
(22) 藤井昇三「二一カ条交渉時期の孫文と『中日盟約』」、『近代中国研究』山川出版社、一九八一年、三四〇頁。
(23) 安藤彦太郎『日本人の中国観』勁草書房、一九七一年、四八頁。
(24) 王奇生『中国留学的歴史軌跡』湖北教育出版社、一九九二年、九七頁。
(25)『近代日中関係史料』第Ⅱ集、龍渓書舎、一九七六年、一八頁。
(26) F・L・シューマン『国際政治』(上)、長井信一訳、東京大学出版会、一九七三年、三一九頁。
(27) 井上清「近代日本史における日中戦争」、『日中戦争と日中関係』原書房、一九八八年、三頁。
(28) 王汝豊「抗日戦争の起点――盧溝橋事変」、同前『日中戦争と日中関係』六八頁。
(29) 同前、五五頁。

(30) 同前、七三頁。
(31) 江口圭一「盧溝橋事変への道」、同前『日中戦争と日中関係』一〇五頁。
(32) 劉大年「抗日戦争と中国の歴史」、同前『日中戦争と日中関係』五三頁。
(33) J・K・フェアバンク『人民中国論』衞藤瀋吉訳、読売新聞社、一九七〇年。
(34)『魯迅全集』第九巻、学習研究社、一九八五年六月、二〇四—二〇五頁。

ハ 行

マ 行

ヤ 行

ラ・ワ行

人名索引

注を除く本文から人名を採り，姓→名の五十音順で配列した。日本人以外の漢字人名は，原則として日本語の漢字の音読みに従った。

ヤ　行

ラ・ワ行

ハ 行

マ 行

ナ　行

タ 行

サ　行

地名・事項索引

ローマ字

ア　行

カ　行

著者紹介

王柯（おう・か）

1956年生。東京大学大学院総合文化研究科博士課程修了。博士（学術）。神戸大学大学院国際文化学研究科教授。歴史学。著書に『民族主義与中日関係』（香港中文大学出版社、2015年）、『中国、天下から民族国家へ』（台湾政治大学出版社、2014年）、『東突厥独立運動——1930年代–1940年代』（香港中文大学出版社、2013年）、『민족과국가（民族と国家）』（韓国東北アジア歴史財団、2007年）、『「天下」を目指して』（農文協、2007年）、『20世紀中国の国家建設と「民族」』（東京大学出版会、2006年）、『多民族国家中国』（岩波新書、2005年）、『民族与国家』（中国社会科学出版社、2001年）、『東トルキスタン共和国研究』（東京大学出版会、1995年、第18回サントリー学芸賞）、『辛亥革命と日本』（編著、藤原書店、2011年）など。

近代日中関係《きんだいにっちゅうかんけい》の旋回《せんかい》——「民族国家《みんぞくこっか》」の軛《くびき》を超《こ》えて

2015年11月30日　初版第1刷発行©

著　者　王　　柯
発行者　藤原良雄
発行所　株式会社　藤原書店

〒162–0041　東京都新宿区早稲田鶴巻町523
電　話　03（5272）0301
FAX　03（5272）0450
振　替　00160－4－17013
info@fujiwara-shoten.co.jp

印刷・製本　中央精版印刷

Printed in Japan
ISBN978–4–86578–049–9

今、アジア認識を問う

「アジア」はどう語られてきたか
（近代日本のオリエンタリズム）

子安宣邦

脱亜を志向した近代日本は、欧米への対抗の中で「アジア」を語りだす。しかし、そこで語られた「アジア」は、脱亜論の裏返し、都合のよい他者像にすぎなかった。再び「アジア」が語られる今、過去の歴史を徹底検証する。

四六上製　二八八頁　三〇〇〇円
（二〇〇三年四月刊）
◇978-4-89434-335-1

日韓近現代史の核心は、「日露戦争」にある

歴史の共有体としての東アジア
（日露戦争と日韓の歴史認識）

子安宣邦＋崔文衡

近現代における日本と朝鮮半島の関係を決定づけた「日露戦争」を軸に、「一国化した歴史」が見落とした歴史の盲点を衝く！　日韓の二人の同世代の碩学が、次世代に伝える渾身の「対話＝歴史」。

四六上製　二九六頁　三二〇〇円
（二〇〇七年六月刊）
◇978-4-89434-576-8

トインビーに学ぶ東アジアの進路

文明の転換と東アジア
（トインビー生誕一〇〇年アジア国際フォーラム）

秀村欣二監修
吉澤五郎・川窪啓資編

地球文明の大転換期、太平洋時代の到来における東アジアの進路を、トインビーの文明論から模索する。日・韓・中・米の比較文明学、政治学、歴史学の第一人者らによる「アジアとトインビー」論の焦点。「フォーラム全記録」収録。

四六上製　二八〇頁　二七一八円
（一九九二年九月刊）
◇978-4-938661-56-4

日中共同研究の初成果

辛亥革命と日本

王柯 編
櫻井良樹／趙軍／安井三吉／姜克實／汪婉／呂一民・徐立望／松本ますみ／沈国威／濱下武志

アジア初の「共和国」を成立させ、「アジアの近代」を画期した辛亥革命に、日本はいかに関わったのか。政治的アクターとしての関与の実像に迫るとともに、近代化を先行させた同時代日本が、辛亥革命発生の土壌にいかなる思想的・社会的影響を与えたかを探る。

辛亥革命百年記念出版

Ａ５上製　三二八頁　三八〇〇円
（二〇一一年一一月刊）
◇978-4-89434-830-1